喜楽研のDVDつき授業シリーズ

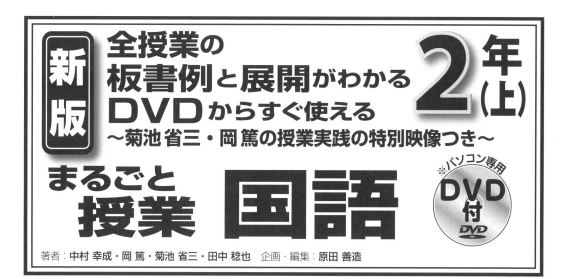

新版

全授業の
板書例と展開がわかる
DVDからすぐ使える
2年（上）
〜菊池 省三・岡 篤の授業実践の特別映像つき〜

まるごと
授業　国語

※パソコン専用
DVD付

著者：中村 幸成・岡 篤・菊池 省三・田中 稔也　企画・編集：原田 善造

わかる喜び学ぶ楽しさを創造する教育研究所　略称 **喜 楽 研**

はじめに

　教育現場の厳しさは，増していくばかりです。多様な子どもや保護者への対応や様々な課題が求められ，教師の中心的活動であるはずの授業の準備に注ぐことができる時間は，とても十分とはいえません。

　このような状況の中で，授業の進め方や方法についても，制限が加えられつつあるという現状があります。制限の中で与えられた手立てが，目の前の子どもたちと指導する教師に合っていればよいのですが，残念ながらそうとばかりはいえないようです。

　そんなときは，派手さは無くても，きちんと基礎をおさえ，着実に子どもに達成感を味わわせることができる授業ができれば，まずは十分です。そんな授業を作るには，以下の2つの視点が必要です。

　1つ目は，子どもに伝えたいことを明確に持つことです。

　音読を例に取れば，「初期の段階なので子どもたちに自分がどの程度の読みができるのかを自覚させる」のか，「最終的な段階なので指導した読み方の技術を生かして，登場人物の心情を思い浮かべながら読む」のかといったことです。

　2つ目は，子どもがどんな状態にあるのかを具体的に把握するということです。

　どうしても音読に集中できない子がいた場合，指で本文をなぞらせることが有効かもしれません。また，隣の子と交代しながら読ませれば楽しんで取り組むかもしれません。

　こういった手立ても，指導者の観察，判断があってこそ，出てくるものです。

　幸い，前版の「まるごと授業　国語」は，多くの先生方に受け入れていただくことができました。指導要領の改訂に伴い，この「まるごと授業　国語」を新たに作り直すことになりました。もちろん，好評であった前版のメインの方針は残しつつ，改善できる部分はできる限りの手を加えています。

　前回同様，執筆メンバーと編集担当で何度も打ち合わせをくり返し，方針についての確認や改善部分についての共通理解を図りました。また，それぞれの原稿についても，お互い読み合い，検討したことも同じです。

　新版では，授業展開の中のイラストの位置をより分かりやすい部分に変えたり，「主体的・対話的で深い学び」についての解説文をつけたりといった変更を行っています。

　その結果，前版以上に，分かりやすく，日々の実践に役立つ本になったと思います。

　この本が，過酷な教育現場に向かい合っている方々の実践に生かされることを心から願ってやみません。

本書の特色

全ての単元・全ての授業の指導の流れが分かる

　学習する全単元・全授業の進め方が掲載されています。学級での日々の授業や参観日の授業，研究授業や指導計画作成等の参考にしていただけます。

　本書の各単元の授業案の時数は，ほぼ教科書の配当時数にしてあります。

主体的・対話的な学びを深める授業ができる

　各単元のはじめのページや，各授業案のページに，『主体的・対話的な深い学び』の欄を設けています。また，展開例の4コマの小見出しに，「読む」「音読する」「書く」「対話する」「発表する」「交流する」「振り返る」等を掲載し，児童の活動内容が一目で具体的に分かるように工夫しています。

1時間の展開例や板書例を見開き1ページで説明

　どのような発問や指示をすればよいか具体例が掲載されています。先生方の発問や指示の参考にして下さい。

　実際の板書をイメージしやすいように，2色刷りで見やすく工夫しています。また，板書例だけでは，細かい指導の流れが分かりにくいので，詳しく展開例を掲載しています。

DVDに菊池 省三・岡 篤の授業実践の特別映像を収録

　菊池 省三の「対話・話し合いのある授業」についての解説付き授業映像と，岡 篤の各学年に応じた「指導のコツ」の講義映像を収録しています。映像による解説は分かりやすく，日々の授業実践のヒントにしていただけます。また，特別映像に寄せて，解説文を巻頭ページに掲載しています。

DVD利用で，楽しい授業，きれいな板書づくりができる

　授業で活用できる黒板掲示用イラストや児童用ワークシート見本を，単元内容に応じて収録しています。カードやイラストは黒板上での操作がしやすく，楽しい授業，きれいな板書づくりに役立ちます。

2年上（目次）

本書の使い方

◆板書例について

　時間ごとに，教材名，本時のめあてを掲載しました。実際の板書に近づけるよう，特に目立たせたいところは，赤字で示したり，赤のアンダーラインを引いたりしています。DVDに収録されているカード等を利用すると，手軽に，きれいな板書ができあがります。

◆授業の展開について

① 1時間の授業の中身を3コマ～4コマの場面に切り分け，およその授業内容を表示しています。

②展開例の小見出しで，「読む」「書く」「話し合う」「発表する」「振り返る」等，具体的な児童の活動内容を表しています。

③本文中の「　」表示は，教師の発問です。

④本文中の　・　表示は，教師の発問に対する児童の反応等です。

⑤「　」や　・　がない文は，教師への指示や留意点などが書かれています。

⑥□□の中に，教師や児童の顔イラスト，吹き出し，授業風景イラスト等を使って，授業の進め方をイメージしやすいように工夫しています。

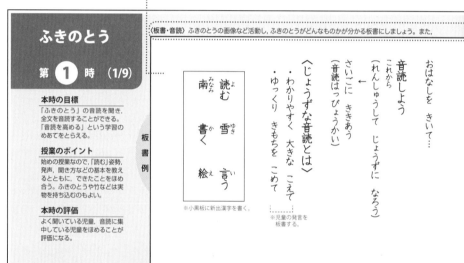

〈板書・音読〉ふきのとうの画像など活動し，ふきのとうがどんなものかが分かる板書にしましょう。また，

ふきのとう
第 1 時 （1/9）

本時の目標
「ふきのとう」の音読を聞き，全文を音読することができる。「音読を高める」という学習のめあてをとらえる。

授業のポイント
始めの授業なので，「読む」姿勢，発声，聞き方などの基本を教えるとともに，できたことをほめ合う。ふきのとうや竹などは実物を持ち込むのもよい。

本時の評価
よく聞いている児童，音読に集中している児童をほめることが評価になる。

おはなしを　きいて…

音読しよう
これから
（れんしゅうして　じょうずに　なろう）
さいごに　ききあう
（音読はっぴょうかい）

〈じょうずな音読とは〉
・わかりやすく　大きな　こえで
・ゆっくり　きもちを　こめて

※児童の発言を板書する。

読む
南（みなみ）　雪（ゆき）
書く（か）
絵（え）　言う（い）

※小黒板に新出漢字を書く。

1 話し合う 題名の「ふきのとう」について，話し合おう。

『何を習いたい？』などの不要な話し合いはせずに，新しい物語にすっと入る方が，児童のリズムにも合う。

初めに習うお話の題名を，みんなで読んでみましょう。

『ふきのとう』

そうです。『ふきのとう』というお話です。これからみんなで勉強します。

ふきのとう…って何だろうな？

「ところで，『ふきのとう』とは何なのか，知っていますか。見たことはありますか。挿絵に出ているかな。」
・何だろう。知りません。
・わたし，食べたことがあります。

　ここで，まず「ふきのとう」とは何かを分からせておかないと，次の範読を聞いても意味不明となる。可能なら実物や映像を見せたり，児童の経験を発表させたりする。
　作者（くどうなおこ）の紹介もする。

2 聞く 先生の範読を聞こう。

聞くときや読むときの姿勢，形は，学年初めの緊張感の中で教師の実演も交えて指導しておくと効果的。

初めに，先生がこの「ふきのとう」を読みます。みなさんは聞く姿勢をしましょう。できるかな？

できました。
はーい。できました。

　範読を通して「ふきのとう」というお話と初めて出会うことになる。児童の心をとらえられるよう，強弱，抑揚，間など，教師の範読を高めておく。

「（範読後）ふきのとうは出てきましたか。」
・はい，出てきました。他にお日さまも出てきました。
「聞いて，いいお話だったなあ…と思った人は？」
・はーい。（ほぼ全員の手が上がる。）

30

◆スキルアップ一行文について

時間ごとに，授業準備や授業を進めるときのちょっとしたコツを掲載しています。

◆「主体的・対話的で深い学び」欄について

この授業で，「主体的・対話的で深い学び」として考えられる活動内容や留意点について掲載しています。

音読は文字を見て正しく声に出せることを目指しましょう。

ふきのとうとは？

ふきのとう

（さくしゃ）くどうなおこ

め

だれが　どうしたか，きく人に
よく　わかるように　音読しよう

ふきの　花の　つぼみ
はるの　はじめに　見られる
たべると，
ちょっと　にがい　あじ

🔍 **主体的・対話的で深い学び**

・音読に，主体的に取り組むことを目指させる。そのためにも，始めに教師の上手な範読を聞かせて，「上手に読みたい」というあこがれ（目標）と，意欲を持たせるようにする。それが，音読の工夫につながる。

準備物

・（あれば）ふきのとうの実物

・画像（ふきのとう）DVD 収録【2_02_01】

・小黒板（新出漢字を書く）

◆準備物について

1時間の授業で使用する準備物が書かれています。準備物の一部は，DVD の中に収録されています。準備物の数や量は，児童の人数やグループ数などでも異なってきますので，確認して準備してください。

◆本書付録 DVD について

（DVD の取り扱いについては，本書 P8，9に掲載しています）

📀 マークが付いている資料は，付録 DVD にデータ収録しています。授業のためのワークシート見本，黒板掲示用イラスト，板書作りに役立つカード，画像等があります。

---

3 話し合う　学習のめあてを話し合おう。

「今の先生の読み方は，どうでしたか？上手だなあと思った人は，手を挙げましょう。」

・はーい。（たいていは「上手」と言ってくれる）
・聞いていて，とっても分かりやすかったです。
・竹やぶとか…はるかぜさんの感じが出ていました。

『上手な音読とは…』についても簡単に話し合う。

「ふきのとう」の勉強では，みなさんの音読もうんとうまくなることを目指します。友だちにも聞いてもらいます。「上手」と言ってもらえるとうれしいね。

はーい。分かりやすく大きな声で読みます。

ゆっくり気持ちをこめて読めばいいのかな？

「このお話を正しく読むために，まず新しく出てきた漢字の読み方を勉強しましょう。」

小黒板の新出漢字をみんなで読み，覚えさせる。
※（新出漢字）読む，雪，言う，南，書く，絵

4 音読する　全文を，声に出して読もう。（斉読，一人音読）

音読の初めのめあては，文字を見て正しく声に出せることになる。そのため，まず斉読（一斉読み）をする。

文字を見て，声に出して読みましょう。まず，みんないっしょにゆっくり読みます。先生もいっしょに読みますよ。

よが　あけました。
あさの　ひかりを…

速くならないよう教師がゆっくり目に読み，速さを整える。場面など内容については，今は課題にしない。

「（斉読後）こんどは，1人で最後まで読み通してみましょう。」

まずは文字を追って正しく声に出せるように，児童1人ひとりが自分のペースで読み通す。声はそろえなくてよい。教師は個別に児童の援助をする。
まとめとして何人かに音読させて，聞き合う。

◆赤のアンダーラインについて

本時の展開でとくに大切な発問や留意点にアンダーラインを引いています。

付録 DVD−ROMについて

DVD の利用で，楽しい授業・わかる授業ができます。
きれいな板書づくりや授業準備に，とても役立ちます。

◆DVD−ROMの内容について

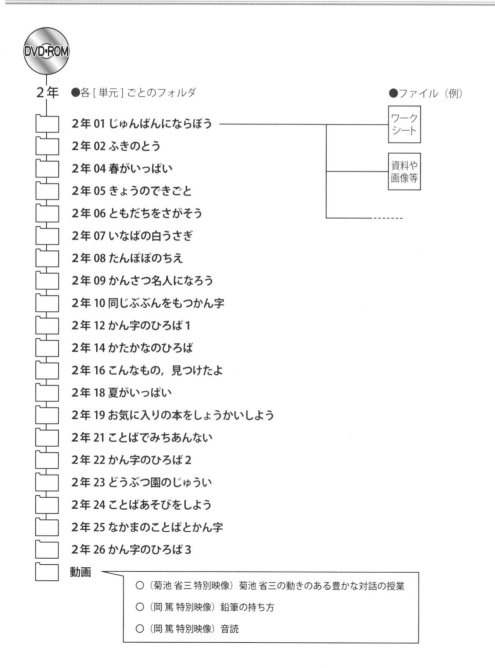

2年 ●各[単元]ごとのフォルダ

- 2年01 じゅんばんにならぼう
- 2年02 ふきのとう
- 2年04 春がいっぱい
- 2年05 きょうのできごと
- 2年06 ともだちをさがそう
- 2年07 いなばの白うさぎ
- 2年08 たんぽぽのちえ
- 2年09 かんさつ名人になろう
- 2年10 同じぶぶんをもつかん字
- 2年12 かん字のひろば1
- 2年14 かたかなのひろば
- 2年16 こんなもの，見つけたよ
- 2年18 夏がいっぱい
- 2年19 お気に入りの本をしょうかいしよう
- 2年21 ことばでみちあんない
- 2年22 かん字のひろば2
- 2年23 どうぶつ園のじゅうい
- 2年24 ことばあそびをしよう
- 2年25 なかまのことばとかん字
- 2年26 かん字のひろば3
- 動画

●ファイル（例）

ワークシート

資料や画像等

- ○（菊池 省三 特別映像）菊池 省三の動きのある豊かな対話の授業
- ○（岡 篤 特別映像）鉛筆の持ち方
- ○（岡 篤 特別映像）音読

◆使用上のご注意

このＤＶＤ－ＲＯＭはパソコン専用となっております。DVD プレイヤーでの再生はできません。
ＤＶＤプレイヤーで再生した場合，DVD プレイヤー及び，ＤＶＤ－ＲＯＭが破損するおそれがあります。
※ OS 以外に，ファイルを再生できるアプリケーションが必要となります。
　 PDF ファイルは Adobe Acrobat および Adobe Reader5.0 以降で開くことができます。

【その他】

このＤＶＤ－ＲＯＭに収録されている動画の中で，各単元フォルダ内の動画には，音声は含まれておりません。
プロジェクターや TV モニターで投影する場合は，各機器および使用しているパソコンの説明書を参照してください。

◆動作環境　Windows

【CPU】	Intel®Celeron®M プロセッサ 360J1.40GHz 以上推奨
【空メモリ】	256MB 以上（512MB 以上推奨）
【ディスプレイ】	解像度 640 × 480，256 色以上の表示が可能なこと
【OS】	Microsoft windows XP 以上
【ドライブ】	ＤＶＤ－ＲＯＭドライブ

◆動作環境　Macintosh

【CPU】	Power PC G4 1.33 GHz 以上推奨
【空メモリ】	256MB 以上（512MB 以上推奨）
【ディスプレイ】	解像度 640 × 480，256 色以上の表示が可能なこと
【OS】	MacOS X 10.4.11 (tiger) 以上
【ドライブ】	DVD コンボドライブ

※ wmv 等の動画ファイルは，Windows Media Video 等のフリーソフト
をご使用ください。

上記のハードウエア，OS，ソフト名などは，各メーカーの商標，または
登録商標です。

※ファイルや画像を開く際に時間がかかる原因の多くは，コンピュータ
のメモリ不足が考えられます。
　詳しくは，お使いのコンピュータの取扱説明書をご覧ください。

◆複製、転載、再販売について

　本書およびＤＶＤ－ＲＯＭ収録データは著作権法によって守られています。
　個人で使用する以外は無断で複製することは禁じられています。

　第三者に譲渡・販売・頒布 (インターネット等を通じた提供も含む)
することや、貸与及び再使用することなど，営利目的に使用することは
できません。

　本書付属ＤＶＤ－ＲＯＭのご使用により生じた損害，障害，被害，
その他いかなる事態について著者及び弊社は一切の責任を負いません。

　ご不明な場合は小社までお問い合わせください。

◆お問い合わせについて

　本書付録ＤＶＤ－ＲＯＭ内のプログラムについてのお問い合わせは，
メール，FAX でのみ受け付けております。

メール：kirakuken@yahoo.co.jp
ＦＡＸ：075-213-7706

　紛失・破損されたＤＶＤ－ＲＯＭや電話でのサポートは行っており
ませんので何卒ご了承ください。

　アプリケーションソフトの操作方法については各ソフトウェアの販売
元にお問い合せください。小社ではお応えいたしかねます。

【発行元】

株式会社喜楽研 （わかる喜び学ぶ楽しさを創造する教育研究所：略称）
〒 604-0827 京都市中京区高倉通二条下ル瓦町 543-1　　TEL：075-213-7701　FAX：075-213-7706

対話・話し合いのある授業に，一歩踏み出そう

菊池　省三

　教育の世界は，「多忙」「ブラック」と言われています。不祥事も後を絶ちません。

　しかし，多くの先生方は，子どもたちと毎日向き合い，その中で輝いています。やりがいや生きがいを感じながら，がんばっています。

　このことは，全国の学校を訪問して，私が強く感じていることです。

　先日，関西のある中学校に行きました。明るい笑顔あふれる素敵な学校でした。

　3年生と授業をした後に，「気持ちのいい中学生ですね。いい学校ですね」

　と話した私に，校長先生は，

　「私は，子どもたちに支えられています。子どもたちから元気をもらっているのです。我々教師は，子どもたちと支え合っている，そんな感じでしょうか」

　と話されました。なるほどと思いました。

　四国のある小学校で，授業参観後に，

　「とてもいい学級でしたね。どうして，あんないい学級が育つのだろうか」

　ということが，参観された先生方の話題になりました。担任の先生は，

　「あの子たち，とてもかわいいんです。かわいくて仕方ないんです」

　と，幸せそうな笑顔で何度も何度も話されていました。

　教師は，子どもたちと一緒に生きているのです。担任した1年間は，少なくとも教室で一緒に生きているのです。

　このことは，とても尊いことだと思います。「お互いに人として，共に生きている」……こう思えることが，教師としての生きがいであり，最高の喜びだと思います。

　私自身の体験です。数年前の出来事です。30年近く前に担任した教え子から，素敵なプレゼントをもらいました。ライターになっている彼から，「恩師」である私の本を書いてもらったのです。たった1年間しか担任していない彼からの，思いがけないプレゼントでした。

　教師という仕事は，仮にどんなに辛いことがあっても，最後には「幸せ」が待っているものだと実感しています。

　私は，「対話・話し合い」の指導を重視し，大切にしてきました。

　ここでは，その中から6つの取り組みについて説明します。

1. 価値語の指導

　荒れた学校に勤務していた20数年前のことです。私の教室に参観者が増え始めたころです。ある先生が，

　「菊池先生のよく使う言葉をまとめてみました。菊池語録です」

　と，私が子どもたちによく話す言葉の一覧を見せてくれました。

　子どもたちを言葉で正す，ということを意識せざるを得なかった私は，どちらかといえば父性的な言葉を使っていました。

・私，します。

・やる気のある人だけでします。

・心の芯をビシッとしなさい。

・何のために小学生をしているのですか。

・さぼる人の2倍働くのです。

・恥ずかしいと言って何もしない。

　それを恥ずかしいというんです。

　といった言葉です。

　このような言葉を，私だけではなく子どもたちも使うようになりました。

　価値語の誕生です。

　全国の学校，学級を訪れると，価値語に出合うことが多くなりました。その学校，学級独自の価値語も増えています。子どもたちの素敵な姿の写真とともに，価値語が書かれている「価値語モデルのシャワー」も一般的になりつつあります。

　言葉が生まれ育つ教室が，全国に広がっているのです。

　教師になったころに出合った言葉があります。大村はま先生の「ことばが育つとこころが育つ　人が育つ　教育そのものである」というお言葉です。忘れてはいけない言葉です。

　「言葉で人間を育てる」という菊池実践の根幹にあたる指導が，この価値語の指導です。

2. スピーチ指導

　私は，スピーチ指導からコミュニケーション教育に入りました。自己紹介もできない6年生に出会ったことがきっかけです。

　お師匠さんでもある桑田泰助先生から，

　「スピーチができない子どもたちと出会ったんだから，1年かけてスピーチができる子どもに育てなさい。走って痛くなった足は，走ってでしか治せない。挑戦しなさい」

　という言葉をいただいたことを，30年近くたった今でも思い出します。

　私が，スピーチという言葉を平仮名と漢字で表すとしたら，

　『人前で，ひとまとまりの話を，筋道を立てて話すこと』

　とします。

　そして，スピーチ力を次のような公式で表しています。

　『スピーチ力＝（内容＋声＋表情・態度）×思いやり』

　このように考えると，スピーチ力は，やり方を一度教えたからすぐに伸びるという単純なものではないと言えます。たくさんの要素が複雑に入っているのです。ですから，意図的計画的な指導が求められるのです。そもそも，コミュニケーションの力は，経験しないと伸びない力ですからなおさらです。

　私が，スピーチ指導で大切にしていることは，「失敗感を与えない」ということです。学年が上がるにつれて，表現したがらない子どもが増えるのは，過去に「失敗」した経験があるからです。ですから，

　「ちょうどよい声で聞きやすかったですよ。安心して聞ける声ですね」

　「話すときの表情が柔らかくて素敵でした。聞き手に優しいですね」

　などと，内容面ばかりの評価ではなく，非言語の部分にも目を向け，プラスの評価を繰り返すことが重要です。適切な指導を継続すれば必ず伸びます。

3. コミュニケーションゲーム

　私が教職に就いた昭和50年代は，コミュニケーションという言葉は，教育界の中ではほとんど聞くことがありませんでした。「話し言葉教育」とか「独話指導」といったものでした。

　平成になり，「音声言語指導」と呼ばれるようになりましたが，その多くの実践は音読や朗読の指導でした。

　そのような時代から，私はコミュニケーションの指導に力を入れようとしていました。しかし，そのための教材や先行実践はあまりありませんでした。私は，多くの書店を回り，「会議の仕方」「スピーチ事例集」といった一般ビジネス書を買いあさりました。指導のポイントを探すためです。

　しかし，教室で実践しましたが，大人向けのそれらをストレートに指導しても，小学生には上手くいきませんでした。楽しい活動を行いながら，その中で子どもたち自らが気づき発見していくことが指導のポイントだと気がついていきました。子どもたちが喜ぶように，活動をゲーム化させる中で，コミュニケーションの力は育っていくことに気づいたのです。

　例えば，対決型の音声言語コミュニケーションでは，
・問答ゲーム（根拠を整理して話す）
・友だち紹介質問ゲーム（質問への抵抗感をなくす）
・でもでもボクシング（反対意見のポイントを知る）

　といった，対話の基本となるゲームです。朝の会や帰りの会，ちょっとした隙間時間に行いました。コミュニケーション量が，「圧倒的」に増えました。

　ゆるやかな勝ち負けのあるコミュニケーションゲームを，子どもたちは大変喜びます。教室の雰囲気がガラリと変わり，笑顔があふれます。

4. ほめ言葉のシャワー

　菊池実践の代名詞ともいわれている実践です。
30年近く前から行っている実践です。

　2012年にNHK「プロフェッショナル仕事の流儀」
で取り上げていただいたことをきっかけに，全国の
多くの教室で行われているようです。

　「本年度は，全校で取り組んでいます」

　「教室の雰囲気が温かいものに変わりました」

　「取り組み始めて5年が過ぎました」

といった，うれしい言葉も多く耳にします。

　また，実際に訪れた教室で，ほめ言葉のシャワーを見せていただく機会もたくさんあります。
どの教室も笑顔があふれていて，参観させていただく私も幸せな気持ちになります。

　最近では，「ほめ言葉のシャワーのレベルアップ」の授業をお願いされることが増えました。

　下の写真がその授業の板書です。内容面，声の面，表情や態度面のポイントを子どもたちと
考え出し合って，挑戦したい項目を自分で決め，子どもたち自らがレベルを上げていくという
授業です。

　どんな指導も同じですが，ほめ言葉のシャワーも子どもたちのいいところを取り上げ，なぜ
いいのかを価値づけて，子どもたちと一緒にそれらを喜び合うことが大切です。

　どの子も主人公になれ，自信と安心感が広がり，絆の強い学級を生み出すほめ言葉のシャワー
が，もっと多くの教室で行われることを願っています。

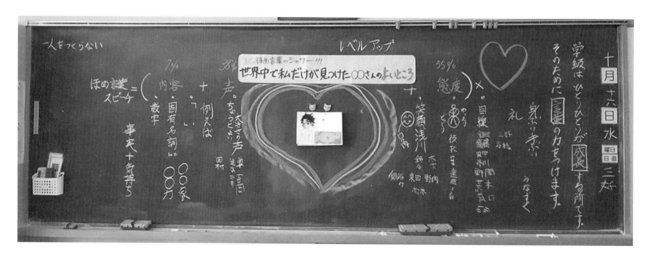

5. 対話のある授業

　菊池実践の授業の主流は，対話のある授業です。具体的には，

・自由な立ち歩きのある少人数の話し合いが行われ

・黒板が子どもたちにも開放され

・教師が子どもたちの視界から消えていく

　授業です。教師主導の一斉指導と対極にある，子ども主体の授業です。

　私は，対話の態度目標を次の3つだと考えています。

① しゃべる

② 質問する

③ 説明する

　それぞれの技術指導は当然ですが，私が重視しているのは，学級づくり的な視点です。以下のような価値語を示しながら指導します。

例えば，

・自分から立ち歩く

・一人をつくらない

・男子女子関係なく

・質問は思いやり

・笑顔でキャッチボール

・人と論を区別する

　などです。

　対話のある授業は，学級づくりと同時進行で行うべきだと考えているからです。技術指導だけでは，豊かな対話は生まれません。形式的で冷たい活動で終わってしまうのです。

　学級づくりの視点を取り入れることで，子どもたちの対話の質は飛躍的に高まります。話す言葉や声，表情，態度が，相手を思いやったものになっていきます。聞き手も温かい態度で受け止めることが「普通」になってきます。教室全体も学び合う雰囲気になってきます。学び合う教室になるのです。

　正解だけを求める授業ではなく，新たな気づきや発見を大事にする対話のある授業は，学級づくりと連動して創り上げることが大切です。

6. ディベート指導

　私の学級の話し合いは，ディベート的でした。

　私は，スピーチ指導から子どもたちの実態に合わせて，ディベート指導に軸を移してきました。その理由は，ディベートには安定したルールがあり，それを経験させることで，対話や話し合いに必要な態度や技術の指導がしやすいからです。

　私は，在職中，年に2回ディベート指導を計画的に行っていました。

　1回目は，ディベートを体験することに重きを置いていました。1つ1つのルールの価値を，学級づくりの視点とからめて指導しました。

　例えば，「根拠のない発言は暴言であり，丁寧な根拠を作ることで主張にしなさい」「相手の意見を聞かなければ，確かな反論はできません。傾聴することが大事です」「ディベートは，意見をつぶし合うのではなく，質問や反論をし合うことで，お互いの意見を成長させ合うのです。思いやりのゲームです」といったことです。これらは，全て学級づくりでもあります。

　2回目のディベートでは，対話の基礎である「話す」「質問する」「説明する（反論し合う）」ということの，技術的な指導を中心に行いました。

　例えば，「根拠を丁寧に作ります。三角ロジックを意識します」「連続質問ができるように。論理はエンドレスです」「反論は，きちんと相手の意見を引用します。根拠を丁寧に述べます」といった指導を，具体的な議論をふまえて行います。

　このような指導を行うことで，噛み合った議論の仕方や，その楽しさを子どもたちは知ります。そして，「意見はどこかにあるのではなく，自分（たち）で作るもの」「よりよい意見は，議論を通して生み出すことができる」ということも理解していきます。知識を覚えることが中心だった今までの学びとは，180度違うこれからの時代に必要な学びを体験することになります。個と集団が育ち，学びの「社会化」が促されます。

　ディベートの持つ教育観は，これからの時代を生きる子どもたちにとって，とても重要だと考えています。

【1年生の授業】

　1年生は，言葉遊びの授業です。1年生には，「言葉って面白いんだ」「言葉を知ることは楽しいことなんだ」といったことを，体験を通して実感させたいと思っています。

　この授業は，

① 「○まった」という言葉をみんなで集める
　　（例：あまった，うまった，こまった　など）

② 「○○まった」という言葉を一人で考える
　　（例：あやまった，かくまった，まとまった　など）

③ ②で集めた言葉をグループで出し合う

④ 教室の中から「○○まった」の言葉をグループで
　　集める

⑤ グループ対抗のチョークリレーで出し合い全員で学び合う

⑥ 感想を書いて発表し合う

といった流れで行いました。DVDには，②から④あたりの様子が収められています。

　最初に学習の仕方を全員に理解させ，その後にレベルを上げた問題を，個人→グループ→全体という流れで取り組ませたのです。

　活動的な1年生に，「黙って，静かに，座って話を聞かせる」ということに，あまりにも指導の力点が行き過ぎている教室もあります。そうではなくて，活動的な1年生の特性を生かしながら，変化のある授業の構成を考えたいものです。そのような指導を通して，友だちと学び合う楽しさやできる喜びを感じさせてあげたいものです。

　また，1年生ですから，教師のパフォーマンス力も問われます。立ち位置や声の変化，体や手の動きの工夫が必要です。子どもたちを惹きつける，そんな魅力ある教師でいたいと思っています。

【2年生】

　2年生は，簡単な討論の授業です。対立する話し合いの基本型を教えた授業です。

　授業は，次のような流れです。

①　たくさん咲いている学校のチューリップを1本取った花子さんの行動について，○か×かの自分の立場を決める

②　①の理由を書いて話し合う

③　花子さんには，病気で寝たきりのチューリップの好きなおばあさんがいることを知り，花子さんの行動について○か×かの立場を決める

④　③の理由を書いて，同じ立場の友だちと話し合う

⑤　理由を出し合って，全体で討論をする

⑥　花子さんが取ったらいいと考えられる方法を出し合う

⑦　感想を書いて発表し合う

　　私は，基本的な討論の流れを，

　・自分の立場（賛成反対，AかBか，など）を決める

　・各自，理由を考える

　・同じ立場のチームで理由を考え合う

　・それぞれのチームの理由を出し合う

　と考えています。

　2年生の授業DVDでは，③から④あたりが収められています。「自由な立ち歩き」をして，学び合うための対話，話し合いをしている様子が分かると思います。

　このような動きのある授業を行うことで，友だちと学び合うことは楽しい，自分で意見を作ることは大切なんだ，ひとりひとり意見が違っていいんだ，といったことを子どもたちは学びます。

　3年生は，スピーチの授業です。「ほめ言葉のシャワー」につなげるという意図を持って行ったものです。

　ほめ言葉のスピーチは，

『事実＋意見』

の構成が基本です。

　授業では，

　まず，その基本の構成を板書し，事実にあたる友だちのよいところをノートに書かせました。書かせるという指導は，全員参加を促します。

　その後，ひとりひとりが書いたことを認め，黒板に書かせました。このように，黒板に書かせると教室に勢いが出てきます。みんなで学び合う雰囲気になってきます。

　そして，実際に「ほめ言葉のシャワー」をさせました。

　先にも述べましたが，私は，スピーチの公式を次のように考えています。

『スピーチ力＝（内容＋声＋表情・態度）×思いやり』

　主人公の友だちに伝えるほめ言葉1つ1つに，私が「ほめ言葉」を言っています。プラスの評価をしているのです。例えば，

「（お辞儀をした子どもに）体を使ってほめ言葉を言っている（拍手）」

「（ノートから目を離した子どもに）書いたことを
　見ません（読むのではなく話す）（拍手）」

「（柔らかな表情で話した子どもに）口角が挙がっ
　ていますね（拍手）」

「（下半身がどっしりして，上半身がゆったりとし
　ているこどもに）その姿勢が抜群にいい（拍手）」

　といって，ほめています。スピーチの公式の非言

語の部分を意識してほめています。内容よりも，声や表情・態度の部分です。スピーチ指導の初期の段階は，このような指導が効果的だと考えているからです。

2年「鉛筆の持ち方」〜もっとも難しい指導

岡　篤

〈研究授業で思ったこと〉

　ある研究授業（小1）の後の会で，「鉛筆の持ち方も指導できていない」という発言をした人がいました。私は，それを聞いて，「違う」と感じました。「鉛筆の持ち方も」の「も」にひっかかったのでした。

　その人は，鉛筆の持ち方の指導が簡単なことであり，当たり前にできることと考えていたのです。後から聞くと，その人は低学年の担任をしたことがないということでした。

　基礎的な指導内容という意味では，「鉛筆の持ち方も」だったかもしれません。しかし，本気で鉛筆の持ち方を指導したことのある人なら，いかに難しい指導かを知っています。

〈教えるだけなら簡単だが〉

　「教える」だけなら簡単です。教科書の出ている鉛筆の持ち方の写真を見せて，「こんなふうに持ちなさい」といえばよいのです。しかし，実際に教科書の写真のように持つことができるようにするには，一人ずつチェックをしていく必要があります。「正しい持ち方を教えること」と「正しく持つことができるようにすること」とは全く別の次元なのです。

　持つことができたら終わりではありません。いざその持ち方で書こうとすると多くの子が，とても書きにくそうにぎこちない手の動きをしたり，元の持ち方にもどってしまったり，となるでしょう。「正しく持つことができるようにすること」と「正しい持ち方で書くことができるようにすること」との間にも大きな溝があります。

　まだあります。正しい持ち方で書くことができたとしても，それを継続させ，定着させるのは，さらに大変なことです。元の持ち方は，それが習慣になっているのです。持ち方を変えることは，習慣を変えることでもあります。だから大変なのです。「正しい持ち方で書くことができるようにすること」と「正しい持ち方を習慣として定着させること」の差を本当に理解しているのは，指導に悩んだ経験のある人だけでしょう。

〈正しい持ち方は一生の宝〉

　正しい持ち方には，次のようなメリットがあります。
　・手が疲れない。
　・線が書きやすい。
　・姿勢が崩れにくい。

　さらに，見た目がよいことも加えられるでしょう。高学年になると，自分の持ち方の悪さを指摘された経験がある子は少なくありません。自分でも分かっているし，気にはなるけど，直せないのです。

　持ち方の指導を本気でするなら，「持ち方を直すには，それまでの持ち方で書いてきたのと同じ期間がかかる」と覚悟した方がよいでしょう。実際に学校ではそんなに時間はかけてはいられません。そこで，文字だけでなく，線をたくさん書かせたり，さらに線さえ書かせず正しい持ち方で鉛筆を動かす練習を大量にする必要があります。

2年「音読」～会話文を工夫させる

岡　篤

〈間（ま）を教える〉

　音読の際に，句点（。），読点（、）を意識させる方法として，間（ま）の取り方をクラスでそろえるという方法があります。例えば，句点は2拍，読点は1拍，といった具合です。はじめは，教師が「いち，に」と声を出して間を取ります。次に，黒板や机を叩いてトントンと音を立てて同じように間を取ります。次は，子どもが句点で2回，読点で1回，軽くうなずきます。最後に，「心の中で数えましょう」とすれば，比較的短期間で，句読点を意識することができます。

　もちろん，この読み方は絶対ではありません。句読点の使い方や文脈によっては，ふさわしくない場合も出てきます。そのときは，そこで指導をすればよいのです。あくまで，初歩の段階で，句読点を意識させる手立てとして，この方法があるということです。

〈会話文（「　」）の前後も間をあける〉

　「　」の間を指導すると，読み方が大きく変わります。私は，「　」も2拍あけるようにいっています。子どもには，「聞いている人には，かぎかっこがついているのかどうか分かりません。それを，間をとって伝えます」と教えています。

　さらに，いわゆる「地の文」と登場人物の話す言葉との区別がこの「　」でつけられているということも教えます。地の文はふつうの読み方で読み，「　」になると，登場人物の様子を頭にイメージしながら読むようにいいます。

〈「1cm，体を動かしてみよう」で読みが変わる〉

　登場人物の様子を思い浮かべたからといってすぐに読み方が変わる子ばかりではありません。実際には，ほとんど変わらない子の方が多いかもしれません。

　ここで，有効な指導があります。それは，登場人物のかっこうを想像させるということです。前屈みになっている，上を向いている，腕を組んでいるなど，文章に出ている場合もあれば，直接は書かれていない場合もあるかもしれません。

　とにかく，会話の部分を話しているときの登場人物のかっこうを想像させます。もし，分からないという子がいたら，他の子が発表した中から自分が一番よいと思うものを選ばせます。

　そして，会話部分を読むときに，少しだけその動きをさせます。大げさにやらせると，そこで読みが止まってしまったり，意識が動きの方に向いてしまったりしかねません。少しの方がよいのです。ただし，この少しの加減が難しいので，私は，「1cm，体を動かしてみよう」という言い方をします。前屈みなら，1cmくらい頭を下げるのです。

　地の文を読むときは，背筋を伸ばしてまっすぐにします。そして，会話のところに来たら，「　」の分の間をとり，その間に1cm体を動かします。そして，登場人物になって会話部分を読みます。会話が終わったら，また姿勢を元にもどして，地の文を読みます。

　これで，読み方が変わる子がきっと増えるはずです。

まるごと授業 国語 2年（上）

じゅんばんに　ならぼう

◉ 指導目標 ◉

・自分が聞きたいことを落とさないように集中して聞くことができる。
・言葉には，事物の内容を表す働きがあることに気づくことができる。
・自分が聞きたいことを粘り強く集中して聞き，学習課題に沿って声を掛け合おうとすることができる。

◉ 指導にあたって ◉

① 教材について

　　扉のたんぽぽの詩を読みます。教科書の2年上の副題も「たんぽぽ」です。また，「たんぽぽのちえ」という説明文も2年上で学習します。たんぽぽを知らない児童はいないでしょう。たんぽぽはどこでも見られる花ですが，児童の身近にある明るく元気な花です。このイメージが4月の2年生にも重なります。この詩をみんなで何度も読み合うことや，それぞれが思ったことを語り合うことは国語の授業の始めにとってもふさわしい学習活動になります。できるだけ実物のたんぽぽも持ち込むとよいでしょう。

　　また，「じゅんばんに ならぼう」は，ゲームの中に「聞く」「話す」という国語科的要素を込めた言語活動です。「聞く」「話す」は，ふだんの生活の中で最も多く行われている言語活動です。それだけにだれでもできる簡単なことだととらえがちですが，本当は「読む」「書く」と同様，難しいものです。「じゅんばんに ならぼう」は，ゲームの形をとって，聞くことなしには並べないという「聞く必然性」のある場面を設定しています。また，形の上でも聞くときの姿勢や，話し方の基本を実際にやらせながらここで指導します。これらのことは，今後も折にふれて指導を続けます。

② 主体的・対話的で深い学びのために

　　初めての国語の授業の時間になります。どの児童も「2年生では何を習うのかな」「2年生ではがんばろう」と，やる気と期待に胸を膨らませています。その意味でもとりわけ大事にしたい出だしの第一歩です。児童にとっても指導者にとっても緊張感のある中での1時間になります。何より「国語って楽しそう」「ぼくも，わたしもできる」と思わせれば成功です。多少うまくいかないことがあっても叱責は禁物です。音読や感想の発表，聞き方などのいいところを見つけて，「すばらしい」とオーバー気味にほめることが児童の心に響き，自信とやる気につながります。

知識 及び 技能	言葉には，事物の内容を表す働きがあることに気づいている。
思考力，判断力，表現力等	「話すこと・聞くこと」において，自分が聞きたいことを落とさないように集中して聞いている。
主体的に学習に取り組む態度	自分が聞きたいことを粘り強く集中して聞き，学習課題に沿って声を掛け合おうとしている。

◉ 学習指導計画　　全 1 時間 ◉

次	時	学習活動	指導上の留意点
1	1	・扉の詩をみんなで読み，思ったことを話し合う。 ・目次を見て，2 年生の学習を見渡す。 ・「じゅんばんに ならぼう」というゲームを通して，「どんな順番にならぶのか」を聞き取り，話し合いながら指示どおりに並ぶ。	・初めての国語の授業。期待感を大事にすることが第一となる。そのためにも扉の詩はみんなで読む楽しさに気づかせる。 ・聞く，話すといった学習習慣をつけていく第一歩でもある。とりわけ，「聞く」ということはすべての学習に関わってくるので姿勢など形の面でも指導する。 ・「じゅんばんにならぼう」ゲームでは，言葉が苦手な児童がいる場合，周りにいる児童が代わりに伝える，教師が傍についているなど，配慮する。

◇この時間の最後，または，次の教材「ふきのとう」の学習の前に，教科書P12「つづけてみよう」を読み，内容を確かめてもよいでしょう。心に残った出来事や発見したことをひと言で書き，伝え合う活動を紹介しています。この「ひと言作文」という活動を取り入れて，年間を通して継続して取り組ませることも考えられます。

📀収録（イラスト，資料）

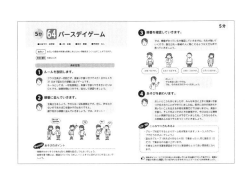

本時の目標

扉の詩を読み，これからの学習に期待と見通しをもつ。
興味をもって大事なことを落とさないように聞く。

授業のポイント

タンポポなど実物（なければ写真）を持ち込むと児童の興味，集中力は違ってくる。
聞く姿勢や，発表の仕方など学習の基本の形をここで教える。

本時の評価

発言をした児童，よく聞いている児童をほめることが評価になる。

〈学級遊び〉学級遊びをする際は，ねらい，ルール，そして，めざす姿を児童と共有します。活動中，

板書例

じゅんばんに ならぼう

め よく きいて こえを かけあおう

1 よく きいて 「なんの じゅんばん」か
2 こえを かけあって
3 正しい じゅんばんに ならべたか

〈ならびかた〉
① なまえが あいうえおの じゅん
② たん生日が 早い 人の じゅん
（バースディゲーム）
・こえを 出さないで
・みぶり手ぶりで

1 知る 聞く　教科書の副題を知り，扉の詩「たんぽぽ」を読もう。

たんぽぽの花（できれば実物）を見せる。

「学校の庭で花を見つけました。何の花でしょう。」
・たんぽぽです。わたしも見たことあります。
「教科書の表紙に何と書いてありますか。みんなで読んでみましょう。」
・（一斉に）こくご 二上（じょう）たんぽぽ。
・あ，たんぽぽって書いてある。本もたんぽぽかぁ。

この 2 年上の本の題も『たんぽぽ』ですね。表紙をめくった次のページを扉と言います。扉にもたんぽぽの詩が載っていますよ。

わぁ，2 年はみんな，たんぽぽかぁ。

「まず先生が読みます。<u>本を持って聞く姿勢をしましょう。</u>」

『たんぽぽ』の詩を範読する。

2 音読する 対話する　扉の詩『たんぽぽ』を音読し，思ったことを話し合おう。

「次は，みんなで読みましょう。今度は読む姿勢です。」
　一斉音読させる。「お日さまのまごだから」は，「お日さまのまごだから？（／）」と，尋ねるように読んでもよい。
　次に，簡単に詩の内容の読み取りをする。

「（たんぽぽの絵を貼り）ちょうちょうはどこにいるのかな。」
（黒板に指しに来させるか，絵を貼らせる。）
「まご，って分かるかな？」（板書で説明）

『たんぽぽは…わらった』のところを読んで，どう思った？

たんぽぽは，ちょっと嬉しかったと思います。

たんぽぽとちょうちょうは仲良しみたい。

児童の発言すべてを認め，肯定的に受けとめる。

素敵な姿を見逃さず，児童をほめることが大切です。

たんぽぽ

「たんぽぽさんって
まぶしいのね。・・・・」

たんぽぽは
うふんと　わらった。

お日さま　※

子

ひまわり　※

子

まご？
(子の子)　※

うれしそう
なかよし
※※

※※児童の発言を板書する。　※イラストを貼るか，簡単に描く。

主体的・対話的で深い学び

・「順番に並ぼう」ゲームの活動中は，間違っていても拍手するなど，できるだけ楽しい雰囲気で行うようにする。

・相手の言葉を聞く姿勢や，相手に伝えようと積極的に身振り手振りしている児童の様子をできるだけとらえ，ほめるようにしたい。

・DVD収録で紹介しているバースディゲーム（バースディチェインとも言う）にあわせて取り組ませると，言葉がないと難しいところ，身振り手振りや表情の大切さのどちらも確認できる。全員が言葉や声をかけ合う大切さに気づくことができる。

準備物

・黒板掲示用イラスト **DVD** 収録【2_01_01】

・資料「バースデイゲーム」 **DVD** 収録【2_01_02】

（『1分・3分・5分でできる　学級あそび102』（喜楽研刊）より抜粋）

3 見通す　つかむ　目次を見て2年の学習を見渡そう。「順番に並ぼう」ゲームを知ろう。

「目次を見てみましょう。目次にもたんぽぽは出てくるのかな。」

・あった！「たんぽぽのちえ」というのがあります。

扉の次にある目次のページを開けさせ，2年では何を習うのか，ワクワク感をもたせる。ただし，「何を習いたい？」などの話し合いには深入りしない。

> 国語の勉強では，聞くこと，話すことがとても大事です。では，これから順番に並ぶゲームをします。

> どんな順番に並ぶのかな？

> 背の順番かな。名前の順番かな。

「いろいろな並び方があります。今日は，どんな順番に並ぶのかをよく聞いていないと正しく並べません。」

教科書P10を読み，「みんなで声をかけあって」というところを強調して活動内容を確かめる。

4 聞く　伝え合う　先生の話をよく聞いて，伝え合って順番に並ぼう。

> はじめは，あいうえお順に並びましょう。みんなで声をかけあって，できるだけ早く並べるようにしましょう。

> ぼく「さとう」だから「すだ」さんの前だよね？

> わたしは「あきた」だから，一番前！

男女別，列ごとなどクラスをいくつかのグループに分け（10人くらいまで），競争意識をもたせる。

「では，前の人から名前を言って正しい順番に並べたか，確かめましょう。」

「次は，誕生日の早い人から順番に並びましょう。」

ここでは，「バースデイゲーム」（DVD収録の資料参照）のように，身振り手振りだけで伝え合わせる。

他にも，下の名前順などの順番でやってみてもよい。最後に，ゲームの感想を交流する。

ふきのとう

全授業時間 9 時間

◉ 指導目標 ◉

- 語のまとまりや言葉の響きなどに気をつけて音読することができる。
- 場面の様子や登場人物の行動など，内容の大体を捉えることができる。
- 粘り強く登場人物の行動などの内容を捉え，学習課題に沿って音読を聞き合い，感想を伝え合おうとすることができる。

◉ 指導にあたって ◉

① 教材について

　　進級した4月，2年生は1年生という「後輩」ができたこともあり，やる気に満ちています。国語学習との出会いも，この高揚した2年生の気持ちを大切にしたいものです。その点「ふきのとう」は，学年初めに出会う教材としてふさわしいお話です。登場人物である竹の葉，ふきのとう，雪，また，お日さまや春風の言葉や姿から，春を待ちわびる気持ちや春を届けたいという思いが読み取れます。また，人物どうしのつながりにも目を向けさせます。春風が吹き，ふきのとうが地面から顔を出すところは2年生の児童も共感でき，嬉しくなる場面です。これがこのお話の主題でしょう。また，会話文，語り口などからはそれぞれの人物らしさ（人がら）が読み取れ，音読の学習にも適しています

② 主体的・対話的で深い学びのために

　　本単元の学習の柱は音読です。児童に主体的に取り組ませたいのも音読です。それには，まずはいい音読を聞かせて，「あんな風に読みたい…」と思わせなければなりません。そのためにも指導者が範読の質を高めておくことが大切です。それから，音読は何より文字を正しく音声化できることが出発点です。授業でも各時間，斉読や一人読みなどを随所に取り入れ，声を出させる機会を多く作ります。そのうえで，読み取った人物像や場面の情景を，音読でも表現することを目指させます。

　　授業では友達の音読を聞き合い，上手なところをほめ合います。これが対話です。そして，聞くことと声に出すことの往復によって，「あんな風に読めばいいのか…」と理屈だけでなく感覚でとらえさせます。また，音読には内容の読み取りの深さが反映します。読み（理解）と音読（表現）は，表裏一体のもので，形式的な抑揚づけや間のとり方をした「音」だけの「音読」では，深い学びとはいえません。とりわけ，音読はうまく聞こえても話の内容は分かっていない，などとはならないように気をつけます。音読は深い学びの表現活動でもあるのです。

知識 及び 技能	語のまとまりや言葉の響きなどに気をつけて音読している。
思考力, 判断力, 表現力等	「読むこと」に置いて, 場面の様子や登場人物の行動など, 内容の大体を捉えている。
主体的に学習に取り組む態度	粘り強く登場人物の行動などの内容を捉え, 学習課題に沿って音読を聞き合い, 感想を伝え合おうとしている。

◉ 学 習 指 導 計 画 　 全 9 時 間 ◉

次	時	学習活動	指導上の留意点
1	1	・全文の範読を聞き, 読み通す。 ・音読を高めるという学習課題を聞く。	・読む姿勢など, 音読の基本を振り返らせる。 ・「読んでみたい」という期待感を持たせる。
	2	・全文を読み通し, とき, 場所, 登場人物を確かめる。初めの感想を交流する。	・登場人物と場面を押さえ, お話のあらすじをとらえさせる。
2	3	・1, 2の場面を読む。冬の終わりの朝の竹やぶの竹の葉と, ふきのとうの様子を読み, 音読する。	・文から, 各場面の情景と登場する「人物」の姿, したことを読みとらせる。 ・読みとったことは, 情景や人物の言葉などの音読に生かすようにさせる。 ・各場面での人物のしたこと言ったことを見て, 思ったことを話し合わせる。 ・5時目は, 5, 6と, 7, 8の2つの場面に分けてすすめる。
	4	・3, 4の場面を読む。春や雪がとけるのを待つ雪と, 竹やぶの様子を読み取り, 音読する。	
	5	・5, 6, 7, 8の場面を読む。お日さまや春風の姿と, 春風が吹いて顔を出したふきのとうたちの姿を読み取り, 場面を想像しながら音読する。	
	6	・全文を読み直し, 好きなところやよかったところを書き写したり,そのわけ(感想)を書いたりする。 ・書いたものを, グループで交流する。	・読むだけでなく, 書く活動も取り入れる。 ・これまでの場面ごとの読み取りを生かして, 書かせる。
3	7・8	・グループで人物の役を決め, 読み方を工夫して音読の練習をする。 ・グループごとに, 音読の発表をする。	・グループで役を決めさせ, これまで読んできた人物の言葉や様子を思い起こさせて, 音読を工夫させる。
4	9	・学習を振り返る。 ・『ふきのとう』のような春に関わる本の読み聞かせを聞き, 読書の記録を書く。	・教科書『ふりかえろう』なども参考にさせる。 ・興味を持たせ, 「自分でも読みたい」という気持ちを大切にする。

※第5時は2時間扱いとしてもよいでしょう。

📀 収録（画像, イラスト, 児童用ワークシート見本）※本書 P46, 47 に掲載しています。

ふきのとう

第 1 時 （1/9）

本時の目標

「ふきのとう」の音読を聞き，全文を音読することができる。「音読を高める」という学習のめあてをとらえる。

授業のポイント

始めの授業なので，「読む」姿勢，発声，聞き方などの基本を教えるとともに，できたことをほめ合う。ふきのとうや竹などは実物を持ち込むのもよい。

本時の評価

よく聞いている児童，音読に集中している児童をほめることが評価になる。

板書例

〈板書・音読〉ふきのとうの画像など活動し，ふきのとうがどんなものかが分かる板書にしましょう。また，

おはなしを きいて…

音読しよう

これから
（れんしゅうして じょうずに なろう）

←

さいごに ききあう
（音読はっぴょうかい）

〈じょうずな音読とは〉
・わかりやすく 大きな こえで
・ゆっくり きもちを こめて

※児童の発言を板書する。

読む	雪	南
（よ）	（ゆき）	（みなみ）
書く	言う	
（か）	（い）	
絵		
（え）		

※小黒板に新出漢字を書く。

---

1 話し合う 　題名の「ふきのとう」について，話し合おう。

『何を習いたい？』などの不要な話し合いはせずに，新しい物語にすっと入る方が，児童のリズムにも合う。

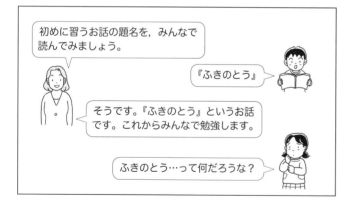

初めに習うお話の題名を，みんなで読んでみましょう。

『ふきのとう』

そうです。『ふきのとう』というお話です。これからみんなで勉強します。

ふきのとう…って何だろうな？

「ところで，『ふきのとう』とは何なのか，知っていますか。見たことはありますか。挿絵に出ているかな。」
・何だろう。知りません。
・わたし，食べたことがあります。

　ここで，まず「ふきのとう」とは何かを分からせておかないと，次の範読を聞いても意味不明となる。可能なら実物や映像を見せたり，児童の経験を発表させたりする。
　作者（くどうなおこ）の紹介もする。

2 聞く 　先生の範読を聞こう。

聞くときや読むときの姿勢，形は，学年初めの緊張感の中で教師の実演も交えて指導しておくと効果的。

初めに，先生がこの「ふきのとう」を読みます。みなさんは聞く姿勢をしましょう。できるかな？

できました。

はーい。できました。

　範読を通して「ふきのとう」というお話と初めて出会うことになる。児童の心をとらえられるよう，強弱，抑揚，間など，教師の範読を高めておく。

「（範読後）ふきのとうは出てきましたか。」
・はい，出てきました。他にお日さまも出てきました。
「聞いて，いいお話だったなあ…と思った人は？」
・はーい。（ほぼ全員の手が上がる。）

ふきのとう

（さくしゃ）くどう　なおこ

〔め〕

だれが　どうしたか、きく人に
よく　わかるように　音読しよう

ふきの　花の　つぼみ
はるの　はじめに　見られる
たべると、
ちょっと　にがい　あじ

ふきのとうとは？

主体的・対話的で深い学び

・音読に，主体的に取り組むことを目指させる。そのためにも，始めに教師の上手な範読を聞かせて，「上手に読みたい」というあこがれ（目標）と，意欲を持たせるようにする。それが，音読の工夫につながる。

準備物

・（あれば）ふきのとうの実物

・画像（ふきのとう）**DVD**収録【2_02_01】

・小黒板（新出漢字を書く）

---

3 話し合う　学習のめあてを話し合おう。

「今の先生の読み方は，どうでしたか？上手だなあと思った人は，手を挙げましょう。」

・はーい。（たいてい「上手」と言ってくれる）
・聞いていて，とっても分かりやすかったです。
・竹やぶとか…はるかぜさんの感じが出ていました。

『上手な音読とは…』についても簡単に話し合う。

「ふきのとう」の勉強では，みなさんの音読もうんとうまくなることを目指します。友だちにも聞いてもらいます。「上手」と言ってもらえるとうれしいね。

はーい。分かりやすく大きな声で読みます。

ゆっくり気持ちをこめて読めばいいのかな？

「このお話を正しく読むために，まず新しく出てきた漢字の読み方を勉強しましょう。」

小黒板の新出漢字をみんなで読み，覚えさせる。
※（新出漢字）読む，雪，言う，南，書く，絵

---

4 音読する　全文を，声に出して読もう。（斉読，一人音読）

音読の初めのめあては，文字を見て正しく声に出せることになる。そのため，まず斉読（一斉読み）をする。

文字を見て，声に出して読みましょう。まず，みんないっしょにゆっくり読みます。先生もいっしょに読みますよ。

よが　あけました。あさの　ひかりを…

<u>速くならないよう教師がゆっくり目に読み，速さを整える。</u>場面など内容については，今は課題にしない。

「（斉読後）こんどは，1人で最後まで読み通してみましょう。」

まずは文字を追って正しく声に出せるように，児童1人ひとりが自分のペースで読み通す。声はそろえなくてよい。教師は個別に児童の援助をする。

まとめとして何人かに音読させて，聞き合う。

ふきのとう

第 2 時 （2/9）

本時の目標
全文を読み通し，人物，時期，場所など，お話の設定を大まかにとらえることができる。

授業のポイント
「竹やぶ」は，読み取りのカギになる場所である。「竹やぶとは？」についても体験等語り合い，イメージを持たせる。

本時の評価
登場人物など，お話の場面設定をとらえることができている。

板書例

〈板書・音読・対話〉 いつ どこ だれ で整理します。だれは「竹のはっぱ」「ふきのとう」「竹やぶ」「お日さま」

竹のはっぱ（二人）
雪
竹やぶ
お日さま
はるかぜ
ふきのとう

〈いちばん よかった ところは？〉

※児童の意見を板書する。

※イラストを貼付するかわりに，簡単に手書きしてもよい。

---

1 音読する
「いつ」「どこで」「だれが」出てくるお話なのか考えて音読しよう。

この「ふきのとう」のお話に出てくるのはだれなのか，場所はどこか，季節や時間を考えて，音読しましょう。

季節は…冬かな。

いや，もう春だよ。

「季節はいつなのでしょうね，それも確かめるつもりで，声に出して読んでみましょう。」
「前の時間よりも上手に読めるようになるといいね。はい，読む姿勢ですよ。」（「音読の姿勢」をとらせる）
　・ぼくは，お家でも2回読んだよ。

　本時もまずは全文をつっかえずに読めることがめあての1つになる。そのうえで，「いつ」「どこ」「だれ」を意識させて読みに入る。（板書でも示す）
　全員で斉読し，教師もいっしょに読む。

2 話し合う 確かめる
お話に出てくる人物，場所，季節，時間について話し合おう。

お日さま

ふきのとう

竹のはっぱ

出てきたのはだれでしたか。

雪と，はるかぜも出てきました。

「題名のふきのとうはどれですか。挿絵を押さえてごらん。」
　物語では，人ではない動物や植物も人のように描かれている場合は，「登場人物」「人物」と言ってよいことを教える。
　各人物は挿絵を指させて確かめ合う。

「いつのことが書かれていましたか。」
　季節と時間（早朝）の2つに分けて話し合う。

「人物を出てきた順番に言ってみましょう。」
　・竹のはっぱ，ふきのとう…。（確かめていく）

「はるかぜ」で，その位置関係を簡単なイラストで表しましょう。

ふきのとう

め
いつ、どこで、だれが出てくる
おはなしか　読んで　たしかめよう

いつ
よあけ　あさはやく
ふゆの　おわり
はるの　はじめ

どこ
竹やぶ＝竹がいっぱい

だれ
出てくる人＝人ぶつ

主体的・対話的で深い学び

・授業では，読む（音読）機会を多く取り入れるようにする。そして，主体的な学習にはめあてが必要。「読みましょう」だけでなく，音読にもめあてを持たせるようにする。初めなので，まずは漢字などを正しく読み，つっかえないで読み通せること，そして，本時では場面設定（いつ，どこ，だれ，できごと）を考えて読むことがめあてになる。季節について，「冬」か「春」か，などを対話の話題としてもよい。文章をきちんと読めることが学びを深める基礎となる。

準備物

・画像（竹やぶ）　DVD 収録【2_02_02】
・黒板掲示用イラスト（竹やぶ，ふきのとう）
　DVD 収録【2_02_03，2_02_04】
※ふきのとうの絵は第3時以降も使用する。
　裏面に磁石を貼る。

3 話し合う つかむ　お話の舞台である「竹やぶ」について話し合おう。

このお話は，どこでのお話なのでしょうか。場所はどこですか。挿絵も見てみましょう

竹やぶです。

竹も雪もふきのとうも竹やぶにいます。

「本物の『竹やぶ』を見たことはありますか。」
・お宮さんの横に竹やぶがあります。そばを通ります。
・おじいちゃんの家の裏にも竹がいっぱい生えています。中に入ると，昼でも薄暗かったです。
　　　体験の交流や映像等で，竹やぶをイメージさせる。可能なら，地域にある竹やぶを想起させる。
　　　このように，2年では体験等を「語り合う」「聞き合う」活動もとり入れながら授業を進める。

「お話では，だれが中心になっていると思いますか。」
・「ふきのとう」かなあ。

4 音読する まとめ　場面を思い浮かべて音読し，よかったところはどこか，話し合おう。

話し合ったお話の場所（竹やぶ）や，季節（早春），人物を確かめるつもりで，音読しましょう。（1人音読）

よが　あけました。あさの　ひかりを　あびて竹やぶの　竹の　はっぱが，「さむかったね。」…

　　1人ひとりが自分に合った，自由な速さで音読の練習をする。教師は「読み仮名」をつけさせるなど，読みにくい児童の個別の援助をする。（1人読み）
「こんどは先生といっしょに読みましょう。マル（句点）のところは一息（トン）入れます。」
「次は，いくつかに分けて1人で読んでもらいましょう。はじめの8行を，佐藤さん読んでください。」（指名して読ませる）

「お話でいちばんよかったところはどこですか。」
　　はじめの感想を簡単に交流する。

ふきのとう

第 3 時 （3/9）

本時の目標
冬の終わりの竹やぶと，竹の葉っぱのささやきやふんばるふきのとうの姿を読み取り，その様子を考えて音読できる。

授業のポイント
姿勢をはじめ，音読の基本は教師が教える。また，竹の葉っぱの「ささやき…」なども，音読を通してその感じをつかませる。

本時の評価
冬の終わりの竹やぶの，竹の葉っぱのささやきとふんばるふきのとうの姿を読み取り，その様子を考えて音読できる。

〈板書・対話〉竹のはっぱとふきのとうの言ったことを中心に書き，黒板の下に簡単なイラストを

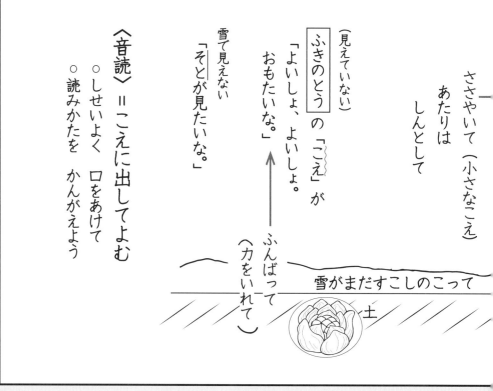

板書例

〈音読〉＝こえに出してよむ
○しせいよく　口をあけて
○読みかたを　かんがえよう

ふきのとう の「こえ」が
「よいしょ、よいしょ。
おもたいな。」

（見えていない）

雪て見えない
「そとが見たいな。」

ささやいて（小さなこえ）
あたりは
しんとして

ふんばって
（力をいれて）

雪がまだすこしのこって
土

---

1 めあて 音読する　読む姿勢に気をつけて，初めの場面を音読しよう。

本時（3時目）からは，場面ごとの内容の読み取りに入る。本時は，P15，P16 L6までを読み，竹やぶの様子や竹の葉っぱとふきのとうの姿を読み，音読に生かす。

今日，勉強するところは，始めの竹やぶの場面です。竹やぶや竹の葉っぱ，ふきのとうの様子が，聞いている人にも分かるように読めるようになりましょう。

寒い，竹やぶの場面だね。

「今日は立って読みましょう。まず背中を伸ばして，口を大きく開けて声が前に出るようにします。こんなふうに（見本を示す）です。やってみましょう。」
・（立って音読）よがあけました。あさのひかりを…

「山本さん，いい姿勢です。前で読んでもらいましょう。背中がまっすぐで，声がお腹から出ていますよ。」
　　数人に，音読の姿勢の見本をさせる。（評価になる）

2 音読する 話し合う　竹やぶの場面の（季節，時間，人物）を読み取ろう。

「この初めの竹やぶの場面の様子と，だれが出てきてどんなことがあったのか，読んで確かめましょう。」
・よがあけました。あさのひかりをあびて，竹やぶの竹のはっぱが，「さむかったね。」…（音読）

時間や季節はいつごろでしょうか。どう書かれていますか。

時間は朝です，夜明けごろです。『よがあけました』『あさのひかりを…』と書いてあるから。

『雪がまだすこしのこって…』だから，冬の終わりごろだと思います。

「『あたりは　しんとして…』とは，どんな様子なのでしょう？竹やぶの様子を見てどう思いましたか。」
・何の音もしない。葉っぱの声だけが聞こえる。
「出てきたのは，だれでしたか。」
・竹の葉っぱ（2人）です。ふきのとうも…あとで出てきます。

入れます。展開 2，4 は対話中心に進めましょう。

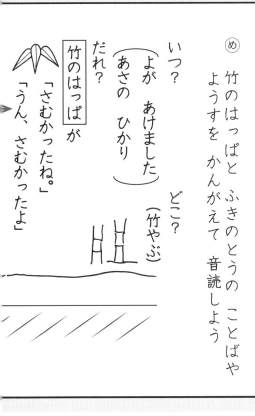

ふきのとう

め 竹のはっぱと ふきのとうの ことばや ようすを かんがえて 音読しよう

いつ？
よが あけました （あさの ひかり）
だれ？

竹のはっぱ
「さむかったね。」
「うん、さむかったよ」

どこ？ （竹やぶ）

🔍 **主体的・対話的で 深い学び**

・優れた音読には，内容の読み取りの深さが関係している。情景や人物の心情が分かって，初めて音声での表現（つまり音読）も正しくできるようになる。このことが深い学びにつながる。

・『小さな声が…』や『ふんばって…』などの表現にも目を留めさせ，せりふの音読に生かすようにさせる。また，『重たいなあ。』ではなく，『重たいな。』という表現になっていることなど，叙述の細部についても，グループ内での聞き合い（対話）を通して気づかせ，学びを深める。

準備物

・ふきのとうの絵（第2時使用のもの）

---

3 話し合う 音読する **声の大きさを考えて音読しよう。**

「15 ページ，静かな竹やぶの場面を音読しましょう。」

音読したとき，「ここは声の大きさを考えて読んだ」というところは，ありましたか。

「さむかったね。」「うん，さむかったね。」というところです。『ささやいて…』と書いてあるので，小さな声で読みました。

「『ささやいて…』とは，どんなことなのでしょうか。隣の人に『ささやいて』みましょう。」
・（小声で）『さむかったね』（とささやき合う）「竹の葉っぱの『さむかったね』も，その感じが出るように，ささやくように（小さめの声で）読むといいですね。（ただ，発音はぼそぼそでなく明確に）」

「グループで，読んで聞き合いましょう。」
　交代して読む。竹の葉など，役を決めて読んでもよい。

---

4 話し合う 音読する **ふきのとうの様子を読みとり，竹やぶの場面を音読しよう。**

「16 ページの 6 行目までを読みましょう。」

1 行目の『小さなこえが…』の『こえ』とは，だれの声ですか。何と言っていますか。

ふきのとうの声です。

ゆっくり気持ちをこめて読めばいいのかなあ？

「ふきのとうはどこにいますか。見えていますか。」
・『竹やぶのそば』です。『雪の下に頭を出して…』だから，雪の下なので見えていないし，声も小さい。
「ふきのとうはこの辺りかな。」
　板書で話し合う。また，『ふんばる』とは力をこめてこらえている様子だと，動作化もとり入れて分からせる。

「ふきのとうは『ふんばって』何をしたいのですか。」
「ふんばるふきのとうを見てどう思いましたか。」
　などについて話し合い，それをふまえて音読する。

ふきのとう

第 4 時 (4/9)

本時の目標
雪と竹やぶが，雪解けや春風を待つ様子を読み取り，音読に表現できる。

授業のポイント
雪と竹やぶ，ふきのとうの関係を，文章から読み取り，板書でも絵に表し，理解を図る。

本時の評価
春を待つ雪や竹やぶの姿が表現できるように，声の大きさや速さを考えて音読している。

〈板書・音読〉春を待つ「ふきのとう」「雪」「竹やぶ」の位置関係に気をつけて，簡単なイラスト

板書例

〈音読〉
「　」のことばの読みかたを かんがえよう

竹やぶは〈はるかぜ〉をまっている
ゆれる
雪がとける
春に　ふきのとう

はるかぜ が
「まだこない。」
(ざんねんそうです)

竹やぶ のかげになって
「すまない。」
「ゆれておどりたい。」
(上を見上げます)

---

1 振り返る・音読する　だれが登場するのか，読んで確かめよう。

「前の場面では，だれが出てきましたか。」
・竹の葉っぱです。「寒かったね」と言っていました。
・姿は見えないけれど，ふきのとうも出てきました。
　前時の場面を音読して，振り返ってもよい。

「では，今日勉強する場面を先生が読みます。ここではだれが出てくるのか，よく聞いてください。」
　P16L 7 から P18 までが本時の場面。まず範読する。
「みんなで，読んでみましょう。」(斉読)

> 新しく出てきた(登場した)のは，だれでしたか。
> 雪と竹やぶです。
> 雪は，『ごめんね』と言っています。

登場人物を確かめ，このあと，雪 (P17) と，竹やぶ (P18) の，2 つの場面に分けて読み取る。

2 話し合う・音読する　「ごめんね」という雪の様子を読み，音読しよう。

P16，P17 を読み，雪のしたことやその姿を読み取る。

> ここでは，だれがだれに，何と言っていますか。
> 雪が，ふきのとうに『ごめんね』と，謝っています。
> 雪は，『早くとけてあそびたい』と言っています。

「雪はふきのとうに『ごめんね』と言いました。どんなことを『ごめんね』と言っているのでしょうか。」
・ふきのとうの上に雪があるせいで，ふきのとうは外を見られなくなっているから『ごめんね』と…。
「雪は上を見上げましたね。何を見たのですか。」
・竹やぶの竹です。日が当たらないのは竹やぶのかげになっているから…ざんねんそうです。
「このときの雪の様子を考えて，音読しましょう　。」

『見上げて…』など，動作化もとり入れて音読させる。

も入れます。音読は雪の様子や竹やぶの姿を考えて読みましょう。

〈竹やぶで〉

ふきのとうに
「ごめんね。」
「早くとけて・・・。」
(上を見上げて)

め
ことばや ようすを かんがえて
音読しよう

ふきのとう

主体的・対話的で深い学び

・人物どうしのやさしい気遣いとつながりも，このお話のテーマと言える。「…上を 見上げます。」などの文章をもとに，つながりをとらえさせ，人物みんなが「はるかぜ」を待っていることに気づかせる。また，『ごめんね』や『すまない』という謝りの言葉からも，人柄が読み取れる。読み方を考えさせ，グループでも練習させる。

・自分の思い込みや，思ったことをただ語るのではなく，文中の言葉を根拠にした語り合いをさせることが，対話的な深い学びとなる。

準備物

・ふきのとうの絵（第2,3時使用のもの）

---

3 話し合う 音読する
「すまない」と言った竹やぶの様子を読み，音読しよう。

　P18を読み，竹やぶのしたこととその姿を読み取る。
「『ごめんね』からP18の『ざんねんそうです』までを読んで，竹やぶの姿を思い浮かべましょう。」

ここでは，だれがだれに，何と言っていますか。

今度は，竹やぶが雪に『すまない』と，謝っています。

雪が，ふきのとうに『ごめんね』と言ったのとおんなじかな…。

「どんなことが『すまない』のでしょうね。」
　『…ゆれておどれば，雪に日が…』から考えさせる。

「竹やぶが上を見上げたのは，どうしてでしょう？」
　・春風はまだ来ないのかなあ，と思って…上を見た。
　・春風を待っていると思います。そうなれば踊れるから。
「この場面，竹やぶの姿を考えて音読しましょう。」

---

4 振り返る まとめ
人物のつながりをとらえ，感想を交流，音読しよう。

「これまで出てきたふきのとうや雪，竹やぶ（と，春風）のつながりを考えましょう。」

雪，竹やぶは，それぞれ何（どんなこと）を待っていたのでしょうか。

雪は，日があたって溶けるのを待っていた。

竹やぶは，春風がふいてゆれるのを待っている。そしたら雪もとける。

　それぞれのつながりは，板書で矢印などで示す。
「ふきのとうは雪がとけるのを待ち，雪は日が当たるのを待ち，竹やぶは春風を待っていましたね。」
　・春風が竹やぶにふくと，雪もとけて，春になる。
「この場面を読んで，思ったことを発表しましょう。」

「雪と竹やぶの様子が分かるように，『すまない』などの読み方も考えて，グループで音読しましょう。」
　　1，2グループに，前で音読の発表をさせる。

ふきのとう

第 5 時 （5/9）

本時の目標

お日さまに起こされた春風と，春が来て喜ぶふきのとうたちの姿を読み取ることができる。

授業のポイント

お日さま，はるかぜのセリフからもそれぞれの人柄が読み取れる。せりふをどう読むか，読み方を考えさせる。

本時の評価

お日さまに起こされたはるかぜと，春が来て喜ぶふきのとうたちの姿を読み取り，音読することができている。

板書例

〈はるがきた〉

はるかぜ に （ねぼう）
大きな あくび
せのびして
「や、お日さま。や、みんな。おまちどお。」

ふうっと いきを
竹やぶが、ゆれる、おどる。（はるかぜ）

雪が とける、水になる。

ふきのとう もっこり
「こんにちは。」

はる です。

もう、すっかり はる です。

（みんなうれしそう。よかったな）

土

---

1 聞く つかむ　範読を聞き，場所と，出てくる人物を確かめよう。

　本時は P19 から P21 までを読み取る。春風がふいて雪がとけ，ふきのとうが顔を出す場面を，次の2つの場面に分けて取り上げる。

　① P19 〜 P20L6 まで　お日さまと春風の場面
　② P20L7 から終わり　雪がとけて春が来た場面

「竹やぶの次には，だれが出てくるのでしょうか。」
　・春風です。竹やぶは春風を待っていたからです。
「では，まず①の場面を先生が音読します。」

場所はどこですか。また，出てきた人物はだれでしょうか。

場所は竹やぶではなくて，今度は空の上です。

はじめに出てきたのは，お日さまです。寝ていた春風を起こします。

次に，寝坊していた春風が出てきます。

2 音読する 話し合う　春風とお日さまのすがたを文から想像しよう。

「では，お日さまと春風の場面を音読しましょう。」

文に，『空の上でお日さまは笑いました。』とあります。どんなことを笑ったのでしょうか。

春風が寝坊していることが分かって，おかしかったから。

『まだ寝ていたの？』という感じ…かな。

「お日さまが向いた南には，だれがいるのですか。」
　・春風です。『おうい』と春風を起こしています。
「お日さまは，どんな人でしょうか。」
　　言葉づかいや『笑いました』という姿から話し合う。

「春風はどんな人でしょうか。読んでみましょう。」
　・寝坊したけれど，元気がよくって面白い人。
　　『や，みんな。…』などの言葉や，あくび，背伸びなどをしている姿について話し合う。動作化もする。

ふきのとう

め

お日さまや　はるかぜの　ことばの
読みかたを　かんがえて　音読しよう

〈空の上で〉
お日さま　が　わらいました。

「・・・みんな、
こまっているな。」

南をむいて
「おうい、はるかぜ。おきなさい。」

主体的・対話的で深い学び

・ここでも，文章を読み取り話し合うことと，音読とを並行してすすめることが深い学びになる。お日さまや春風の人柄は，『おうい，はるかぜ。…』などの文中の言葉や，春風の『大きなあくび』などのしぐさからも読み取れる。ゆったりした優しいお日さまのセリフの読み方なども，どう読めばよいか考えさせることができる。

・グループ内で聞き合わせ，対話を通して主体的に音読の工夫ができるようになることをめざす。

準備物

・ふきのとうの絵（第2〜4時使用のもの）

---

3 話し合う／音読する　　お日さまや春風のようすが分かるように，音読しよう。

　お日さまと春風のことばやしぐさからは，2人の人柄も読みとれる。読み方を考え，音読も工夫させる。

「この場面のようすや，お日さまと春風を見て，思ったことを発表しましょう。話し合いましょう。」
　・お日さまは寝坊した春風を怒らないで，やさしく起こしていたところがいいです。お父さんみたい。
　・これで春が来るので，春風が吹いてよかった。

ではこの場面，お日さまや春風の感じが出るようにどのように読むといいでしょうか。

やさしそうなお日さまだから，ゆっくり，大きな声で読みたいです。

春風の『や，みんな…』は，元気よく張り切った気持ちを出したいです。

　お日様の言葉ならゆっくりか早口か，など具体的に尋ねてもよい。
「グループ内で役を決めて音読しましょう。お日さまや春風のことばの読み方を考えましょう。」

---

4 まとめ／音読する　　春風が吹いたときの様子を読み，音読しよう。

「春風が吹いて，竹やぶやふきのとうなど，みんなはどうなったのでしょうか。最後（②）を読みましょう。」

　リズム感のある文を音読させ，人物たちの弾むようなうれしさを感じとらせる。全員で，グループで，1人でなど，いろいろな音読ができる。音読を通して，内容もほぼ理解できる。

春風が吹いて，だれがどうなったのか，まとめましょう。まず竹やぶはどうなったかな。ふきのとうは？

吹かれてゆれた。それで，雪はとけた。

そして，ふきのとうも顔を出した。

「みんなの様子を見て，どう思いましたか。」
　・みんなうれしそうで，よかったと思いました。

「『もっこり』『こんにちは』の読み方も考えて，音読しましょう。」（斉読，指名読みして終わる）

ふきのとう

第 6 時 （6/9）

本時の目標
いいなあと思ったところ，好きなところを抜き書きし，そのわけも伝え合うことができる。

授業のポイント
写し書きの時間を確保する。「それは，…」など，わけの書き方も1つの形として教えるのもよい。

本時の評価
心惹かれたところとそのわけを書くことができている。
友達の感想を聞くことができている。

板書例

〈好きな場面の書き写し〉なぜそこを選んだのか，簡単なものでも，その理由を考えて友達と対話

〈書きかた〉

・ぼく（わたし）が すきなところは、

書きうつし

のところです。

・それは（なぜなら）（どうしてかというと）

わけ

からです。

◇ すきなところ、よかったところを
はなしあおう

・ふんばる ふきのとう
・うれしい はるがきた
・やさしい お日さま

※児童の発表を板書する。

---

1 めあて つかむ
振り返り，いいなあと思ったところを発表し合おう。

「今日は『ふきのとう』のお話を振り返り，いいなあと思ったところ，心に残ったところを発表し合います。みんなで聞き合いましょう。」
「もう一度，音読して振り返りましょう。」（斉読）

- どこがよかったでしょうか。
- 最後の元気な「こんにちは」がよかった。
- 私は，ふきのとうが「よいしょ，よいしょ。」とふんばっているところがよかったです。「がんばれー」と，言いたくなりました。

よかったところを簡単に出し話し合う。
　場面は，全部で8つになる。好きな箇所が，ある場面に集中することもあるが，それもよしとする。また，夜明けの竹やぶのしんとした静けさなど，児童が見落としそうな場面の良さに気づかせるのもよい。

2 書く
よかったところを書き写し，そのわけも書いてみよう。

「そこがよかったのはどうしてでしょう。そのわけも言えるといいですね。今度は，いいなあと思ったところ，好きなところを写し書きしましょう。そして，そのわけも書いてみましょう。」

- 好きなわけを書くときは，「それは…」とか「どうしてかというと…」と，「……からです。」という言葉を使って書くとよいのです。
- わけを書くときのきまりだね。

写し書きの分量の目安は，ノート半ページくらい。また，ある場面全部を写させるのもよい。形として，
① 『好きなのは…』と，選んだところを書き写す。（引用）
② 『それは…』と，よかったわけを書く。（理由）
　板書のように，1つの型として示すと書きやすい。

できることが，深い読みにつながります。

・自分がいいなあと思ったところを書き写すのも，その児童の思いに支えられた主体的な活動といえる。また，なぜそこを選んだのか，簡単であれ，その理由を考えて言えることが深い読みにつながる。そして，書いたものをグループや全体で読み合い，聞き合うこと（対話）を通して，同じお話を読んでも，人によっていろいろな見方，感じ方があることに気づかせたい。

準備物

ふきのとう

⊗ すきなところを　書きうつし
はなしあおう

すきな
よかった
こころにのこった

　　　　　ところは？
　　　　　その わけ は？

・ふきのとう　　　・竹やぶ
・お日さま　　　　・はるかぜ
・はるがきた

※児童の発表を
板書する。

---

3 対話する 好きなところとそのわけを発表し，聞き合おう。

「みんなはどこがよかったのかな。グループ内でお互い書いたものを読んで，聞き合いましょう。」

いちばん好きなところは，「はるかぜにふかれて，竹やぶがゆれるゆれる……」のところです。それは，竹やぶも雪もうれしそうで，ふきのとうもやっと顔を出せたからです。

わたしとは違うところが好きなんだね。

　ここが好き，いいなあ…と思うのは感覚的なものもあり，理由を言葉にできないこともある。その場合は，写し書きだけでもよしとする。教師が見て回り，個人的にそのわけを聞き出してやるのもよい。

「○○君は，お日さまの言葉がいいなあと思ったのだね。春風を優しく起こしているからかな。」

「聞いた人は，感想も言ってあげましょう。」
・ぼくも同じところがいいと思ったけど，えらんだわけは違います。それは…。

---

4 発表する まとめ 書いたものを全体で発表し，聞き合おう。

「今度は，グループから出てきてもらって，みんなの前で読んでもらいましょう。」

　グループだけでなく，全体で学習する場面も設ける。発表者は，教師がグループを見て回っているときに，書いたものを見ておき，何人か指名して読ませる。

1班の人から発表してください。

わたしがいちばんいいなあと思ったところは，『ふきのとうが，顔を出しました。「こんにちは」もうすっかり春です。』のところです。それは，……（わけ）…からです。

「人により，好きなところもいろいろありましたね。」
　その場面をその児童がどう思ったかが書けていて，発表できていれば，全て『いいね』と認めていく。

「よかった場面を思い出しながら音読しましょう。」

ふきのとう

本時の目標

聞く人にも，場面の様子や人物の気持ちが伝わるように，声の大きさや速さなど工夫して音読することができる。

授業のポイント

人物の姿は，特に「　」の中の言った言葉に表れていることに気づかせ，読み方を考えさせる。

本時の評価

聞く人に，場面の様子や人物の姿が伝わるように，声の大きさや速さなどを工夫して音読することができている。

板書例

〈時間の配分〉本時は人物の担当や語り手の文の分担など，グループ内での相談や決め事も多いため，助言な

◇音読れんしゅう…やくをきめて

5 お日さま 「おや…」「おうい…」
6 はるかぜ 「や、お日さま。…」
7 はるかぜにふかれて…もっこり
8 ふきのとう 「こんにちは。」

〈音読のくふう〉

・こえの大きさ 　小さく 「ごめんね。」 　大きく 「おうい。」
・よむ はやさ 　はやく 「や、お日さま。」 　ゆっくり 「おや…」
・力を 入れて
・しせいよく、大きく 口を あけて

◇音読をきいて
よかったところを 見つけて、つたえよう

（第7時）

1 めあてつかむ

めあてをとらえ，人物の言った言葉を音読する。

「『ふきのとう』のめあては，音読でした。場面や人物の様子，姿が聞く人にも伝わるように，音読できるといいですね。」

> グループで練習して，最後に音読発表をしましょう。『ふきのとう』には，いろんな人物が出てきました。どんなところを工夫して読めばいいでしょうか。

> ふきのとうや，お日さまの言った言葉を，言い方を考えて読みたいです。

場面は，1から8まであり，登場人物も変わる。登場人物を板書で振り返り，教科書に番号をつけさせる。

「初めに，人物の言葉 (台詞) だけを，音読してみましょう。1では竹の葉っぱの『さむかったね』を読んでみましょう。」
（各自読み，2，3 人に指名して音読）
「2の『よいしょ…』では，どう読めばいいかな。」（音読させる）
「高橋さん，力の入った『よいしょ』でした。ふんばっている感じがよく出ている読み方でした。」

2 振り返る音読する

声の大きさ，読む速さを考えてグループで音読を練習しよう。

> 音読では，声の大きさも変えましたね。小さな声で読んだのは，だれのどんな言葉だったでしょうか。

> 雪の「ごめんね」も小さい声…でした。

> 竹やぶの「すまない」も小さい声かな？

> 竹の葉の「さむかったね」でした。

「では，大きな声でゆっくり読んだのは？」
・お日さまの言葉でした。『こんにちは』も…。
　これまでの音読をもとに，声の大小など，音読のポイントにしたことを振り返らせる。

「では，各グループで役を決めて，音読の練習をしましょう。」
（2 役兼任でも，また交代してもよい）
　グループ練習に入る前に，再度姿勢や口の開け方などの基本をみんなでやってもよい。また，語り手の文（地の文）は多いので，複数で担当するのもよい。

どぐも交えて効率的に進めましょう。もう1時間増やしてもよいでしょう。

・内容の読み取りが深い学びとなり，音読にも反映する。だから，友だちの音読を聞いて，「ここはこう読めばよい」などという批評のような話し合いは，2年生には難しい。また，ふさわしくない活動になる。2年では，「この○○の言葉の読み方がよかった。上手！」のようなほめ合いの言葉が児童を励まし，主体的なグループ練習を高める。「こう読めばよい」というような指導や助言は，基本的に教師の役目であり，児童にはさせない方がよい。

準備物

ふきのとう

〈音読のはっぴょうかい〉

め
人ぶつや　ばめんのようすが
つたわるように　音読しよう

ばめん　（だれ・ことば）
1 竹のはっぱ　「さむかったね。」
2 ふきのとう　「よいしょ、よいしょ。」
　　　　　　「ごめんね。」
3 雪　　　　「すまない。」
4 竹やぶ

---

3 音読練習　グループで音読をして，聞き合おう。

手引きのページ（ふかめよう・まとめよう）も参考にさせて，グループごとの練習に入る。

「役が決まったところから，練習をしましょう。」
「読み方のよかったところを，教え合いましょう。」

【音読練習・他のやり方】
　どのグループがどの場面を読むのか，各グループに2，3場面ずつくらいを割り当てて，音読練習をしてもよい。<u>文章量が少なくなるので，ていねいに練習できる。</u>音読発表会では，各グループの音読場面を合わせて1から8場面まで，通し読みをすることになる。

（第8時）

4 音読発表　友だちの音読を聞き合おう。

発表会は，場も大事。「聞き手」「観客」がある方が，児童も張り切る。できれば，授業参観等で行うと，拍手ももらえて盛り上がる。

各グループが順に音読発表をする。クラスの実態やグループ数に応じて，時間や会の形は適宜変える。

「1グループの発表を聞いて，よかったところを言いましょう。」（良いところをほめ合う）

「最後に，みんなが全部の役になって，始めから終わりまで音読しましょう。」（観客の方を向いて斉読）

本時の目標
学習を振り返り，大切なことをまとめることができる。
読書に関心を持ち，記録をつける意識を持つことができる。

授業のポイント
振り返りでは，音読など，自分ができるようになったことを，具体的に語らせるようにする。そして，それを聞き合う。

本時の評価
学習を振り返り，音読の上で大切なことをまとめている。読書に関心を持ち，記録をつけようとしている。

板書例

〈振り返り〉自分ができたこと，学んでよかったことを出し合います。悪い点を指摘するような反

〈読んでみよう〉
はるのおはなし
「はるにあえたよ」
「はるがきた」
「あ、はるだね」
「はるをさがしに」

〈読んだ本のことを　書いておこう〉

読んだ日（月・日）	だいめい	書いた人	しるし
四月十五日	はるにあえたよ。	はら　きょうこ	◎

1 振り返る　上手に音読できたところを振り返ろう。

『ふきのとう』を音読して，自分で「うまく読めたな」というところは，どこだったでしょうか。

春風の「や，お日さま。や，みんな。おまちどお。」という言葉です。あわてたように少し早く読みました。

・最後の⑧場面で『はるかぜにふかれて，…』のところを，みんな喜んでいるように読めました。

「では，『ふりかえろう』を読んで，これまで勉強したことを確かめましょう。」
・人物のしたことや言ったことも読んで，音読できました。お日さまは，お日さまらしく読めました。

「音読するときに気をつけたことは，何でしたか。」
・声の大きさと，速さです。姿勢もです。

　３つの項目について，できたことを認め合う。

2 確かめる　『たいせつ』を読んで，できたことを振り返ろう。

「物語を読むときに，大切にすること，気をつけたことは，どんなことだったでしょうか。」
・読み間違えないで，正しく音読できることです。
・出てくる人物がどんな人か，考えることです。

26ページに，『たいせつ・お話をたしかめる』という文があります。お話を読むときに大事なことは何か，読んで確かめましょう。

言った言葉は「　」の中の言葉。感じを出して，読めました。

登場人物は，みんなで確かめました。

「挿絵を見て分かったことは，どんなことでしたか。」
・絵も手がかりになりました。ふきのとうの形とか，竹やぶの様子も，絵を見て分かりました。

省会にならないよう注意します。

主体的・対話的で深い学び

・振り返りの時間は，自分ができるようになったことを，みんなが出し合い，認め合うようにする。それが次の学習の意欲や主体性につながる。反対に，いわゆる「反省会」のような，不十分なところを出し合う時間にならないようにする。具体的に『ぼく（わたし）も音読がうまくなった』という声が多く聞き合える1時間にする。

・読書カードも，読書の励みになるよう，教科書の見本のような負担のないものにする。感想などは書かせない方がよい。

準備物

・『春』に関わるような，絵本，物語，数冊
　（教科書に出ている『はるがきた』などの本を図書室から借りておく）

・読書カード（ノートでも可）
　（児童用ワークシート見本　📀 収録【2_02_05】）

ふきのとう

め 学しゅうを ふりかえろう
　はるの おはなしの本を 読んでみよう

〈ふりかえろう〉
。うまく 音読できたところ、人ぶつ
。音読で 気をつけること
　（こえの 大きさ、はやさ、力）
。ばめん（いつ・どこ）と、人ぶつ

---

3 聞く　『春』のお話が書かれた本は？本の紹介を聞こう。

「『ふきのとう』は，寒い竹やぶにも，春風といっしょに春が来たお話でした。」
　・おもしろかった。最後の『こんにちは』がよかった。

「『ふきのとう』の他にも，春のお話を書いた本があります。（見せて）こんな本です。1冊目は『はるがきた』です。

『はるをさがしに』は，読んだことがあるよ。

おもしろそう，読みたいな。

「教科書 26 ページにも，表紙が出ています。」
　・図書室にあるかな。探して見よう。どれも面白そう。

「図書室には，このような本（絵本）が他にもあります。図書室に行ったときに探してみましょう。」

---

4 聞く 記録する　読み聞かせを聞き，読書の記録を書いておこう。

では,このうちの1冊,『はるにあえたよ。』のお話を先生が読みます。はい，聞く姿勢です。

どんなお話かな。早く聞きたいな…。

表紙に，くまの絵がかいてある。くまが出てくるのかな。

　1冊読み聞かせ，簡単に感想の交流をしてもよい。
「読んだ本は，題名などをノート（カード）に書いておきましょう。後で見ると，どんな本を読んだのか，何冊読んだのかが分かって楽しいです。1年で 100 冊読んだ子もいました。」

「何を書くのか，27 ページの表を見てみましょう。」
　・読んだ日，題名，書いた人（作者）と印（○）を書く。

「さっそく，今聞いた『はるにあえたよ』のことを，カードに書いておきましょう。」（読書カード配布）
　・おもしろかった。だから，印は「◎」です。

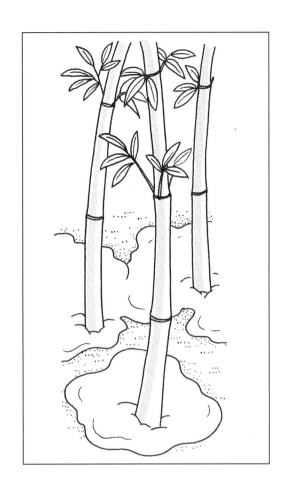

ふきのとう

なまえ（　　　）

● 読んだ 本を 書いて おきましょう。

						読んだ日 （月・日）
						だいめい
						書いた人
						しるし

ふきのとう

図書館たんけん

全1時間＋発展1時間

◉ 指導目標 ◉

・読書に親しみ，いろいろな本があることを知ることができる。

・進んで読書に親しみ，学習課題に沿って気づいたことを発表しようとすることができる。

◉ 指導にあたって ◉

① 教材について

　　読書は，低学年のうちからぜひ身につけさせたい習慣で，学力の土台ともいえます。知識や語彙を増やし，言葉の使い方や意味をとらえる力も培われます。また，自主的な学びには欠かせない「読む速さ(速読力)」も身につきます。「調べ学習」等でも，まず行くのは図書館であり，活用するのが図書館の本です。

　　そのため，ここでは実際に図書館へ行き，図書館の利用方法を知る学習をします。図書館へ行くと，本は適当に(でたらめに)並べてあるのではないことにまず気づくでしょう。本の並べ方，整理のしかたにはきまりがあります。「科学」や「社会」などの分野別に分けられていることや，五十音順に並べてあることを見つけさせます。そして，自分が読みたい本をどのように探せばよいかを考え，その見つけ方を体験します。

② 主体的・対話的で深い学びのために

　　「図書館たんけん」では，本は「どのように分けてあるのか」「並べてあるのか」，そのきまりを，各自またはグループでの主体的な「たんけん」を通して見つけさせます。これは，本を「自分で探せる」「見つけられる」という自信にもなります。

　　また，読書指導では，「読みたい」という意欲を育てることが大切だと言われます。それには，「おもしろかった」と思える本に多く出会うことです。その経験が，また「読みたい」という意欲につながるからです。そして，「こんな本もあったのか！」という驚きや世界の広がりも体感できるところが，図書館です。図書館は，学びを広げ深めてくれるところでもあるのです。そのため，ゆっくり見て回らせたり，読書の時間をとるのも意味のあることです。

　　なお，読みたい本は司書さんに尋ねてもよい，ということも教えておきましょう。また，図書館の使い方等を，司書さんに説明してもらうのも新鮮な体験になります。

◉ 評 価 規 準 ◉

知識及び技能	読書に親しみ，いろいろな本があることを知っている。
主体的に学習に取り組む態度	進んで読書に親しみ，学習課題に沿って気づいたことを発表しようとしている。

◉ 学 習 指 導 計 画 　 全 1 時 間 ＋ 発 展 1 時 間 ◉

次	時	学習活動	指導上の留意点
1	1	・学習のめあて(学習課題)をとらえる。 ・図書館へ行き，調べ学習をする。 　－どのように本が並んでいるのか，各自見て回り，気づいたことを話し合う。 　－「本の分け方」「本のならべ方」を調べる。 　－実際に，いくつかの本を探す。 ・各自，見つけたい本を探す。 ・学習を振り返り，読み聞かせを聞く。	・「本の並べ方を知る」という学習課題を伝える。 ・図書館で，本は，種類ごとに棚にまとめられていることに気づかせる。 ・教科書を参考にして，確かめさせる。 ・図書館地図(平面図)に，まとめてもよい。 ・「探す本」は，教科書も参考にさせる。 ・「探す本」は，前もって決めておかせる。 ・事前に，図書館の方と読み聞かせをしてよい場所や部屋について，相談しておく。
	発展	・各自が探して見つけた読みたい本を読む。 ・(時間に応じて)先生の読み聞かせを聞く。	・図書館での読書の仕方や，基本的なマナーにも気づかせる。

◇　学習の場所は，できれば校区や地域の図書館とし，図書館になじみを持たせられるとよい。

◇　また，せっかく行くのであるから，時間も2時間扱いとして，図書館での読書や読み聞かせの時間もとれるようにすると効果的。
　　(読書は発展扱い)

◇　諸般の事情で，図書館へ行くことが難しい場合は，図書室等での学習とする。

◇　図書館へ行く場合は，事前に目的や人数等を連絡し，下見と打ち合わせをしておく。

図書館たんけん

第 ① 時 （1/1）

本時の目標

図書館で本の探し方を知り，これからの読書に生かそうとする。

授業のポイント

多くの本がある環境で，「読みたい本がいっぱいある」といった思いにさせる。また，図書館でのマナーも教える。

本時の評価

図書館での本の分け方や並べ方が分かり，探したい本を見つけることができた。

〈時間配分と活動〉発展として，図書館での読書を第2時としてもよいでしょう。また，①〜③の探す

板書例

※訪問予定の図書館の内部写真，または案内図

さがして みよう
① なすの そだて方が 分かる 本
② 虫の 名まえが 分かる 本
③ 「うらしまたろう」

※図書館で示して探させる。

---

1 めあて（教室で）　読みたい本を探せるようになるという課題をとらえよう。

【図書館へ行く前に】－行く動機づけと，目あて－

「○○図書館へ行ったことがありますか。また，読みたい本を探して，借りたことはありますか。」

・行ったことがあります。虫の図鑑を借りました。係の人に尋ねると，本のある場所を教えてくれました。

図書館で，読みたい本を自分でも探せるようになるといいですね。今度，図書館へ行って，読みたい本はどこにあるのか，本の探し方を勉強します。

わあ，楽しみ…。昔話の本を読みたいな。

たくさんの本があるのに，どうやって探すのかな。

「どんな本がどこにあるのか，分かるといいですね。」
「図書館へ行くまでに，図書館で借りたい，読みたい本を1冊決めておきましょう。図書館で探します。」

・ぼくは，恐竜の本を読みたいな。あるかな？

　　図書館へ行く。

2 調べる（図書館で）　どこにどんな本があるのか，図書館を見て回ろう。

【図書館で】

「どこに，どのような本が並んでいるのか，見て回りましょう。」（児童用の図書コーナーに限るとよい）

読み物は，この辺りの本棚に並んでいるよ。

絵本は，ここにかためて置いてあるね。「スイミー」の本もある。

虫とか魚の図鑑は，ここだ。「アゲハチョウ」という本もある。

「見て回って，気がついたこと，見つけたことはありませんか。」

・物語の本は，あそこの棚にかためて置いてありました。絵本は，入り口近くにたくさんありました。
・雑誌コーナーや，新しい本のコーナーもありました。
・分けて並べてあるので，探しやすそう。

　　種類ごとにまとめて並べてあることを話し合う。

本は，紙か小黒板に示し，グループごとに探させるとよいでしょう。

図書館たんけん(かん)

め 図書館へ いって、本を さがそう

○○図書館に いく
↓
読みたい 本を さがす
（きめて おく）

・児童が主体的な読書に向かうよう，図書館という多くの本がある場と雰囲気を活用する。ここで，読ませたい本をすすめたり，読書体験を語って聞かせたりするのもよい。
・児童は本来，読み聞かせを聞いたり，本を読んだりするのが好きである。図書館は本に集中しやすい環境でもある。自分で本を選び，選んだ本を読むという活動にもつなげたい。

準備物

・ワークシート（児童が書き込むための，図書館平面図）
※それぞれの図書館の資料などをもとにつくっておく。

3 探す　目的の本を探して見つけてみよう。

「本の種類によって，棚ごとに分けて並べてあるようですね。どこにどんな本が並んでいるのか，分かりやすくなっています。（分け方）」（教科書参照）
「また，同じ棚の中では，本の題名（または作者）は，あいうえおの順に並べてあります。（並べ方）」
・分け方，並べ方にも，決まりがあるみたい。

本の分け方，並べ方が分かったので，次の本を見つけてみましょう。どこにあるのでしょう？

①の「ナス…」は，自然の本のところかな。理科のところかな。

①ナスの育て方が分かる本
②虫の名前が分かる本
③「うらしまたろう」

①②③の探す本は，紙か小黒板に書いておき，示す。グループごとに探させてもよい。（図書館たんけん）

・「うらしまたろう」は，絵本のところにありました。
・「うらしまたろう」は物語の棚にもありました。

4 まとめ 学びを広げる　自分が読みたかった本を見つけよう。

簡単な平面図を準備しておき，どこにどんなジャンルの本が並べてあったのかを，書きこませてもよい。

「今度は，自分が読みたい本を探してみましょう。」
『京都の昔話の本』『…の飼い方』などと，正式な本の題名が分からない場合もある。大まかに，そのジャンルの棚を探せていればよい。助言もする。

探していた『恐竜』の本が見つかりました。早く読んでみたいな。

『かぎばあさん』シリーズの本も見つけられました。『物語』の棚に，たくさんありました。

ここで，本を借り出す手続きを教えるのもよい。
その後，時間に応じて読み聞かせをするのもよい。また，読み聞かせ活動をしている図書館もある。

※発展として，2時目を図書館での読書としてもよい。

春が　いっぱい

全授業時間 2 時間

◉ 指導目標 ◉

・言葉には，事物の内容を表す働きがあることに気づくことができる。

・経験したことや想像したことから書くことを見つけることができる。

・積極的に言葉の働きに気づき，学習課題に沿って経験を文章に表わそうとすることができる。

◉ 指導にあたって ◉

①　教材について

　「季節の言葉」は，四季それぞれの自然にかかわる言葉を知っていく学習です。その始めとして，ここでは春の言葉を見つけ，友達の見つけた言葉も知り合います。自然は，意識して，また言葉でとらえないと見えてこないものです。言葉を通して，個々の植物や虫が見えるようになり，まわりの自然にも目が向くようになるのです。

　大切なことは，実物や児童の体験と結びつけて言葉をとらえさせることです。四季がはっきりしている日本では，季節に関わる言葉も豊かです。昔から伝えられてきた「春の七草」の「せり，なずな，…」などもその1つで，なずなという言葉と実物のナズナやそれを見たり遊んだりした体験とがつながることで，「なずな」という言葉の中身が豊かになるのです。

②　主体的・対話的で深い学びのために

　児童は，草花の名前などは案外知らないものです。できれば実物を持ち込み，それを目の前にして，名前や生えていた場所，見た体験などを話し合うと，そのものへの関心も高まり，「ぼくも（わたしも）見つけてみよう」と主体的な姿勢も生まれます。その点，生活科での自然観察とつないで「春の言葉」をとらえさせるのは，有効な手だてとなります。また，その言葉に関わる体験を文に書いて（表現），語り合い聞き合うことは言葉を豊かにする対話となり，児童どうしをつないでくれます。そのためにも，バーチャルな画像や絵だけではなく，個々の児童の実体験に裏打ちされた「生きた言葉」として使い，知っていくことが児童の感性を豊かにする深い学びとなります。

知識 及び 技能	言葉には，事物の内容を表す働きがあることに気づいている。
思考力，判断力，表現力等	「書くこと」において，経験したことや想像したことから書くことを見つけている。
主体的に学習に取り組む態度	積極的に言葉の働きに気づき，学習課題に沿って経験を文章に表わそうとしている。

◉ 学 習 指 導 計 画 　 全 2 時 間 ◉

次	時	学習活動	指導上の留意点
1	1	・春に見られる草花や虫，生き物などを表す言葉を探し，友だちと出し合う。 ・春の詩を音読する。	・春の言葉とともに，それに関わる実体験を文（…ました）で語らせるようにする。 ・詩の音読の形を多様に工夫して読み合う。
	2	・春の生き物や草花を見つけたり，触れたりした体験をカードなどに書く。 ・書いたものを発表したり読み合ったりして感想を伝え合う。	・児童の実情に応じて，個別に話させるなど体験を思い起こさせる。 ・前もって，生活科の時間などに「春の草花，生き物見つけ」などの活動を行っておくと本時に生きてくる。

📀 収録（画像，児童用ワークシート見本）

本時の目標

教科書の言葉や体験したことを手がかりにして春を表す言葉を見つけ合うことができる。

授業のポイント

言葉とともに，児童の実体験も話させるようにする。また，実物を持ち込むと，対話や関心も広がり，言葉も豊かになる。

本時の評価

春の自然から春を表す言葉を見つけたり，話し合ったりすることができている。

板書例

〈発表〉展開２で，児童から出た意見を分類しながら板書します。事前に児童がどのようなことを

なの花　てんとう虫
すみれ　みつばち
かたばみ　もんしろちょう
（したこと）
つくしとり　お花見
よもぎつみ　たんぽぽつみ
※

DVDやインターネットより出力した写真やイラストコピー等を貼付する。
（または，投影する。）

はなが　さいた　まど・みちお

はなが・・・
は・・・
はひふへ・・・
は・・・
み・・・

は・・・
は・・・
はひふへ・・・
は・・・
お・・・

※行頭の一文字を書き，板書を見て音読させる。　　※児童から出された言葉や教科書の言葉を書く。

---

1 とらえる

「春」という漢字を書き，季節について話し合おう。

春を表す「つくし」を見せながら関心を持たせる。他，持ち込むのはサクラ，タンポポなどでもよい。

今日，田んぼのそばでこんなものを見つけました。これを見つけて，「春だなあ」と思いました。知っているかな？

あ，つくし…見たことあります。

食べたこともあるよ。

「つくしは，春の草です。つくしを見ると，また，つくしという言葉を聞くと，春という季節が思い浮かびます。サクラも春の言葉ですね。春は，季節の名前の１つです。他にどんな季節がありますか。」

・春の前は冬です。暖かくなると春になります。

・夏とか秋も季節の名前です。

「『はる』は，漢字ではこう書きます。」

「春」の書き順を教え，空書きさせノートに書かせる。

2 書く 発表する

「春だなあ」と思ったものや，春になって見つけたものを出し合おう。

教科書を読む前に，「冬と比べて…」「春になって…」など，児童のとらえた「春」を簡単に出し合わせる。発表の前にノート（またはカード）に書かせる。

先生が見つけた「つくし」のように，みなさんが見て「春だなあ」と思ったものは，何でしょうか？

朝，学校に来る途中，道ばたにタンポポが咲いているのを見て
春だなあ
と思いました。

中心は自然の事物だが，「弟の入園式」「進級」などくらしからも出てくる。また，「○○の種をまいた」など，児童の体験も自由に出し合わせる。単発の言葉ではなく，できるだけ文で語らせるようにする。

・昨日，公園でゆき子ちゃんとタンポポ摘みをして，タンポポの花輪を作りました。

主体的・対話的で深い学び

・言葉を知るだけの学習にならないように配慮する。「くさ」という植物はない。「くさばな」にもそれぞれの「名前＝言葉」があることに気づかせる。そして，春になって見つけたものを言葉として，対話を通して聞き合う。実物やそれぞれの児童の体験と結び付けて言葉をとらえることが，言葉を深くとらえること（深い学び）になる。

準備物

・（準備できれば）教科書に記載されている春の草花，生き物の実物。カタバミ，ヨモギ，サクラ，レンゲソウなど校庭にあるものがよい。
・画像 **DVD** 収録【2_04_01～2_04_08】
（カタバミ，チューリップ，テントウムシ，ナズナ，パンジー，モンシロチョウ，よもぎ，レンゲ畑）

春が いっぱい

め 春のことばを 見つけよう

ふゆ ← 春（はる／しゅん）

はるに なって（見つけた、かんじたもの・こと）

春
（見たもの）
さくら　チューリップ
たんぽぽ　れんげそう

---

3 音読する 知り合う
教科書を読み，いろんな春の言葉を知り広げよう。

みなさんが見つけた言葉の他にどんな言葉があるでしょうか。教科書にも春の言葉が出ています。読んでみましょう。

かたばみ　さくら　よもぎ　うぐいす

　黒板にも教科書の言葉を書き，言葉を指しながらみんなで音読する。

「何か，知らないものや言葉はありましたか？」
「かたばみってどれかな，挿絵を指で指してごらん。」
・ああ，これがかたばみか，黄色い花だね。
　ものと言葉が結びつくよう，映像等も活用する。

「みなさんが見つけた言葉の他にも，『春の言葉』はいっぱいありましたね。」
　春の自然調べとして生活科ともつなぐとよい。

「〇〇は，生活科の時間に探しに行きましょう。」

4 音読する 話し合う
「はなが さいた」の詩を読み，思ったことを自由に出し合おう。

「春になるとどのような気もちになるでしょうか。教科書に『はなが さいた』という詩が出ています。まず，先生が読んでみます。みなさんも読みましょう。」

　範読後，自由に音読させる。その後，「2人組で」「列ごとに」「全員で」など，多様な読み方を通して，詩のリズムを感じとらせる。「はひふへ ほほほ」「はへふひ ははは」のおもしろさなども体感させる。

詩を読んで，いいなと思ったことは，どんなことかな？

春，花が咲いたらみんなうれしそう。にこにこしていることが分かります。

「おこるひといない」がいい。

「『みない ひと いない』って分かるかな。」
・みんなが見るっていうことです。

　初めの1文字を見て，みんなで暗唱する。（板書参照）
最後に児童全員で斉読する。

本時の目標

春に見つけた草花や生き物に関わる体験を思い出し，簡単な文章に書くことができる。

授業のポイント

書くには児童それぞれの体験が必要。生活科の時間にみんなで「春の草花探し」をしておくか，下校時などに呼びかけておく。

本時の評価

「春の言葉」に関わる体験を，簡単な文章に書くことができている。

〈話す聞く〉児童の質問の仕方や内容でよいものがあれば，例として取り上げます。板書したり，

板書例

〔 文に かいて みよう 〕

・いつ
・どこで
・なにを
・見た
　　した

〔 カードを かこう 〕

よもぎを つみました。
日よう日　ちかくの のはらで　お母さんと

いつ　どこで　なにをした　だれと

※児童の作った文を 1〜2 文板書し，他の児童から感想や質問を出させる。

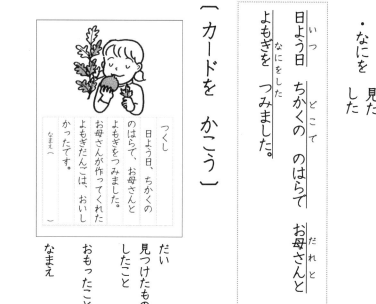

つくし
日よう日、ちかくの
のはらで、お母さんと
よもぎをつみました。
お母さんが作ってくれた
よもぎだんごは、おいし
かったです。
なまえ〔　　〕

だい
見つけたもの
したこと
おもったこと
なまえ

---

1 めあて 話し合う

「春の草花・生き物のこと」を話し合い，めあてをとらえよう。

みなさんが「春だなあ」と思ったものを見た（見つけた）ときのことや，したことをお話してください。

昨日，公園でさっちゃんとタンポポの綿毛の飛ばしっこをしました。

※日記を選んでおいて，読ませるのもよい導入になる。

「今日は，このような春の草花や生き物を見つけたことや，したことを文にも書いて読み合います。」

前時で学習したことを想起させながら，春の自然と関わった体験を話し合い，文章化することを伝え，本時のめあてとする。「知っていることや言葉」ではなく，その児童の実体験を話させ，聞き合わせ，要領をつかませる。

「こんなものを見たよ，こんなことをしたよということ（体験）を話せる人はいませんか。」
・近くのキャベツ畑にモンシロチョウがいっぱい飛んでいるのを見つけました。

2 読む 書く

教科書の見本文を読み，書き方を話し合おう。

発表（話す活動）から，文に書く活動にすすめる。そのために，まず教科書の見本文を読み合う。

「教科書の，つくしを見つけたときのことを書いた文章を読んでみましょう。」（児童が斉読）

みなさんも，こんな文章をカードに書くのです。ここでは何を書いているのかな。どんなことが分かったかな。

題（つくし）を書いています。昨日の帰り道のできごとです。

見つけたことや思ったことも書いています。

「いつ」「どこ」「何を」とともに，思ったことも書いていることを話し合う。文章は 2〜3 文が目安。

「では書いてみましょう。まずノートに書きます。後でカードにきれいに書いて見せ合いましょう。」

「思ったこと」よりも，その児童の実体験や事実が書けていることを大事にする。よい文を読みあげ例示する。

短冊に書き出したりして，共有しましょう。

春が　いっぱい

め

「春だなあ」と　おもったことを
文に　書いて　はっぴょうしよう

「春だなあ」・・・とおもったときに
見たこと、したこと

○たんぽぽの　わたげの　とばしっこ
○キャベツばたけで　もんしろちょうを　見た

主体的・対話的で深い学び

・児童の「発見」を，「話す」ことから「文の形（書き言葉）」で表現させる。また，同じ「タンポポ」でも，児童それぞれの「タンポポの体験」は異なるところを大事にして認め合う。これが主体性につながる。また，個々の体験や事実を，対話を通して交流し，聞き合うことで「何の」「どこを」見るのか，自然を見る目が養われる。

準備物

・カード
（児童用ワークシート見本 DVD 収録【2_04_09】）

---

3 書く／発表する　文を書き，発表しよう。友だちの書いた文を聞き合おう。

「小林さんは，スミレを見つけたことを書いていますよ。読んでもらいましょう。」（小林さんが読む）

　　何人か指名して見本を示し，書く要領をつかませる。できた児童には2文目を書かせてもよい。

「書いた文を読んでもらいます。聞いた人は，尋ねたいことや思ったことがあれば，後で言ってください。」

朝，家の裏の野原で，お母さんとヨモギを摘みました。家に持って帰ると，おばあちゃんがヨモギ団子を作ってくれました。

（質問）どんな味でしたか，おいしかったですか。

（感想）団子を作れるなんて初めて知りました。

　　全員が発表することは時間的に難しい。指名するなど，絞って発表，それについて簡単に話し合わせる。
　　「場所」「見つけ方」「作り方」など，質問や感想は1〜2に絞って交流させる。

---

4 書き直す／交流する　付け足しや，直すところを考えて，カードに書いて仕上げよう。

最後の仕上げです。きれいな字でカードに書きましょう。文が書けた人は絵も入れるといいですね。

テントウムシの絵も入れておこう。

わたしは，もんしろちょうの絵をかこう。

　　見せ合い，読み合う清書であることを意識させる。実物がない場合，絵は描きにくいので略してもよい。見て回り，個々にいい言葉づかいや表現をほめる。

「書いたカードをグループで読み合い（回し読み）ましょう。」
・（回し読みして）鈴木さんの見つけた「白いタンポポ」，わたしも見てみたい。どこにあるのかな？

　　グループの代表としてみんなの前で読ませてもよい。書いたカードは，綴じて冊子にするか掲示するか，または文集の形にして読み合えるようにする。

きょうの　できごと

◉ 指導目標 ◉

・経験したことから書くことを見つけ伝えたいことを明確にすることができる。
・言葉には，経験したことを伝える働きがあることに気づくことができる。
・語と語や文と文との続き方に注意することができる。
・進んで経験から伝えたいことを明確にし，学習の見通しをもって日記を書こうとすることができる。

◉ 指導にあたって ◉

① 教材について

　　児童は，日々様々な経験をしています。本単元は，見たり聞いたりして経験した身近な出来事を思い出して書く「日記」の書き方を学習します。学校生活や家庭生活，身近な自然，季節の行事などについて目を向けさせます。また書かれた事柄を読み取り，質問や感想を交流し合うことも行います。

　　「日記」とはいえ，書く際に，自分の経験や考えを思いついたまま綴るだけではなく，あとから読んでもどんなことがあったのかがよく分かるように書くことを目指します。そのためには，「いつ，どこで」「何が（何を）どうした」などがはっきりと読み取れる文にする必要があります。これらの伝える文の要素や書き方について，文例も使いながら指導します。

　　書く力を育てるには，とりわけ続けることが肝要です。このような日常の取り組みにも，本単元での学習を生かしていくことができます。また，書きにくい児童には，まずは話を聞きとってやり「それ,いいよ」と助言するなど，個別の援助をします。

② 主体的・対話的で深い学びのために

　　日記や感想などは，児童に書かせたものをまとめて教師が読み，後になって返すことが多いでしょう。ここでは，教師が読むのではなく，児童どうしで読み合い，上手に書かれているところや，様子がよく伝わるところを見つけて話し合います。書いたものに反応が返ってくる，すぐに評価されるという喜びが，次に書く意欲につながることでしょう。なお，児童どうしを知り合わせつなぐという点では，学級づくりともかかわる学習内容です。

知識及び技能	言葉には，経験したことを伝える働きがあることに気づいている。
思考力，判断力，表現力等	・「書くこと」において，経験したことから書くことを見つけ伝えたいことを明確にしている。 ・「書くこと」において，語と語や文と文との続き方に注意している。
主体的に学習に取り組む態度	進んで経験から伝えたいことを明確にし，学習の見通しをもって日記を書こうとしている。

◉ 学習指導計画　全2時間 ◉

次	時	学習活動	指導上の留意点
1	1	・学習の見通しをもつ。 ・日記を書いた経験を発表し合う。 ・教科書P32-33の日記例から，日記の書き方を捉える。 ・上手に書かれているところや，様子がよく伝わるところを見つけ，発表し合う。	・ゲームで文作りに必要な要素を再確認させる。 ・「たいせつ」にある内容が書かれている箇所を見つけさせる。 ・内容にまとまりがあることを確認させる。
	2	・教科書P153「ことばのたからばこ」の言葉を使った文を作る。 ・日常生活の中から日記の題材になりそうな出来事をノートに書き出す。	・ゲーム形式で，できるだけたくさんの言葉を使った文作りをさせる。
	3	・題材を選び，時間の順序に沿って日記を書く。 ・読み直しをする。	・「インタビューゲーム」を通して，題材を掘り下げさせ，詳しく書くための素材を増やさせる。
	4	・友達と読み合って，よいところを伝え合う。 ・学習を振り返る。	・最初はグループで読み合わせ，その後は自由にペアになって読み合わせる。

📀 収録（資料）

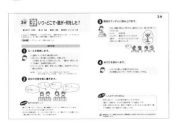

本時の目標

学習課題を確かめ，日記にはどのようなことを書けばよいのかが分かる。

授業のポイント

「いつ，どこで，誰が，何をした」ゲームを通して，文作りに必要な要素を確かめ，実感させる。

本時の評価

日記の書き方を理解し，学習の見通しを持っている。

〈確認〉日記にどのようなことを書くのか，例文を参考にして確かめます。「たいせつ」と合わせ

板書例

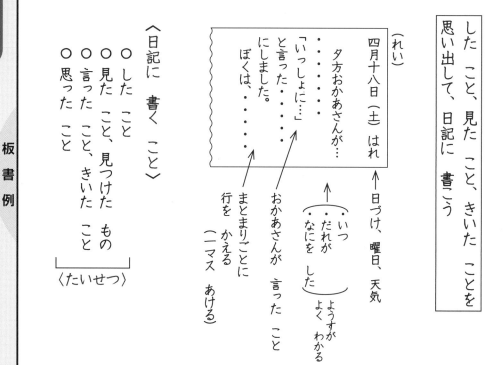

〈日記に 書く こと〉

○ した こと
○ 見た こと、見つけた もの
○ 言った こと、きいた こと
○ 思った こと

〈たいせつ〉

した こと、見た こと、きいた ことを
思い出して、日記に 書こう

〈れい〉

四月十八日（土）はれ　←日づけ、曜日、天気

夕方おかあさんが…
「いっしょに…」
と言った・・・・・
ぼくは、・・・・・
にしました。

←「いつ
・だれが
・なにを した　ようすが
　　　　　　　よく わかる

おかあさんが 言った こと

まとまりごとに
行を かえる
（一マス あける）

---

1 対話する 交流する　ゲームで文の構成について確かめよう。

「今から，『いつ・どこで・誰が・何をした』ゲームをします。」
（小さい紙を配る。DVD 収録の資料参照）

【いつ】小学校に入学した日
【誰が】○○先生が
【どこで】遊園地で
【何をした】ダンスをおどった。

　1人1枚ずつ，紙に分担して書かせて，回収する。回収した紙をランダムに「いつ，どこで，誰が，何をした」の順に読み上げる。ゲームを通して，楽しみながら文作りに必要な要素を再確認する。

「ばらばらの言葉を組み合わせると，わけの分からない面白い文になりました。文を書くときは，この4つを組み合わせて，できごとや思ったこと・考えたことが伝わるように，詳しく書けるとよいですね。」

2 めあて つかむ　日記を書いた経験を出し合おう。 学習課題を確かめよう。

「今日からは，文の中でも，日記を書く勉強をします。これまでに日記を書いたことはありますか。」
　・ある。1年生のときに絵日記をかきました。
　・夏休みの楽しかったことをかいたね。
　・1年生の最後に，1年間の思い出をかきました。
「教科書を開きましょう。まず，先生が読みます。」
　　教科書 P32 最初の5行を範読する。

今度は，『今日したことや，見たり聞いたりしたことを思い出して『日記』に書く勉強です。

今日あったことを書くのか。

今日って言われても，どこも行ってないし，何も特別なことしていないんだけど…。

「どこかへ行ったり，特別なことをしていなくても，一日のうちであった，何か楽しかったことや心に残ったことを思い出して書けばよいのです。」

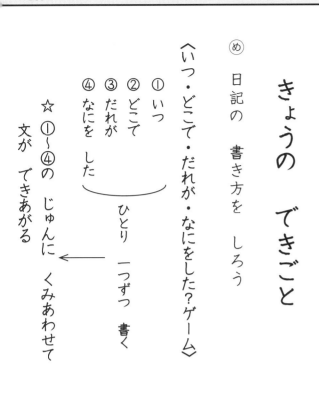

て確認しましょう。

きょうの　できごと

め　日記の　書き方を　しろう

〈いつ・どこで・だれが・なにをした?ゲーム〉
①いつ
②どこで
③だれが
④なにを　した

ひとり　一つずつ　書く

☆①〜④の　じゅんに　くみあわせて
文が　できあがる

主体的・対話的で深い学び

・「いつ・どこで・誰が・何をした?」ゲームをグループで楽しく活動し，これから学習する内容やその意義に触れるための準備をする。ゲームの最中は，児童の反応に合わせて教師もリアクションを大きくするとクラス全体で盛り上がる。

準備物

・資料「いつ・どこで・誰が・何をした?」  収録【2_05_01】
　（『1分・3分・5分でできる　学級あそび102』（喜楽研刊）より抜粋）
・小さく切った紙（児童数）

3　読む　対話する　どのような日記を書けばよいのか，教科書の文例を読んでみよう。

「では，教科書の日記の例文を読んでみましょう。」
　まず，範読する。その後，斉読させる。

「教科書の文を見ると，1行目は何が書いてありますか。日記には何が書かれていますか。」
　・1行目には，日づけと曜日。それから，お天気。
　・「ぼく」がお母さんのお手伝いをして，夕ご飯のコロッケをつくったこと。

> 教科書の文の中で，上手に書かれているところや，様子がよく伝わるところを探してみましょう。隣の人と相談してもいいですよ。

> 最初の文に，「いつ」「誰が」「何をした」が書いてあって，様子がよく分かる。

> 最後に「ぼく」の気持ちがあるのがいいね。

よいと思ったところを自由に話し合わせて，発表させる。

4　確かめる　「たいせつ」の内容について，例文で確かめよう。

> 教科書 32 ページの「たいせつ」を見ましょう。「日記に書くこと」が書かれています。

○したこと
○見たこと，見つけたもの
○言ったこと，きいたこと
○思ったこと

「『たいせつ』で読んだことが，上の例文でも書かれているか確かめましょう。例文では，『ぼく』がしたこと3つが書いてあります。」
　・お母さんのお手伝いをすることになったこと。
　・コロッケをうまくまるめられるようになったこと。
　・味見をしたら，おいしかったこと。
　　1つずつ該当箇所を確かめていく。また，内容にまとまりのあるところや，かぎ（「　」）のところでは，改行していることもあわせて確かめる。

「次の時間は，日記に書くことを考えていきます。」

本時の目標

日常生活の中から日記の題材になりそうな出来事を見つけることができる。

授業のポイント

教科書巻末の「ことばのたからばこ」を利用して文を作り，互いに読み合うことで，語彙を増やし，言葉の意外な使い方に気づかせる

本時の評価

どんなことが題材になるのかを進んで考え，探している。

板書例

〈表現〉考えや気持ちを伝える言葉を用いることで，様子がより分かるようになります。そのよさ

◇ 文を つくろう
○「ことばの たからばこ」の ことばを
　たくさん つかって
○ 三つの 文で
○ 日記の ような 文

※児童の発表から，よかった表現を板書する。

（でて きた ことば）
・ゆうきの ある（子，ともだち）
・あかるい、元気な（おばあちゃん）
・きれいな（メダカ）
・にんきのある（ゲーム）
・ほうせきみたいな（メダカ、石）
・わたあめのような（くも）

◇ 日記に 書く ことを 見つけよう
・くわしく 書けそうな こと
・ノートに 書いて おく
　（たくさんでも よい）

---

1 読む 対話する 「ことばのたからばこ」を確かめ，文の中で使ってみよう。

「教科書154ページを開きましょう。考えや気持ちを伝える言葉が載っています。4つのこと（人物，ものの様子，考え方，気持ち）を表す言葉ですね。」

　　教科書P154『ことばのたからばこ』を見て，1つずつ言葉の意味を確認しながら，声を出して読む。

「これまで使ったことのある言葉を○で囲みましょう。」

この中の言葉を使って文を作ってみましょう。まずは『人物を表す言葉』です。作ったら，隣の人に聞いてもらいましょう。

おばあちゃんが，ぼくに「元気でたくましいね」と言いました。

2つも使えていたね。

　　4つの項目を表す言葉，それぞれを使った文を作らせ，隣どうしでお互いにどんどん発表させる。できるだけ使ったことのない言葉を使ってみるよう声かけする。

2 書く 「ことばのたからばこ」を使った文を書こう。

「今度は，できるだけたくさんの言葉を使って，日記のような文を作りましょう。文の長さは3つまでです。あとで，班の中で発表して，一番たくさん使えた人が優勝です。」

土曜日に，おばあちゃんの家に行きました。明るくて元気なおばあちゃんに会うと，いつも楽しい気持ちになります。

「ぼくは，きのう，きれいなメダカを見ました。まるで宝石みたいにきらきらしていました。」よし，書けた。

　　書くのが難しい児童がいる場合は，傍で援助する。
　　机間巡視しながら，うまく書けている児童に発表させ，見本としてもよい。
　　発表された文中でうまく言葉を使えていた表現があれば，板書していく。

を児童と共有し，伝えるようにします。

・「ことばのたからばこ」のページにある言葉の他にも，うまい表現だと思ったときはお互いに褒め合わせたい。教師は耳にしたり気がついたりしたところで，できるだけ取り上げて，全体に共有する。
・グループで考えた文を出し合う際に，メモしたり書き足したりしている児童も取り上げて褒めるようにする。

準備物

きょうの できごと

（め）
いろいろな ことばを つかって
文を つくろう
日記に 書く ことを かんがえよう

〈ことばの たからばこ〉
かんがえや 気もちを つたえる ことば
○じんぶつ
○ものの ようす
○かんがえ方
○気もち
｝を あらわす ことば

---

3 発表する 対話する

作った文をグループで発表し，その中でよかった文をクラスで交流しよう。

「では，書けた文を発表しましょう。だれが優勝するかな。」

じゃあ，ぼくから言うよ。「きのう，ぼくは，人気のあるゲームを買いに，わくわくしてお店に行きました。でも，売り切れていて何も買いませんでした。とても残念でした。」

すごい！３つも使ったよ。

詳しくてよく分かる文だね。

お互いに読み合ってよかったところを伝え合わせる。

「班の中でよかった文を選んで，発表しましょう。」

・きのう，こわいお化け屋敷に行きました。最初はどきどきしていたけど，ゆうきを出して行くと，あまりこわくなかったです。

各班１人ずつ発表させ，発表ごとによいところを確かめ合い，発表者に拍手する。

「みんな，いろいろな言葉を使って文が作れましたね。」

---

4 振り返る 書く

教科書の例文を振り返り，日記に書く題材を考え，ノートに書こう。

「では，もう一度，教科書の日記がどんなふうに書かれていたか，詳しく読んで思い出しましょう。」

教科書 P32-33 の日記の例文を読み，「たいせつ」についても振り返る。

「このように詳しく日記に書くには，まず，書くことを見つけましょう。たくさん書いてもいいですよ。」

思いつくものを複数ノートに書かせる。

書きたいものの中から詳しく書けそうなものを選んで，書きましょう。

学校の休み時間のことが，詳しく書けそう…。

わたしは，家のお手伝いのことを書こうかな。それとも，公園で遊んだことにしようかな。

題材は，何でもよい。クラスの友達が発表した題材をヒントにいろいろ出させたい。

本時の目標

身近なことから題材を選んで，日記を書くことができる。

授業のポイント

これまでに学んだ「いつ・どこで・誰が・何をした」ゲームや，「ことばのたからばこ」などを思い出させ，活用させる。

本時の評価

身近な題材を選んで，日記を書いている。

板書例

〈話す〉書くことの方が，話すことより高次な活動です。「インタビューゲーム」で話したことを

〈日記に 書く こと〉

（一ぎょう目） … 日づけ、曜日、天気

（二ぎょう目から） … じかんの じゅんで

○ した こと
○ 見た こと、
◎ 見つけた もの
○ 言った こと、
○ きいた こと
◎ 思った こと

- いつ
- どこで
- だれが
- なにを
- した

〈見なおし する こと〉

・字や ことばの まちがい
・つかえる かん字
・かぎ（「 」）の 書き方
・まとまりで 行を かえる （一マスあけ）
・ていねいな 字

---

1 めあて つかむ　よく分かる日記を書くために，題材を選ぼう。

「前の時間は，日記に書きたいことを考えてノートに書き出しましたね。今日は，日記を書いてもらいます。」

　　教科書 P32-33 を読み，日記の内容や「たいせつ」の項目について再確認する。

「後から読んでも，どんなことがあったのかがよく分かるように日記を書きましょう。」

書きたいことがいくつもある人は，どれか１つを選びます。選ぶのが難しい人は，隣の人と相談してもいいですよ。

学校の休み時間のことに，決めた！

わたしは，迷っているんだけど…，どっちがいいかな？

　　ペアで，日記に書くとおもしろいと思うもの，取り上げるとよさそうなものなどを伝え合わせる。

「書くことが決まったら，○をつけましょう。」

2 対話する　「インタビューゲーム」で題材を掘り下げよう。

「では，隣の人と，書くことについて『インタビューゲーム』をします。ルールは簡単。どちらかが，『それは，いつのことですか。』と聞きます。続けて『だれが』『どこで』『だれと』『何をした』など，どんどん質問し続けるゲームです。１人２分間です。質問に答えられなくなったら負けです。」
・質問をするのが難しそう…。

　　教師が質問者となって，誰かと見本でやって見せるとよい。また，質問する項目は板書しておく。

では，はじめます。２分間です。はじめ！

いつの休み時間のことですか。

月曜日の休み時間です。

だれがいましたか。

ぼくと，たけるくんと，さとしくんです。

　　時間がきたら，質問する人と答える人を交替させる。

もとに，文章を書くことが容易になります。

〔板書〕

きょうの　できごと

め　日記を　書こう

〈インタビューゲーム〉ペアで（2ふんかん）

① 「いつの　ことですか。」
　　　↓　こたえる
② 「だれが」「どこで」「だれと」「なにをした」
　　　↓　こたえる
③ 一つずつ　こたえる
④
☆ どんどん　きいて　こたえる

主体的・対話的で深い学び

・「インタビューゲーム」で，題材として取り上げた出来事を掘り下げていかせたい。ここに，日記に書く内容の充実度がかかっている。内容を深められるよう，時間制限を設けて，競争心を持たせてどんどん質問させる。

準備物

---

3 書く　「たいせつ」の内容を意識しながら，日記を書こう。

「では，日記を書きましょう。『インタビューゲーム』で答えたことや，『たいせつ』に書いてあることを思い出しながら，ノートに書きましょう。」

・「いつ」「どこで」「だれと」「何をした」を書く。
・「したこと」「見たこと，見つけたもの」「言ったこと，聞いたこと」「思ったこと」を書く。

最初の1行は，書くことがあった日づけと天気を書きましょう。あとは，時間の順序通りに書くといいですよ。

4月〇〇日（土）くもり
ぼくは，ピアノの発表会に行きました…。

4月〇〇日（月）はれ
わたしは，休み時間にさくらちゃんと…。

　「ことばのたからばこ」（P153）も活用させる。書くことが苦手な児童には，机間指導で個別に口頭で言わせて書かせる。また，書く内容について困っている児童には，教師が「インタビュー」して内容を深める援助をする。

---

4 読み直す 交流する　書いた日記を読み直そう。書いた感想を交流しよう。

書けた人は，最初から自分が書いた日記を読み直してみましょう。自分で確かめたら，隣の人と交換してお互いに読み合いみましょう。

あ，かぎかっこのあとは，次の行だよ。

漢字が使えるところがあったよ。

　誤字や言葉の間違いのほかに，習った漢字を使っているか，話した言葉で正しくかぎ（「　」）を使っているか，ていねいな字で書いているかなど確かめさせる。

「日記を書いてみて，どんなことを思いましたか。」
　・最初に「インタビューゲーム」をして書きたいことがいろいろあったから，書きやすかった。
　・でも，書いているうちに，また書きたいことが出てきました。

「次は，今日書いた日記をみんなで読み合います。書き足したい人は家で書いて来てもいいですよ。」

本時の目標

友達の書いた日記を読み，感想を伝えることができる。

授業のポイント

日記を読み合い，評価し合うことで，自分が書いた内容をより深められるようにする。

本時の評価

友達の日記を読み，よいところやよい表現に気づいて伝えている。

〈書く〉日記を書くことは，自分の経験や生活を見つめ直し，自分の考えや感じ方を知る取り組み

板書例

・つかえる　かん字
・かぎ（「　」）の　書き方
・まとまりで　行を　かえる（一マスあけ）
・ていねいな　字

(2) グループで　読みあう
〇よかった　ところ
〇（　名まえ　）
　　　　　←
☆じぶんの　日記に　書きたす　⒜赤

日記の　あとに　[書く]

(3) じゆうに　ペアで　読みあう
〇よかった　ところ　[言う]

(4) ふりかえり

---

1 めあて／見直す ｜「日記を読み合い，よかったところを伝え合う」前に，見直しをしよう。

「今日は，前の時間に書いた日記を読み合います。<u>お互いに読み合って，『じょうずに書けているな』『ようすがよく分かるな』というところを見つけて，伝えましょう。</u>」

・早く読んでもらいたい！
・ちゃんと書けているか心配になってきた…。

> では，<u>読み合う前に，一度だけ日記を見直しましょう。書き足す人は書きましょう。</u>

> ここを，もう少し書き足しておこうかな。

> わたしは，これで大丈夫！

　見直しポイントを掲示し，自分で最後に見直しさせる。見直して書き足したり，書き直したりしたい場合は，黒色で修正や追加を書き足しさせる。

---

2 読む／書く ｜ グループで読み合って，感想を書いて伝えよう。

「では，グループになって<u>ノートを交換して読み合いましょう。読んだ人は，その日記のよかったところを，日記の後に１行ぐらいで書きましょう。</u>」

> おつかいのお手伝い，楽しかったことがよく分かった。

> 朝ごはんのときにおこられたわけが，分かりやすかった。

　感想を書いた後には，書いた人の名前も書かせ，書いた内容に責任を持たせるようにする。感想を書き出せない児童には，「ぼく（わたし）も」から書き始めさせ，共感の感想を書けるように指導する。

「友達の日記を読んで，自分の日記に書き足しをしたくなった人は，赤字で書き足しましょう。」

です。日記に継続して取り組むとよいでしょう。

きょうの できごと

め　ともだちの　日記を　読みあおう

〈学しゅうの　ながれ〉

(1) 日記を　読みなおす　← 書きたす　くろ

（見なおし　する　こと）
・字や　ことばの　まちがい

主体的・対話的で深い学び

- 友達の日記のよいところを見つけ，感想を伝え合う活動となる。これにより，交流する楽しさや喜びをつくり出すことができる。
- 教師は，「よく気がついたね」「○○みたいという書き方がおもしろいね」など声かけし，友達の日記の着眼点や，よい表現にも目を向けさせたい。
- クラスの実態に応じて，ここでの学びをいかして，日記を継続して取り組ませ，学級に掲示していく計画を立てるのもよい。

準備物

3　移動する　対話する　自由に立ち歩いてペアになって読み合い，感想を伝え合おう。

「では，今度はもっといろいろな人に読んでもらいます。どれだけたくさんの人に読んでもらえるかな。どれだけたくさん読めるかな。さあ，立ってください。」

　　立ち歩いて，出会った人とペアになって日記を読み合わせる。今度の交流では，よかったところを口頭で伝えさせる。

「友達の日記のよかったところを，どれだけたくさん見つけられるかな。いっぱい見つけてほめましょう。」

すごい！この書き方はとってもいいね。こねこのようにかわいいって，本当に分かりやすいよ。

○○くんのは，おかあさんが熱を出したときの家族のことがよく分かってすごいよ。お父さんがおろおろして大変だった様子がおもしろいね。

　　配慮が必要な児童がいる場合には，教師が一緒に行動するか，他の児童と2人で行動させる。

4　交流する　振り返る　日記を読み合った感想を交流しよう。全体を振り返ろう。

みんなでたくさん読み合うことができましたね。どんなよい文がありましたか。

△△さんの作文で，日曜日のことがとっても詳しく書かれていました。お家の人に言われたことや，自分の言ったことも書いてありました。

「どんな感想を言われてうれしかったですか。」
- 「○○のよう」の書き方をほめられて，うれしかった。
- 「ぼくも同じようなことがあって同じ気持ちになったことがあるよ」って言われてうれしかった。

「『きょうのできごと』全体の感想を言いましょう。」
- 日記をどうやって書けばよいのかよく分かった。
- 『インタビューゲーム』で，日記に書きたいことがいっぱい出てきた。
- 友達の日記を読んで，自分ももっと書きたくなった。

ともだちを　さがそう

◉ 指導目標 ◉

・アクセントによる語の意味の違いなどに気づくことができる。

・自分が聞きたいことを落とさないように，集中して聞くことができる。

・自分が聞きたいことを粘り強く集中して聞き，今までの学習をいかしてメモしながら聞き取ろうとすることができる。

◉ 指導にあたって ◉

① 教材について

　大事なことを落とさずに，的確に伝えるには何をどう話せばよいのか，また，きちんと聞き取るにはどうすればよいのか，『友だちをさがす』という場面を想定して学びます。聞くことや話すことは，日常ごくふつうに行っていることです。ですから，どちらも簡単なことのように思われがちですが，案外難しいのです。言ったことがきちんと伝わっていない，反対に何を伝えたかったのか聞いてもよく分からなかった，ということもよくあります。ここで，おしゃべりではない聞き方，話し方を指導します。

　なお，『聞く・話す』力のもとは語彙力です。使われている言葉の意味が分かっていなければ，正しく聞き取ることもできません。読書や書くことを通して，自分が使える言葉，分かる言葉を増やしておくことが，『聞く・話す』力の土台になります。

　それから，耳で聞いて言葉の意味を正しくとらえるには，アクセントも関わってきます。雨と飴など，同じかな表記でも，アクセント（高低）によって意味が異なる言葉があります。実際に声に出して聞き合いながら，そのことに気づかせます。

② 主体的・対話的で深い学びのために

　教科書では，遊園地にいる多くの子たちの中から「やまだゆか」という女の子を見つけるという場面を設定しています。性別や年齢，服装，持ちものなど，アナウンスの情報を手がかりにして，絵の中から探すのですが，ここは児童が主体的に興味を持って活動できるところです。そして，正しく聞き取れていないとうまく見つけられないことに気づき，内容を落とさずに聞くことの大切さも実感できるでしょう。また，聞きとりを助ける，メモの取り方にも触れます。

　一方，聞くだけでなく，迷子の子どもを探すためのアナウンスを考えて話す，という活動もとり入れます。その子の何を伝えれば見つけてもらえるのか，どう話すのか，児童も主体的に『話す言葉』を考えるでしょう。ここは，アナウンスする言葉の中身を，児童どうしの対話を通して考え合うこともできるでしょう。

◉ 評 価 規 準 ◉

知識 及び 技能	アクセントによる語の意味の違いなどに気づいている。
思考力，判断力，表現力等	「話すこと・聞くこと」において，自分が聞きたいことを落とさないように集中して聞いている。
主体的に学習に取り組む態度	自分が聞きたいことを粘り強く集中して聞き，今までの学習をいかしてメモしながら聞き取ろうとしている。

◉ 学 習 指 導 計 画　　全 4 時 間 ◉

次	時	学習活動	指導上の留意点
1	1	・家や学校で『しっかり聞いた』のはどんな場面だったか，体験を話し合う。 ・学習のめあてを聞き，すすめ方を確かめ合う。 ・挿絵を見て，どんな人(子)がいるのか，友達と話し合う。	・聞くときに気をつけたことや，そのわけにも触れるようにする。 ・『大事なことを落とさずに』聞く，話す，という学習であることを伝える。 ・挿絵の人物の『何を』『どんなことを』話せばよいのかを考えさせる。
	2	・『迷子のお知らせ』では，『どんなことに気をつけて聞けばよいのか』を考える。 ・『迷子のお知らせ』を聞いて，絵の中から迷子を探し出す。	・人を探すには，その子の服装や年齢など，特徴（手がかり）を聞き逃さないことの大切さに気づかせる。
	3	・迷子を探すための『お知らせ』文を考えて，友達どうしやクラスで探し合う。	・『迷子のお知らせ』では，その迷子のどんなことをアナウンスすれば見つけてもらえるのか，その要素を考えさせる。
2	4	・雨と飴など，発音（アクセント・高低）によって意味が違ってくることを話し合う。 ・学習を振り返り，まとめをする。	・地方によって，アクセントは異なることに留意して指導する。

DVD 収録（黒板掲示用イラスト） ※本書 P74, 75 に掲載しています。

ともだちを さがそう
第 1,2 時 （1,2/4）

本時の目標
絵の中の人物を探すために必要なことがらが分かり，それを落とさずに聞くことができる。

授業のポイント
『まいごのお知らせ』は，児童に前もって読ませない。教師のアナウンスをもとに探させる。

本時の評価
ある人物を探すために必要なことがらが分かり，それを落とさず聞くことができている。

板書例

見つけられるか？

・名まえ（　　）
・ふくそう・ぼうし・くつ（　　）
・男・女
・とし（　　さい）
・もちもの（　　）
・そのほか（　　）

それに 合う 子を さがそう
おとさずに 聞いて
そのために ⇓ メモを する

・（名まえ）
・（　　）さい
・（ふくそう）
　など

※まとめのとき，右の（　　）に
　名前などを入れていく。

---

1 思い出す 交流する
しっかり聞いた体験を話し合おう。

「学校で，またお家で『気をつけて，しっかり聞いたなあ』ということはありませんか。あるとしたら，それはどんなとき（場面）のことでしょうか。」

おつかいを頼まれたときです，何を買ってくればよいのか，よく聞いて覚えました。間違えると，夕ご飯が作れないから…。

学校の帰りの会で，明日の持ちものをしっかり聞きました。

避難訓練のときも，どこを通って逃げるのか，気をつけて聞きました。

「反対に，よく聞かなかったり聞き落としたりして，失敗したことはありませんか。」
・ぼくは音楽の笛を忘れて…。（失敗談も交流）
「それは持ち物を聞き落としたからなのかな？うまく聞けなかったことも，よくあることですね。」

2 めあて つかむ
学習のめあてをつかもう。

「ここでは，『大事なことを落とさずに，話したり聞いたりしよう』という聞き方，話し方の勉強をします。」
　めあてを示す。リード文を読んでもよい。

「では，その学習の進め方をみんなで確かめます。教科書34ページの下の『学習のすすめ方』を読みましょう。」
・1つ目は『絵を見て話す』ことです。遊園地かな。
「観覧車に乗っている人，風船を持っている子ども。いろんな人がいますね。その中から1人決めて，その人だと分かるように友達に話してみましょう。」
　隣や近くの児童どうしで，話し合う。

黄色い観覧車にお父さんといっしょに乗っている子ども。どの子か，分かるかな。

うん，『黄色い観覧車』で分かった。

ジェットコースターに乗っている女の子。分かるかな。

うーん，2人いるから，どちらなのかな？

素を把握することで，集中して聞く児童が増えるでしょう。

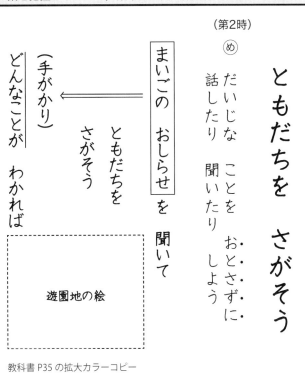

（第2時）

ともだちを さがそう

め だいじな ことを おとさずに 話したり 聞いたり しよう

まいごの おしらせ を 聞いて ともだちを さがそう

（手がかり） ← どんなことが わかれば

遊園地の絵

教科書 P35 の拡大カラーコピー

〔主体的・対話的で深い学び〕

・児童は，よく『しっかり』聞くとか『きちんと』聞く，などと言う。しかし，ここでは，そのような態度や心構えではなく，『何を』『何に関心を持って』聞くのかという内容の大切さと，その聞き方に目を向けさせる。つまり，何をどう聞けば，『しっかり』聞けるのかを分からせる。このことが主体的で深い学びになる。

・『しっかりと聞いた』体験の交流や，友達をどのように何を手がかりにして見つけたのか，という話し合いも対話的な学びの場面となる。

準備物

・（できれば）黒板掲示用の拡大カラーコピー（教科書 P35）

・迷子のアナウンスの音声データ（教師が読むのもよい）

（第2時）

3 対話する とらえる
聞くときに大事なことは何か，何を聞けばよいのかを考えよう。

「この遊園地で，ひとりの友だちが迷子になりました。その ともだちを，『迷子のお知らせ』（アナウンス）を聞いて探します。うまく見つけられるかな。」

　・しっかり聞いてないと，見つけられないね。

・男の子か女の子かも分からないと，探せません。
　児童はよく『しっかり聞く』など言うが，『何を聞くのか』が大切だと気づかせ，性別や服装など『何を』という要素をまとめ，確かめ合う。（板書参照）

「何を聞けば，見つけられるのか，見つける手がかり（特徴）を聞くことがが大事だと分かりましたね。」

4 聞く 対話する
よく聞いて，絵の中から「やまだゆか」さんを探そう。

「大事な手がかりだと思うことは，ノートに書きましょう。メモと言って『○歳』などと書きます。」
「では，先生が『迷子のお知らせ』をします。お知らせは，2回しかありません。」（読む。音声データも可）
　　　しばらく探させ，相談もさせる。絵を指させる。

「やまだゆかさんはどの子ですか，指してください。」

「『白いぼうし』だけでは，探すことはできませんね。」
「36ページにこのお知らせの文があります。聞き落としてはいけないところに線を引いておきましょう。」

ともだちを さがそう
第 3,4 時 (3,4/4)

本時の目標
迷子を探すために，大事なことを落とさずに話すことができる。
アクセントによる言葉の意味の違いに気づく。

授業のポイント
『お知らせ』では，前時の『お知らせ文』を振り返らせ，何を知らせるのかを考えさせる。
アクセントについては，何度も声に出させて，気づかせる。

本時の評価
大事なことを落とさずに話すことができる。
アクセントによる言葉の意味の違いに気づいている。

板書例

〈作文・話す〉「お知らせ」文を作り，話す活動では，相手に伝わりやすいように１文を短く区切

（第4時）

⇐ おとさず 聞いて
○○くんを さがそう
○○さんを

め あめと あめ

聞きわけて ちがいを かんがえよう

あ＼め
（あめ）

あ＼め
たかく ひくく

音の たかさの ちがいで くべつできる

（言ってみよう
聞きわけてみよう）

はし　はし

くも　くも

しろ　しろ

※音の高低（アクセント）はその地方のアクセントに合わせて指導する。

（第3時）

1 つかむ 書く
『まいごのお知らせ文』を考えよう。

「今日は，迷子を探すのではなく，迷子を探す『お知らせ文』を，考えてみましょう。」

> 絵の中から，探してほしい子をひとり決めて，『何を』お知らせすれば探してもらえるのか，その子の様子（特徴）を書き出しましょう。

> どの子にしようかな。

> 名前も考えよう，青い服の子がいいかな。

前時の学習も振り返り，年齢や服装など最低２つは書かせる。名前もつけさせる。

「では，2回読んで隣の人に探してもらいましょう。初め(迷子の…)と終わりの文（見かけた人は…）は，教科書（P36の文例）と同じにします。」

・『迷子のお知らせをします。田中はじめくんという３歳の男の子が…はじめくんは，青い上着を…』
色については，色覚特性の児童に配慮する。

2 発表する 交流する
友だちの『お知らせ』を聞いて，まいごを探してみよう。

「お知らせを聞いて，うまく探せたでしょうか。」
・はい，青い服を着た眼鏡の男の子が見つけられました。
・見つかりませんでした。よく似た子がいたから…。

「今度は，クラスみんなでやってみましょう。川田さんの『お知らせ』を聞いて，見つけてみましょう。」

> 『迷子のお知らせをします。吉川えみさんという，４歳の女の子が迷子になっています。えみさんは，青い縦じまの上着を着て，青いズボンをはいています。白いぼうしを…

> 見つかりました。

> ピエロのそばの子です。

※前で答えを指し示させてもよい。

「他の迷子のお知らせを書いた人，発表しましょう。」

何人か読んで，迷子を探し合い，最後に『友だち探し』の感想を話し合う。

ります。1文につき，1つの内容を基本とします。

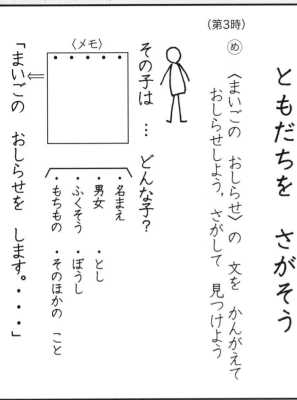

（第3時）

め
〈まいごの おしらせ〉の 文を かんがえて
おしらせしよう，さがして 見つけよう

ともだちを さがそう

その子は … どんな子？

〈メモ〉
・名まえ　　・男女　　・とし
・ふくそう　・ぼうし
・もちもの　・そのほかの　こと

「まいごの おしらせを します。・・・・」

主体的・対話的で深い学び

・『迷子のお知らせ』の文づくりや，迷子探しの場面では，ペアや小グループでの相談，対話の場面を設けることができる。ただ，グループ活動にした場合，1人で進めてしまう児童や，反対に人まかせになりがちな児童が出てくることもある。学習がみんなのものになるように，個々の主体性を生かすように配慮する。

・アクセントの違いについては，『へえ，言葉って面白いな』と言葉の持つ面白さを感じる児童も多く，これは深い学びへとつながる。地方によるアクセントの違いに少し触れても，興味が広がる。

準備物

・黒板掲示用の拡大カラーコピー（教科書 P35）

・黒板掲示用イラスト（雨と飴，箸と橋，など）
　DVD 収録【2_06_01】

（第4時）

3 聞く
つかむ
どちらも『あめ』だが，雨と飴を
聞き分けよう。

「ちょっと，聞くゲームをしてみましょう。」

よく聞いてください。…『アメ』。今，先生が言った『アメ』は，降ってくる『雨』でしょうか，それとも…食べる『飴（アメ）』でしょうか。

分かりました。降ってくるアメ（雨）です。

「どうして分かったのですか。」
・言い方が違うから…，「声で」かな？
・発音が違うから。（児童は『高さ』に気づかない）
「では，降ってくる雨を『アメ』と言ってみましょう。」
・アメ。（みんなで言う）
「では，食べる飴は？」（みんなで『アメ』と言う）

「平かなで書くとどちらも『あめ』ですが，耳では聞き分けられます。何が違うのでしょうか？」

4 とらえる
まとめ
音の高さの違いについて調べよう。
学習のまとめをしよう。

「聞き分けられた秘密は…と言うと，それは『音の高さ』にあります。教科書（P37 下コラム『音の高さ』）を読んでみましょう。」（読む・斉読）
・そうか，『ア』と『メ』の音の高さが違うのか。

降ってくる『雨』は，『ア』の方を高く，『あめ』（教師が発音）のように声に出すのですね。それで聞き分けられるのです。

あめ　　　あ/め（あめ）

音の高低を上の図のように表してもよい。
※雨は，『メ』を高く発音する地方もある。（関西地方など）

「雨と飴のような言葉は，他にもあります。絵を見て高さを考え，声に出して言ってみましょう。」
・クモ（雲・蜘蛛）　・ハシ（橋・箸・端）　・シロ（城・白）
　他にも，柿と牡蠣と垣，皮と川，などがある。児童に見つけさせてもよい。

『たいせつ』『ふりかえろう』を読み，まとめをする。

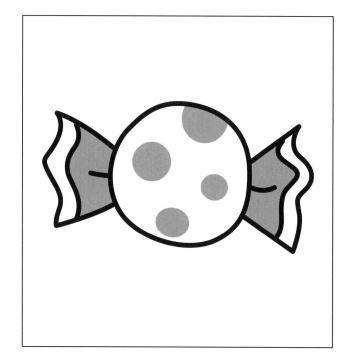

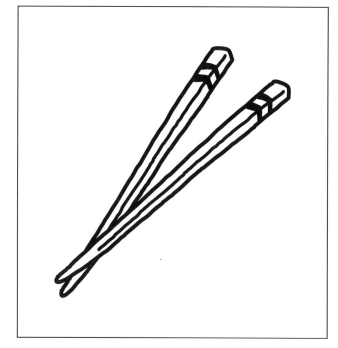

いなばの　白うさぎ

◎ 指導目標 ◎

・神話の読み聞かせを聞き，我が国の伝統的な言語文化に親しむことができる。

・進んで神話の読み聞かせを聞き，学習課題に沿って感想を伝えようとすることができる。

◎ 指導にあたって ◎

① 教材について

　　昔から伝えられてきたお話 (神話もその 1 つ) を読み聞かせる単元です。昔話などの語りや読み聞かせは，児童にとって楽しみの 1 つであり文化でした。もちろん，今も低学年の児童は，読み聞かせを聞くのが大好きです。児童はお話を聞きながら，登場人物のふるまいや情景を，頭の中に思い描いています。その自由な想像の広がりは，楽しいだけでなく児童の育ちにも大切なものだといえます。

　　だれもが一度は聞いたことのある『いなばの白うさぎ』は，古事記の中の出雲神話の 1 つで，オオクニヌシはその後多くの兄たち (八十神) をも従え，国の主になる人物 (神様) です。ここでのオオクニヌシは，白うさぎに対する思いやりのある行為を通して，知恵と優しさを備えた人物として描かれています。また，白うさぎが語る「わに (さめ) とのいきさつ」も，児童の興味を引くでしょう。まずは，お話を楽しませ，人物像やストーリーをとらえさせます。その後，郷土の昔話などにも広げて，聞くことや読むことの楽しさに気づかせるよう働きかけます。

　　昔話は，児童がはじめに関心を寄せるジャンルです。昔話の読み聞かせを入り口にして，文字の世界に入り読書の楽しさを知っていく児童は多くいます。

② 主体的・対話的で深い学びのために

　　『お話を聞く』ということは，一方的で受動的な活動ではありません。児童は，聞いた言葉をもとに，人物像や情景を頭の中に作り出しています。これは，極めて主体的な活動と言えます。つまり，自分の持っている言葉や経験をもとに，耳から入ってくる言葉と対話しているのです。このような聞き取りの力は，聞く活動だけでなく，文字を通して文を読みとっていく学習でも欠かせないものとなります。

　　ここで，それぞれの児童が人物や情景を頭に思い描く元になるのは，耳から入る言葉が全てです。ですから，児童をよく知る先生の肉声で，表情も見ながら十分な間をとって語りかけるように聞かせます。また，図書室等で読み手を囲んで座らせるなど，聞く場所や形も工夫できます。絵，文ともに良い絵本も多く出ています。読み聞かせから自主的な読書に広げていくのも学びの深めとなります。

知識 及び 技能	神話の読み聞かせを聞き，我が国の伝統的な言語文化に親しんでいる。
主体的に学習に 取り組む態度	進んで神話の読み聞かせを聞き，学習課題に沿って感想を伝えようとしている。

◉ 学習指導計画　全2時間 ◉

次	時	学習活動	指導上の留意点
1	1	・『いなばの白うさぎ』の読み聞かせを聞く。 ・大まかな出来事と登場人物についての感想を話し合う。	・お話に入りやすくするために，出てくる古語や地名，登場人物については，読み聞かせの前に説明しておく。
	2	・昔から伝えられてきた郷土のお話の絵本を読む。	・郷土（県，地域）にも，伝えられてきた伝説や昔話があることを話し合い，興味，関心を持たせる。 ・児童にも昔話などの本を持ち寄るよう呼びかけておく。（児童の実態に配慮）

📀 収録（画像，児童用ワークシート見本，資料）

いなばの 白うさぎ

第 1 時 （1/2）

本時の目標

『いなばの白うさぎ』の読み聞かせを聞き，人物や場面の様子が分かる。

授業のポイント

聞き慣れない地名やワニなどの言葉が出てくる。説明や板書の絵図等を用いて児童の理解を助ける。

本時の評価

人物のしたことや場面の様子を想像して聞くことができている。

〈板書〉簡単な「おきのしま」と「けたのみさき」のイラストを板書しておくと，お話のイメージ

板書例

おきのしま

わに（さめ）

〈どんなお話〉
（オオクニヌシ）が
（白うさぎを たすけてあげた）話

〈どこ〉
けたのみさき（かいがん）
いなば（とっとりけん）
いずも（しまねけん）

〈できごと〉
・白うさぎが わにを だました
・白うさぎが わにに 赤はだかに された

---

1 めあて つかむ

どんなお話なのか，出てくる人物や場所をとらえよう。

本時のめあてとお話の場面を伝え，聞く姿勢を作る。

「日本には，昔から伝えられてきたお話がたくさんあります。今日は，その1つ『いなばの白うさぎ』というお話を先生がお話し（読み聞かせ）します。」

・わあ，楽しみ。早く聞きたいな。
・知ってるよ。うさぎがわにをだますお話です。

児童の「知ってる」は，「聞いたことがある」程度のことが多い。知らないことを前提にすすめる。

「題名の『いなば』って何でしょうね。」
「『いなば』というのは，今の鳥取県あたりの古い呼び名です。そこにいたのがいなばの白うさぎですね。」

日本地図などを見せて，因幡(鳥取県)を示すとよい。

出てくる人はオオクニヌシ，そして白うさぎ。挿絵を見て指しましょう。オオクニヌシはどの人？ そして，さめのことを昔はわにと言ったのです。

オオクニヌシは白うさぎの頭をなでている人だね。

「さめ」を「わに」と言うって変だな…。

---

2 聞く 想像する

『いなばの白うさぎ』の読み聞かせを聞いて，イメージをふくらませよう。

先生がこのお話を読みます。挿絵も見ながら聞きましょう。「むかし，むかし，大むかし。いずもの国に，八十人もの神様の兄弟がいました。」（読み聞かせ）

すごい数の兄弟だなあ…

いずもの国って何だろうな。

1節目でいったん立ち止まり，場所，登場人物など場面設定を押さえると，そのあと児童が聞きやすくなる。

出てくる地名と位置関係は，板書で理解を図る。
いずも(出雲)の国＝今の島根県あたり，けた(気多)のみさき（ここでは海岸），おき(隠岐)の島も後で板書。

『赤はだか』や『がまの穂』なども説明が必要。
教師による読み聞かせがベストだが，CDでもよい。読み聞かせの後，「教科書にもこのお話が載っています。あとで読んでみましょう」と呼びかけておく。

作りに役立つでしょう。

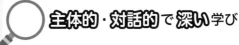

主体的・対話的で深い学び

・耳から入る言葉をもとにして，物語の流れや人物像を，それぞれの児童が頭の中で作り出すことが主体的な学習活動になる。そのためにも，できればCDではなく，児童をよく知る担任が表情も見ながら緩急をつけ十分な間をとった読み聞かせを心がける。
・また，一人ひとりが何に，どこに心をひかれたのかを対話を通して聞き合い，比べ合うことも楽しい学習活動になる。その際は，どんな感想，思いであっても認め合うようにする。

準備物
・（あれば）場所を示すことができる日本地図など
・画像（蒲（がま）の穂）DVD 収録【2_07_01】

いなばの 白うさぎ（しん話わ）

め
お話を きいて、心に のこった ことを
話し合おう

〈でてくる人・どうぶつ〉
・白うさぎ（わにを だまして わるい
　　　　　　かわいそう）
・オオクニヌシ（やさしい、ものしり）
・わに（うさぎの 毛を むしりとった）

---

3 話し合う 確かめる
人物のしたことや，大まかなできごとについて話し合う。

　読み聞かせのあと，お話のあらすじを話し合い，どんなお話だったのかをみんなで確かめ合う。

「お話に出てきたのは，だれでしたか。」
　・オオクニヌシと，白うさぎと，わに（さめ）でした。
「白うさぎは，だれにどんなことをしましたか。」
　・わにをだまして並ばせた。
　・わにの上をぴょんぴょん跳んで海を渡ろうとした。
「白うさぎは，うまく海を渡れたのですか？　白うさぎはそのあとどうなりましたか。」（事実の確認）
　・失敗して，怒ったわににかみつかれ毛をむしり取られた。
　・でも，オオクニヌシという神様に助けられた。

「すると，『いなばの白うさぎ』は，だれがだれにどんなことをしたお話だった…と言えるでしょうか？」

白うさぎはわにに
毛をむしられたけれど…
オオクニヌシという
やさしい神様が来て
白うさぎを助けた
お話でした。

4 話し合う 交流する
人物についてどう思ったのかなど，心に残ったことを交流しよう。

「白うさぎのしたことや白うさぎの様子を聞いて，どう思いましたか。」
　・わにをだましたところは悪い。でもうまく考えたな。
　・赤はだかにされた白うさぎは，かわいそうでした。
「オオクニヌシを見てどんな神様だと思いましたか。」
　・兄さんの神様たちと反対で，やさしい神様です。
　・傷の治し方を知っている物知りなえらい神様です。

「お話を聞いて，心に残ったのはどんなところでしたか。」

うさぎがわにをだましたのは
悪いけれど…
うまくいくのか，はらはらしました。

やさしいオオクニヌシに助けられた
ところでよかったなあと思いました。

・うさぎは渡り終えるまで黙っていればよかったのに。

　どんな感想や思いも認めていくようにする。感想をうまく言えない児童にも配慮する。

第 ❷ 時 （2/2）

本時の目標
昔話は，日本の各地にあることが分かり，自分たちの地域に伝わるお話を知る。

授業のポイント
県内や地域に伝わっている昔話（絵本など）をいくつか準備しておく。

本時の評価
地域の昔話に関心を持ち，進んで聞いたり読んだりすることができている。

〈本の選び方〉長い難しい内容ではなく，児童が楽しく読めるような簡単なストーリーのものがよ

板書例

町や 村に つたわる むかしばなし

「うしわかまる」
「ももたろう」

〈どんなお話だったかまとめよう〉

れい

だいめい
　（うらしまたろう

どこの　お話
　（きょうと

こんな　お話
　かめをたすけたうらしまたろうが海の中の
　りゅうぐうじょうで，たのしくすごした。
　海からもどってきて，玉手ばこをあけたら，
　おじいさんになってしまったお話。

かんそう
　海の中にあるりゅうぐうじょうは行ってみ
　たいけれど，おじいさんにはなりたくない
　などとおもった。

※自分たちの地域に
　伝わる昔話を書く。

---

1 調べる 話し合う　日本の各地に伝わるお話を見てみよう。

「『いなばの白うさぎ』は，因幡（今の鳥取県）に伝わるお話でした。この他にも日本には，いろいろなところにこのような昔のお話が伝わっています。」

教科書にも出ています。見てみましょう（P40）。知っているお話はありますか。

一休さんは，とんちの一休さんです。

『一休さん』『ももたろう』知っています。

・『ももたろう』は，鬼退治の話，さると犬ときじも出てきます。
・『ももたろう』は，どこに伝わったお話なのかな？

　それぞれのお話はどこの地域の話なのか，日本地図を示しながら簡単に説明する。自分たちの地域，県にはどんな話があるのか，興味を持たせる。

・カムイチカプは北海道のお話なんだ。

2 聞く　私たちの町に伝わるお話を聞こう。

・私たちの町や県にも伝わっているお話はあるのかな。
「わたしたちの地域（県）に伝わるお話には，○○や□□があります。」（※ DVD の都道府県の昔話一覧参照）

私たちの暮らす京都には，『うしわかまる』のお話があります。これから，先生が読んでいきますよ。

五条の橋の上で，うしわかまるとべんけいが戦うお話かな。

　多くの地域には「○○県，町の昔話」の本があるので，これらの中から 1 つか 2 つ選んで読み聞かせる。

「よかったところは，どんなところでしたか。」
・小さな牛若丸なのに，弁慶に勝つところ。
・牛若丸がとても身軽なところがすごかった。

いでしょう。

カムイチカプ

一休さん

ももたろう

いなばの 白うさぎ

むかしから つたわる お話を 読もう

㋯

わたしたちの ちいきに つたわる
むかし話を しり、もっと 読もう

・昔話は長く語り継がれてきた話だけに，内容，表現ともに児童の心を引きつけるものを持っている。また，郷土の文化遺産でもあり，郷土をより深く知るきっかけともなる。
・昔話を入り口として，『次は，自分で読んでみたいな』という，主体的に読書に向かう気もちを持たせることができる。また，同じお話でも，児童により心ひかれるところは異なる。多様な感想を聞き合う（対話する）ことにより，広がりを持たせたい。

準備物

・日本地図
・都道府県の昔話一覧 **DVD** 収録【2_07_02】
・地域の昔話や神話，伝説の本や絵本など。昔話の絵本何冊か。
　昔話の本を児童に持ち寄らせるのもよい。（児童の実態に配慮する）
・読書カードや読書の記録（ふだんクラスで使っているもの）
　（児童用ワークシート見本 **DVD** 収録【2_07_03】）

3　読む　各地に伝わる昔話を読んでみよう。

このような昔話の本を，今度は自分で読んでみましょう。

わたしは『かにむかし』を読もうかな。

『大工と鬼六』がおもしろそう。

「持ってきた本があれば，それを読みましょう。友だちと交換して読んでもいいですよ。」

　図書室へ行ってもよいが，本の数も限られている。家から持ってくるように，前もって通信等で呼びかけておくのも１つの手だてになる。
　長い難しい内容でなく，児童が楽しく読めるような簡単なストーリーのものがよい。児童に応じて薦める本があってもよい。

4　まとめ　記録する　読んだお話のことをカードに書いておこう。

「読んだ本のことを，カードに書いておきましょう。」

　読書カードを作っているクラスは多い。それに日付や題名を書かせておくと，「読んだ」という励みになる。
　あらすじ欄や感想欄があれば，「よかったところ」など，負担にならない程度に書かせてもよい。

ぼくが読んだのは，『いっすんぼうし』大阪のお話で小さな子が鬼をやっつけて，打ち出の小づちで大きくなったお話。おもしろかったな。

「鈴木さんは京都の『浦島太郎』を読んだのですね。」
・とても不思議なお話でした。

　時間があれば，読んだ本の題名やどこのお話なのかを児童どうしでも紹介し合う。『よかったところ』を簡単に交流するのもよい。

たんぽぽの　ちえ

全授業時間 10 時間 + 発展 2 時間

◉ 指導目標 ◉

・順序など，情報と情報との関係について理解することができる。
・時間的な順序などを考えながら，内容の大体を捉えることができる。
・文章の中の重要な語や文を考えて選び出すことができる。
・粘り強く時間的な順序などを考えて内容を捉え，学習の見通しをもって，文章を読んで思ったことを書こうとすることができる。

◉ 指導にあたって ◉

①　教材について

　『たんぽぽの　ちえ』は，たんぽぽの花から実（種子）ができ，綿毛となって飛んでいくまでの変化が，時間の順序に沿って書かれています。そこに見られる種子の残し方や散布の巧みさは，人の目から見ても実に合理的なもので，『ちえ』とは，その巧みさを擬人化して言い表した言葉です。そして，タンポポの変化を柱にして，そのときどきに見られる 4 つの『ちえ』とそのわけが説明されています。文から，たんぽぽの姿が次にどうなっていくのかを読み取り，同時にそこではどんな『ちえ』が見られるのかを，順序を表す言葉に留意させて読み進めます。

　説明文では，論理的な言葉の力をつけることが大切です。それには，まず『何が』書かれているのかを考え，『何が』『どうなる』という文の主述をつかませることが基本です。また，『段落』に気づかせ，意味のまとまりがあることを意識させます。

②　主体的・対話的で深い学びのために

　説明のしかたには形があります。『時間の順序に即して…』もその 1 つです。また，『問いかけ』の文を提示し，その『答え（説明）』で説明をすすめることもよくある形です。内容とともに，このような文の役割や説明の方法にも気づかせることは，自分が説明をするときにも生かすことのできる深い学びと言えるでしょう。

　また，児童はタンポポの花や綿毛については知っていますが，ここで語られているような『ちえ』にはまず気づいていません。ですから，生活科でも実物のタンポポをとり上げ，この説明文で知った『たんぽぽのちえ』の目で見直すことも，学びを広げ深めることにつながります。教科をこえて総合的に扱うことは，発展的で主体的な学びとなるでしょう。花から綿毛ができていくことを，自分の目で確かめるだけでも，児童にとっては大きな驚きであり発見となるからです。なお，実物のタンポポを持ち込むことも，児童の好奇心や対話を引き出す上で有効です。

● 評価規準 ●

知識及び技能	順序など，情報と情報との関係について理解している。
思考力，判断力，表現力等	・「読むこと」において，時間的な順序などを考えながら，内容の大体を捉えている。 ・「読むこと」において，文章の中の重要な語や文を考えて，選び出している。
主体的に学習に取り組む態度	粘り強く時間的な順序などを考えて内容を捉え，学習の見通しをもって，文章を読んで思ったことを書こうとしている。

● 学習指導計画　全 10 時間 + 発展 2 時間 ●

次	時	学習活動	指導上の留意点
1	1・2	・たんぽぽと関わった体験を話し合う。 ・学習課題「順序に気をつけて読もう」をとらえる。 ・範読を聞き，全文を読み通す。 ・始めの感想を書き，発表，交流する。	・『たんぽぽのちえ』の『ちえ』とは何かを考え，話し合わせる。 ・『2，3日たつと…』などの順序を表す言葉に着目させる。
2	3	・題名と①段落を読み，たんぽぽがテーマであることをとらえる。	・全文を読み通し，段落の番号をつけさせる。
	4	・②．③段落を読み，花のあと，じくが倒れるというちえと，そのわけを読み取る。	・『2，3日たつと』『そうして』という時間の順序を表す言葉に着目させる。
	5	・④．⑤段落を読み，綿毛ができるという2つ目のちえと，そのわけを読み取る。	・『何は』『どうなる』という主述で，何についての『ちえ』かを考えさせる。
	6	・⑥．⑦段落を読み，じくが伸びて種を飛ばすという3つ目のちえと，わけを読み取る。	・『問いかけの文』と『答えの文』でわけを説明していることに気づかせる。 ・『それは…からです。』の文型に着目させる。
	7	・⑧，⑨段落を読み，天候によって綿毛の様子にはちがいがあることと，そのわけを読み取る。	・晴れの日と雨などの日によって綿毛の様子が違うことを，対比して読むようにする。
	8	・⑩段落を読み，ここはまとめであり，なかまをふやすという，ちえの目的を読み取る。	・『このように』という言葉から，これまでのちえをまとめていることに気づかせる。
3	9・10	・かしこい，と思った『ちえ』とそのわけを書きぬき，思ったことを書いて聞き合う。 ・教科書を参考に，学習のまとめをする。	・4つの『ちえ』を振り返らせる。 ・文例も参考にして，『思ったこと』の書き方を指導する。
発展	2時間	・野外で実際のたんぽぽの様子を観察し，自分が見つけたことを，「たんぽぽのちえ」で知ったこととも比べながら書く。	・野外観察は，生活科の時間を使うことを想定している。綿毛など，言葉と実物とがつながるようにする。

◇　生活科での「たんぽぽの観察」などと並行して学習を進めるように計画すると，学習が深まります。

◇　「発展」の2時間は，「書く活動」ですが，生活科での野外観察ともつないだ学習活動となります。

DVD収録（画像，イラスト，児童用ワークシート見本）※本書 P102, 103 に掲載しています。

たんぽぽの ちえ

第 1,2 時 （1,2/10）

本時の目標
全文を読み通し，時間の順序に書かれていることに気づく。
学習課題をとらえ，感想を書くことができる。

授業のポイント
実物を持ち込むと，興味関心が高まり，対話も活発になる。また，生活科との合科的扱いも視野に入れてすすめる。

本時の評価
全文を読み，学習課題をとらえている。
『ちえ』に関心を持ち，初めの感想を書くことができる。

〈導入〉児童が関心をもって，学びに取り組むことができることを大切にします。既有の知識を出

板書例

め　じゅんじょに 気を つけて 読もう

いつ
春に なると、
たんぽぽの
花が さきます。

いつ
二、三日たつと ⇕ じゅんじょ
その 花は、しぼんで・・・
⇐ つぎは？

読んでみよう どんな ちえ？

○ はじめて しった ！ おどろいた ？ ふしぎ
思った ことを 書く → はっぴょう

（第1時）

1 話し合う　題名を読み，たんぽぽについて話し合おう。

「教科書 42 ページに，これから勉強していくお話（説明文）が出ています。開いて，題名と始めの 4 行を読みましょう。」

・題名は『たんぽぽのちえ』です。
・『春になると，たんぽぽのきれいな花がさきます。』
　（各自が一人読み。その後，指名読み。）
・タンポポのお話だね。『ちえ』って，書いてあるよ。

これが・・・たんぽぽですね。（たんぽぽを見せる）こんなたんぽぽを見たり，さわったり，たんぽぽで遊んだりしたことがありますか。いつ，どこで見たのか，また，知っていることをお話してください。

学校に来る途中の道ばたに咲いていました。

花を摘んで，花輪を作りました。

実体験を具体的に語らせ，関心を持たせる。
語る文末は「…ました。」にさせる。

2 話し合う　題名の『ちえ』について話し合おう。

　題名にある『ちえ』の一般的な意味を考え合い，たんぽぽにある『ちえ』とはどんなことなのか，これから読んでいくめあてを持たせるようにする。

たんぽぽは，みなさんがよく知っている草花ですね。では，『たんぽぽのちえ』という題名を読んで，思ったことはどんなことですか。

たんぽぽは賢いのかなあ…と思いました。

たんぽぽに，『ちえ』なんてあるのかな，と思いました。

「では，『よいちえ』や『ちえがある』のちえとは，どんなことなのでしょう。他の言葉で言えますか。」

・よく考えること。　・いい考え…のこと。
・賢いこと…かな？　・工夫できることかな？

「たんぽぽにも，そんないい考えや，賢さがあるのでしょうか。つづきを読みたいですね。」

し合い，本文で確認しながら読んでいきます。

たんぽぽの ちえ

うえむら　としお

（見たこと）は？
　いつ
　どこで
　どんな　ふう

たんぽぽの　ちえ

よい　かんがえ
かしこい
くふう

※たんぽぽの挿絵のコピー

🔍 主体的・対話的で深い学び

・読むという学習が中心だが，低学年ではそれだけではなく，「書く」「聞く」「話す」といった言語活動を含める１時間にしたい。
・本時の始め（導入）に「たんぽぽについての体験」の話し合いを入れたのも，どの児童も参加できる「話す」活動を促すねらいがある。そして，この活動を通して『ちえって何だろう』という思いを持たせ，「話す」活動から次の「読む」活動を主体的なものにする。

準備物

・（できれば）実物のたんぽぽの花や実

---

3 つかむ　『じゅんじょに気をつけて読もう』という学習課題をとらえよう。

では，５行目には，何と書いてありますか。

『二，三日たつと…』と書いてあります。

この言葉から，たんぽぽは，このあと二，三日経ったらどうなるのか，が書いてあることが分かりますね。

「この『二，三日たつと…』のような言葉があると，次にどうなるのか，という順序が分かるのです。」
　・はい，『花はしぼんで』…黒くなります。
　　『二，三日たつと』や『春になると』などの言葉から，時間の順に書かれていることを分からせ，線も引かせる。ここから，次の学習課題をとらえさせる。

「教科書41ページの学習のめあて（リード文）をみんなで読み，確かめましょう。」
　・（みんなで）『じゅんじょに気をつけて読もう』

---

4 読む　（第２時）全文を読み通し，初めの感想を書こう。

　まずは，全文を読み通せるようにする。ここでは，教師の範読でまず読み通し，斉読などにつなぐ。

「では，どんな『ちえ』が書かれているのでしょうか。初めに先生が読みます。」（範読）
「次はみんなで読んでみましょう。」（斉読か追い読み）
　再度，黙読させる。その際，文に○や！，？などの印をつけさせ，感想を書くときの助けとしてもよい。

初めて知ったこと（○）や，分からないこと不思議に思ったこと（？）を，ノートに書いて発表しましょう。

花のじくがまた立ち上がって伸びるのがすごい，と思いました。

綿毛が花からできるなんて，初めて知りました。

　ノートを見て回り，発表をうながすのもよい。それぞれの感想を認め，今後につなぐ。

たんぽぽの ちえ

本時の目標

順序を表す言葉に着目して1段落を読み、たんぽぽの花が咲いた様子を、「何が」「どうなる」（主述）に着目して読み取る。

授業のポイント

低学年では、話し合いだけでなく、1時間の中に、音読や視写の時間をつくり、多様な言語活動をさせるようにする。

本時の評価

順序を表す言葉に着目し、『春になるとたんぽぽの花がさく…』ということを、主述をふまえて読み取っている。

板書例

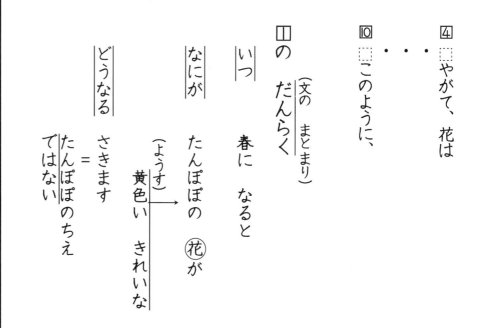

〈読み取り〉 短い文から、一つひとつの言葉にこだわり、文章を読み取っていきます。

④ □□やがて、花は
⑩ □□このように、
⑪ □□の だんらく
（文の まとまり）

いつ　春に　なると
なにが　たんぽぽの　花が
（ようす）黄色い　きれいな
どうなる　さきます　＝　たんぽぽの ちえ　ではない

---

1 めあて つかむ　題名の『たんぽぽのちえ』から、読んでいくめあてをとらえよう。

題名の『たんぽぽのちえ』とは、どんなちえなのでしょうか？また、いくつあるのかを考えて、このお話を読んでいきましょう。

種を飛ばすのも、『ちえ』かなあ。

『ちえ』はいくつあるのかなあ…。

『たんぽぽのちえ』には問いの文がなく、題名そのものが問い(の文)の役割をしている。だから、児童にもこの題名を「たんぽぽのちえとは、どんなちえなのか」という問いかけとして、とらえさせる。

「では、先生が始めから読みます。…『春になると…花がさきます。』（①段落だけを読み、ストップ）」

「ここで先生が止まったのはどうしてか分かりますか。」
　　ここまでが、1つの話のかたまり（段落、まとまり）になっていることを説明する。

---

2 読む　全文を読み通し、段落に番号をつけよう。

教師が音読し、段落とは何かを簡単に教える。

①の段落のように、段落（まとまり）のはじめは、1字分（1マス）下げて書いてあります（形式段落）。このような段落は全部でいくつあるのか、番号をつけていきましょう。

1・2・3・・・・10までありました。

同じです。

読み聞かせながら、各段落で立ち止まり、①から⑩までの段落を書き込ませる。「まとまり」や「かたまり」でもよいし、「段落」という言葉を教えてもよい。

「みなさんも、何段落目かを考えながら、最後の⑩段落まで読み通しましょう。」
　　・2段落は、『二、三日たつと、その花は…』

　　2年生では、正しく読めることが学習の土台になる。そのためにも、いろいろな形で音読をとり入れる。

たんぽぽの　ちえ

（右上の囲み・縦書き）

たんぽぽの　ちえ

め　だんらくを　見つけよう

だんらく＝文の　まとまりは　いくつ？

（だんらく）

① 春に　なると、たんぽぽの

② 二、三日　たつと、その　花は　しぼんで、

③ けれども、たんぽぽは、

主体的・対話的で深い学び

・1段落は短い文だが，『これから，たんぽぽのことについて説明しますよ。』『話題にするのは，たんぽぽのことですよ。』という筆者からのメッセージを初めに示す役割をしている。1段落を読み，教師との対話によって，主役はたんぽぽであることと，『何が』『どうした』という文の形の基本をとらえさせる。このことが『読み方』についての深い学びにつながる。

準備物

・（あれば）実物のタンポポの花

---

③ 読む／対話する　1段落には，『何が』『どうなる』と書いてあるのか読み，話し合おう。

「では，この①の段落には何のことが書いてあるのかを考えて，読んでみましょう。」（まず一人読み）
　・『春になると，…たんぽぽの…』(斉読，指名読み)

今，読んだ1の段落には，何のことが書いてありましたか。

たんぽぽのことです。

いいえ，たんぽぽの，化のことです。

「たんぽぽの花がどうなる，と書いてありましたか。」
　・『…花が』『さきます。』と書いてあります。
「短く言うと『たんぽぽの花がさきます』という文になります。この文を写しましょう。」
「どんな花だと書いてありましたか。」
　・『黄色い』花。
　・『きれいな』花です。
「『黄色い』や『きれいな』は見た目，様子を表す言葉です。」

---

④ 読み取る／書く　いつ（とき）を表す言葉を見つけて，①段落を視写し，ちえについて考えよう。

1段落で，とき（いつ）を表している言葉は何でしょうか。見つけましょう。

『春になると…』と書いてあります。

いつかというと，『春』のことです。

「ここでは，『春になると，』が，『いつ』のことなのかを表す言葉ですね。」
「たんぽぽの花が，いつ咲くのかがこの言葉で分かりますね。では，この①段落を写しましょう。」
　　　視写も学習の基本として授業にとり入れる。

「では，ここに『ちえ』は書かれてありましたか。」
　・花がさくと…言うのは，ちえではないと思います。
「ちえではなく，たんぽぽの様子ですね。」
　　　①は，話題の提示をしている段落であることを説明し，もう一度精読する。

たんぽぽの　ちえ

本時の目標
たんぽぽは花が咲いたあと，じくが倒れて種に栄養を送るというちえを読み取ることができる。

授業のポイント
ここでも「何が」「どうなる」の文型を基本に読む。また，「休ませている」「えいよう」などの言葉は教師が説明する。

本時の評価
たんぽぽは，花が咲いたあと，花のじくが倒れて種に栄養を送るという「じく」のちえを読み，自分の考えをまとめている。

板書例

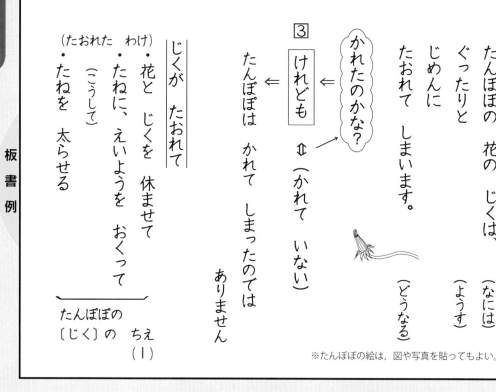

〈読取の範囲〉本時は，②と③の段落から，花のじくのちえ（1つ目のちえ）を読み取ります。

たんぽぽの　花の　じくは，
ぐったりと
じめんに
たおれて　しまいます。
（なには）
（ようす）
（どうなる）

かれたのかな？

③
けれども
たんぽぽは　かれて
しまったのでは
ありません
↑（かれて　いない）

じくが　たおれて
・花と　じくを　休ませて
・たねに，えいようを　おくって
（こうして）
・たねを　太らせる

（たおれた　わけ）

たんぽぽの
〔じく〕の　ちえ
（1）

※たんぽぽの絵は，図や写真を貼ってもよい。

---

1 読む
②の段落には何のことが書かれているのだろうか。

「②の段落を音読しましょう。」（音読）
「②の段落にも，とき（いつ）を表す言葉がありますね。」
　・『2，3日たつと』と書いてあります。
　・『そうして』もかな？
「『2，3日たつと』も，とき（いつ）を表す言葉です。2，3日たったときのことが書いてあるのが②です。では，どんなちえがあるのか読んでいきましょう。」
　　音読し，『ぐったりと』などは動作化も交えて説明する。

では，②には何のことが書いてありましたか。

たんぽぽの花と，花のじくのことです。

【生活科ともつないで】

内容を理解するには，花から種ができること，花の中に種（実）のもとがあることを知っておく必要がある。それには，生活科の時間に実物のタンポポの花を割って観察すると，種と花のつながりが分かる。

2 対話する　読み取る
たんぽぽの花と花のじくはどうなるのかを読み取ろう。

②段落を読むと，たんぽぽの花は『どうなる』と書いてありますか。

しぼんでいきます。

『黒っぽい色に変わって』いく，と書いてあります。

『しぼむ』『黒っぽい色』も，挿絵を指させたり，実物と対応させたりして分からせる。
「では，花のじくは『どうなる』と書いてありますか。」
　・じくは（ぐったりと地面に）倒れてしまいます。
　　この基本の文に線を引かせる。また，『じく』とはどの部分か，挿絵を押さえさせ確かにしておく。

「すると，『花はしぼんで』『じくは倒れて…』あれ？すると，たんぽぽは枯れてしまったのかな？」
　・いいえ枯れていません。次の③に書いてあります。
　　※ここでの『じく』の部分は正しくは茎と言えないので，文では『花のじく』という言葉になっている。

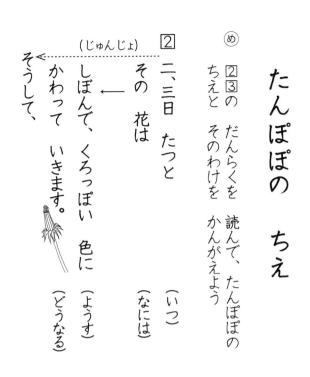

たんぽぽの ちえ

め
②③の
　だんらくを 読んで、たんぽぽの
ちえと
　そのわけを
　かんがえよう

② (じゅんじょ)
　二、三日 たつと　　　（いつ）
　その 花は　　　　　　（なには）
　しぼんで、くろっぽい 色に （ようす）
　かわって いきます。　　（どうなる）
そうして、

主体的・対話的で深い学び

・『たんぽぽのちえ』は，児童は花から綿毛（種）ができていくことはすでに知っている，という前提で書かれているようだ。しかし，2年生では「花と実（種）は別々にできる」と思っている児童や，「花から実（種）ができていく」ことを知らない児童もいる。そのため，生活科などでの実物の観察と並行して学習をすすめると，より主体的に読むことができ理解しやすくなる。また，対話のための共通の土台もできる。実物とつないで読むことは，「なるほど」という納得を伴った深い学びにもなる。

準備物

・（あれば）実物のタンポポ（花が終わったころのタンポポ）
・画像「たんぽぽの花の中」 DVD 収録【2_08_01】

---

3 対話する 読み取る　たんぽぽのじくが倒れたわけを読み取ろう。

「では，③を読んで確かめましょう。」（音読）

「枯れていないとすれば，じくは倒れてどうなったのですか。」
　・『枯れてしまったのではありません』と書いてある。
　・枯れたのではなく『休ませて』いると書いてある。
「枯れたのかな，と思うけれど，枯れていないので『けれども』という言葉が使われているのです。」

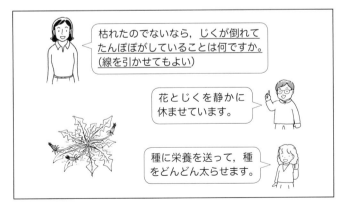

枯れたのでないなら，じくが倒れてたんぽぽがしていることは何ですか。（線を引かせてもよい）

花とじくを静かに休ませています。

種に栄養を送って，種をどんどん太らせます。

「そうです。③ではどうしてじくが倒れたのか，そのわけが書かれているのです。」

---

4 まとめ 交流する　1つ目の『たんぽぽのちえ』をまとめよう。

「では，②，③の段落には，たんぽぽの『ちえ』は書かれていたでしょうか。あるとすれば，それはたんぽぽの『何の』『どんな』ちえでしょうか。」
　・花のじくが倒れる…というちえです。
　・花のじくのちえです

花が咲いたあと，たんぽぽの花のじくが倒れるという『ちえ』ですね。すると，どんなよいことがあるのですか。

じくを休ませて，種に栄養を送っています。

そうして，種を太らせます。

板書のまとめを写し書きさせ，感想を書かせ交流する。

・花から種ができていくことを初めて知りました。
・じくが倒れて枯れるのかと思ったけれど，種を太らせる『ちえ』だと分かってびっくりしました。

たんぽぽの　ちえ　89

たんぽぽの　ちえ

第 5 時（5/10）

本時の目標
たんぽぽの花が咲いたあと，綿毛（種）ができる，という『ちえ』とそのわけを読み取ることができる。

授業のポイント
「何は」「どうなる」という文の骨組みを見つけさせる。

本時の評価
花から綿毛のついた種ができる様子とその理由を読み取ることができている。

板書例

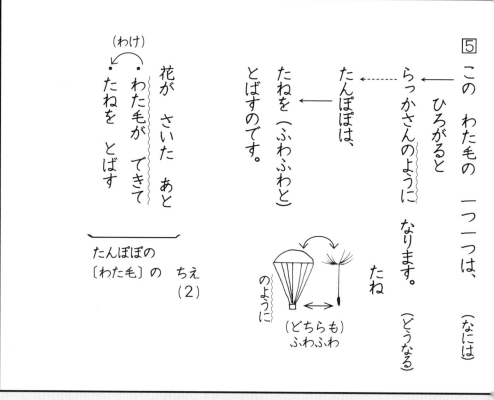

⑤ この　わた毛の　一つ一つは，（なには）
ひろがると　（どうなる）
らっかさんのように　なります。
たんぽぽは，
たねを（ふわふわと）
とばすのです。
たね　を　とばす

（のように）
（どちらも）
ふわふわ

花が　さいた　あと
・わた毛が　できて
・たねを　とばす
（わけ）

たんぽぽの
〔わた毛〕の　ちえ
（2）

1　読む　めあて

『ちえ』を見つけるという読むめあてを確かめよう。

前はたんぽぽの『じくのちえ』が分かりました。この他にも『ちえ』がありそうです。④と⑤の段落を読みましょう。ここでも『ちえ』が見つかるかな。

どんなちえだろう？

「まず，先生が読みます。」（範読）

　その後，みんなで音読。指名読みもする。

「ここでは『何の』『どんなちえ』が書かれているのか，みんなで確かめていきましょう。」（本時のめあて）

2　対話する　読み取る

④段落から，花がどう変わっていくのかを読み取ろう。

「④の段落に『とき（いつ）を表す言葉』はありますか。」
・『やがて』…かな
・『そのあと…』もです。

　『やがて』も，『ときを表す言葉』であることを教え，花がどう変わるのかを文から読み取らせる。

『やがて』とは，『少したって』ということですね。では，やがて，『何が』『どうなる』と書かれていますか。

『（花は）すっかり枯れる』と書いています。

そのあとに『白い綿毛が』『できてきます』と，書いてあります。

　なお，『花はすっかり枯れて…』の『花』は，花びらやめしべのことで，中身の（種の）ことではない。
　『そのあとに，白い綿毛ができて…』の文も，実物と対比させるとどんな事実なのかがよく分かる。

たんぽぽの　ちえ

め

④⑤だんらくのちえを　読んで　いこう

④
やがて　＝（そのうち、すこし　たって）
（じゅんじょ）
（なには）
花は　→（すっかり）かれて
〈その　あとに〉
（どうなる）
白い　わた毛が　できて　きます。（どうなる）

主体的・対話的で深い学び

・1時間の授業に『ねらい』があるように，児童が主体的に読み進めるためにも『めあて』を伝える。ここでは，『2つ目のちえは何か』がそれに当たる。そして，『何の』『どんなちえ』なのかを意識させて読ませる。1つ目のちえは『じく』のちえだったが，ここでは『綿毛』の（綿毛ができるという）ちえになる。このように，対話，話し合いにおいても，『何についてのちえですか』のような，児童にとって考えやすい問いかけをする。

準備物

・（あれば）綿毛になりかけのたんぽぽの実物（割って見せる）
・らっかさん（パラシュート）の絵，または写真
・画像「たんぽぽの花の後・たんぽぽの綿毛」
　DVD　収録【2_08_02，2_08_03】

3　対話する読み取る

⑤段落を読み，できた綿毛はどうなるのかを読み取ろう。

次に⑤の段落では『何が』『どうなる』と，書かれていますか。読んで，そこに線を引きましょう。

この『綿毛の一つ一つは，』〈何が〉

『ひろがると』『らっかさんのようになります』（どうなる）

「『綿毛の一つ一つは』『落下傘のようになる』ということですね。落下傘に似ているということです。」
　　『落下傘のように』は比喩。しかし，落下傘を知らない児童には通じないので，図を見せて分からせる。

「綿毛に当たるのは，落下傘ではどこでしょうか。図で，そのところを押さえましょう。」（指させる）
　・落下傘（パラシュート）の傘のところです。
「その綿毛のついた種はどうなるのですか。」
　・飛ぶ。「種をふわふわと飛ばす。」と書いてあります。
　・『ふわふわ』と飛ぶ様子も，落下傘と似ています。

4　まとめ

振り返り，2つ目の『たんぽぽのちえ』をまとめよう。

「『ちえ』は分かったでしょうか。④，⑤の段落を読み返してみましょう。」（ゆっくり斉読）

何のことが書かれていたでしょうか。2つ目のちえは見つかったでしょうか。

綿毛ができたことかな。

種を飛ばすというちえかな。

「何のことが書かれていたかというと…？」
　・綿毛，綿毛ができること…です。
「できた綿毛は，どうなるのですか。」
　・広がって，ついている種を（遠くに）飛ばします。

「そうです。ここには『（花が咲いたあとに）綿毛ができて種を飛ばす。』という綿毛のちえが書かれています。では，初めて知ったことや思ったことを書いて発表しましょう。」
　　ノートに書かせて交流する。

本時の目標

綿毛ができるころには，花のじくがまた起き上がって伸び，風によって種を飛ばすというちえを読み取る。

授業のポイント

⑦の段落は，問いかけの文とその答えで説明されていることに気づかせる。
背が高くなると風に当たりやすくなることは，説明で補う。

本時の評価

じくが伸びる様子と，その理由を文から読み取っている。
じくが伸びるという知恵について，感想が書けている。

〈読取の範囲〉 本時は，⑥，⑦段落を読み，『じくが伸びる』というちえを読み取ります。

板書例

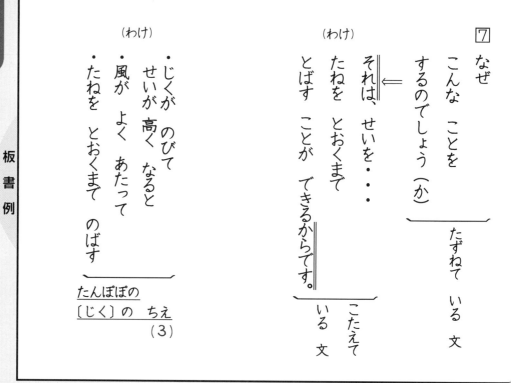

（わけ）
・じくが のびて せいが 高く なると
・風が よく あたって
・たねを とおくまで のばす

たんぽぽの 〔じく〕の ちえ （3）

（わけ）
⑦ なぜ こんな ことを するのでしょう （か）

それは、せいを・・・
たねを とおくまで とばす ことが できるからです。

それは、

たずねて いる 文

こたえて いる 文

---

1 読む めあて

どんなちえが書かれているかを読んでいこう。

本時のめあてをつかみ，まず音読する。

⑥，⑦の段落を読みましょう。ここにも『ちえ』は出てきそうです。『何の』『どんな』ちえが書かれているでしょうか。

こんどは，どんなちえなのかなあ？

まずは斉読し，その後指名読みもする。
「何についての『ちえ』なのか，分かったでしょうか。」

隣どうしなどで，少し話し合わせる。

・綿毛のちえかな。
・いや，じくのことだよ。
　　ここでの『ちえ』は，3つ目になるが，じくについてのちえが書かれている。

---

2 書く 読み取る

『このころ』のじくの様子を読み取ろう。

「6の段落のはじめにも，いつ（とき）や順序を表す言葉があります。何でしょうか。」
　・『このころになると，』です。
「それは，どんな『ころ』でしょうか。」
　・白い綿毛ができてくるころ。種を飛ばすころです。

では，このころ『何が』『どうなる』と書いてありますか。
文に書いてみましょう。（見て回る）

『花のじくが』，『また起き上がります。』

『じくが』『ぐんぐん伸びる』とも書いてあります。

「じくのことが書かれていますね。まず『起き上がります。』そうして…」（『そうして』も順序を表す）
　・背伸びをするように，ぐんぐん伸びていきます。
　　この『背伸び』も比喩。動作化させてもよい。

「挿絵の『伸びたじく』のところを押さえてみましょう。」

たんぽぽの ちえ

（め）
⑥⑦だんらくを 読んで、なにの どんな
ちえなのか かんがえよう

⑥
いつ｜「白い わた毛が できる ころに
この ころに なると、
花の じくが （なにが）
また おき上がります。
そうして
ぐんぐん のびて いきます。（どうなる）
じゅんじょ

主体的・対話的で深い学び

・説明文では，『どんなこと（何）が』『どのように』説明されているのか，内容とともに『説明の仕方』にも気づかせていくことが，深い学びにつながる。ここでは，まず問いかけの文を提示し，それに答えるという形でじくが伸びるわけが説明されている。これは，今後出会う説明文でもよく使われる書き方である。この形を教えることは，読むときには，まず『問いかけ（課題）の文』を見つけるという『読み方』の指導になる。

準備物

・（あれば）このころのタンポポの実物（伸びたじくを見せる）
・画像「たんぽぽの花と綿毛」DVD 収録【2_08_04】

---

3 読み取る 対話する　じくが伸びるわけを読み取ろう。

「じくは，『また起き上がり，伸びていく』のですね。」
　ここで，長く伸びた実物のじくを見せるとよい。

では，じくは伸びてどうなるのでしょうか。
伸びるのには，何かわけがあるのでしょうか。

そのこと（わけ）は，次の７段落に『なぜこんなことをするのでしょう。』と書いてあります。

「では，⑦段落を音読しましょう。」（音読）

「はじめの『なぜ，こんなことを…』という文は，尋ねている（問いかけの）文ですね。ではその答えが書いてあるのはどの文なのか，線を引きましょう。」
　・『それは，せいを…できるからです。』の文です。
「この文で答え（伸びるわけ）を書いているのですね。」
　・はい，せいが高いと，風に当たりやすいからです。
　　『それは・・・からです』という書き方に気づかせる。

---

4 まとめ 交流する　じくについての『ちえ』をまとめ，感想を話し合おう。

⑥と⑦は，何のことが（何について）書いてある段落でしたか。

じくのこと，でした。

また，じくが起きて伸びるということ，でした。

「それは『何の』，『どんなちえ』だと言えますか。」
　・『じくの』『じくが長く伸びる』というちえです。
　・伸びるのは，風に当たりやすくするためです。
「もう１度，みんなで読んで振り返りましょう。」

「この３つ目のじくのちえ（の板書）も写しましょう。」

「このちえを知って，思ったことを書いて発表しましょう。」
　・じくがまた伸びるということを初めて知りました。
　・綿毛をうまく飛ばすために，じくを伸ばすのだなあと思いました。

たんぽぽの　ちえ　93

本時の目標
天候によって，綿毛の様子には違いがあることと，そのわけについて読み取ることができる。

授業のポイント
この⑧，⑨の段落は，これまでのような，とき，順序に沿ったちえではなく，天候の違いによる『ちえ』が書かれていることに留意してすすめる。

本時の評価
天候によって，綿毛の様子には違いがあることと，そのわけが読み取れている。また，このちえについて思ったことが書けている。

〈読取の範囲〉本時は，⑧，⑨の段落から，綿毛についてのちえ（4つ目のちえ）を読み取ります。

板書例

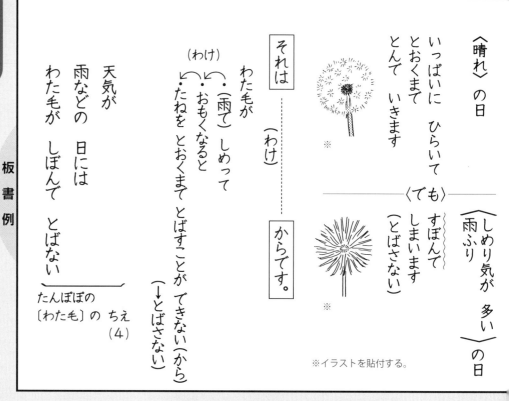

※イラストを貼付する。

〈晴れ〉の日

いっぱいに ひらいて とおくまで とんで いきます

それは （わけ）

わた毛が
・（雨で）しめって
・おもくなると
・たねを とおくまで とばすことが できない（から）
（→とばさない）

からです。

〈でも〉

しめり気が 多い 〈雨ふり〉の日

すぼんで しまいます （とばさない）

天気が 雨などの 日には わた毛が しぼんで とばない

たんぽぽの 〔わた毛〕の ちえ （4）

---

1 読む　⑧，⑨段落には『何の』ことについて書いてあるのだろうか。

「今日は，⑧，⑨段落を読んで，何のどんなちえが書かれているのか，話し合いましょう。」（斉読）

　　これまで，ときを表す言葉に沿って花から綿毛ができて飛ぶまでと，そこに見られるちえについて説明されてきた。しかし，ここでは天候による綿毛の様子の違いとそのわけが，『ちえ』として書かれている。

たんぽぽの，何について（何のことが）書かれた段落でしたか？花？じくのこと？それとも他のこと？ですか。

どちらにも，綿毛のことが書いてありました。

⑧段落は，綿毛の落下傘のことで，⑨段落も，同じことでした。

「⑧も⑨も，綿毛の落下傘(冠毛)のことが書かれていましたね。じくや花のことではありませんね，」
　・ここは，天気と綿毛のちえかな？

2 対話する 読み取る　⑧と⑨の段落に書いてあることの違いを考えよう。

⑧と⑨の段落では，説明されていることに，違うところは，あったでしょうか。

天気が違います。⑧は晴れ，⑨は雨の日のこと，です。

綿毛の様子も違います。

「違うところがありますね。」
　　天気によって綿毛の様子が異なることが説明されていることを，隣どうしやみんなで話し合う。

「では，⑧の段落に書いてあるのは，どんな日のことでしたか。読んで，線を引きましょう。」
　・晴れた日です。
　・風のある日です。
「⑨の段落は，どんな日のことが書いてありますか。」（音読）
　・湿り気の多い日や雨の日です。晴れと反対かな。
　　　　　（文頭の『でも』に着目）

・導入での『4つ目のちえは，何だろう』という問いかけは，主体的に文を読んでいく動機づけになる。また，⑧と⑨の内容の違いを考える場面などでは，クラスの実態に応じて，隣や近くの児童どうしの小さな対話（話し合い）をとり入れることができる。

・また，『それは，・・・からです。』のような『わけ』の述べ方や，天候と綿毛の違いを『対比』して述べていることにも，発展的に気づかせたい。学びを深め，今後の学習にも使える知識となる。

準備物

・板書掲示用の綿毛の写真か図（教科書の挿絵のコピーも可）
（晴れの日と，雨の日の違いの分かるもの）

・黒板掲示用イラスト **DVD** 収録【2_08_05】

〔天気の ちがい〕

くらべる

⑨ ⇔ ⑧

め

⑧⑨だんらくを 読んで、たんぽぽの ちえを かんがえよう

たんぽぽの ちえ

⑧ よく 晴れて 風の ある 日には

⑨ でも、しめり気の 多い 日や 雨ふりの 日には

〔天気と わた毛の らっかさんの ようすは?〕

---

3 対話する 読み取る　天気と綿毛のちがいを読み，表にまとめよう。

「⑧段落の，晴れの日には『何は』『どうなる』と書かれていますか。もう1度読んでみましょう。」

・『綿毛の落下傘は(何が)』『いっぱいに開いて』『(種も)遠くまで飛んでいきます。』（挿絵を押さえさせる）

「では⑨の段落では，何がどうなるのですか。」（読む）

綿毛はすぼんで飛ばないことを話し合う。（挿絵参照）

天気が違うと，綿毛の様子も違うのですね。どう違うのか，表にして，書いてみましょう。（板書も参照）

晴れの日には・・・

挿絵も押さえさせ，個別に助言する。文言は，話し合いを通して板書でまとめる。また，『湿り気』『すぼむ』の意味は説明で補う。また，表ではなく，『綿毛の落下傘』という言葉を使った文に書かせてもよい。

4 まとめ 交流する　綿毛がすぼむわけを読み，感想を話し合おう。

雨などの日には，綿毛の落下傘はしぼみます。それはどうしてでしょうか，そのわけが書いてあるところに線を引きましょう。引いたら，わけを発表しましょう。

綿毛は，しめると重くなるからです。

だから，種を遠くまで飛ばすことができないから（すぼむの）です。

・『それは，綿毛が湿って…からです』のところです。このとき，隣どうしなどでの相談を入れてもよい。

「どうしてそこが『わけ』だと考えたのですか。」

・『それは』『…からです。』と書いてあるからです。前（⑦段落）にも出てきました。

発言がなければ，わけを述べるときは『それは，・・・からです。』という言い方をすることを教える。

この天候による綿毛のちえを，4つ目のちえとしてまとめ，感想を書いて発表，交流する。

たんぽぽの　ちえ

第 **8** 時（8/10）

本時の目標
最後の段落はまとめの段落であることに気づき，たんぽぽは，なかまをふやすためにちえを使っていたことを読み取る

授業のポイント
「このように」という言葉に着目させる。これまでのたんぽぽのちえ，すべてを指していることを話し合い，まとめている文であることに気づかせる。

本時の評価
⑩段落はまとめであり，たんぽぽのちえは，なかまを増やすためのものであったことを読み取っている。

板書例

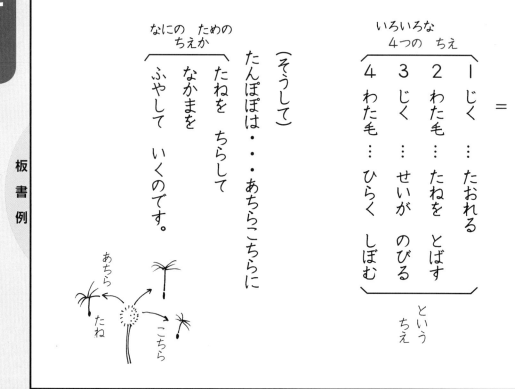

なにの　ための　ちえか

たねを　とばす
なかまを
ふやして　いくのです。

（そうして）
たんぽぽは・・・あちらこちらに
たねを　ちらして

いろいろな　4つの　ちえ

1　じく　…　たおれる
2　わた毛　…　たねを　とばす
3　じく　…　せいが　のびる
4　わた毛　…　ひらく　しぼむ

という　ちえ

＝

あちら
たね
こちら

---

1 つかむ　『このように』から，⑩段落の役割を考えよう。

「最後の⑩段落です。ここにも『ちえ』が書かれているでしょうか。読んでみましょう。」（音読）
・新しいちえは，書かれていないと思います。
・綿毛のことも，じくのことも出てきません。

「すると，⑩段落は何のことを書いているのかな。」
・たんぽぽ，全部のことです。たねをちらすこと。

はじめに，『このように』と書かれています。それは，『何のように』ということでしょうか。相談してみましょう。

綿毛のことではないよね。

これまで書いてあったちえのように…ということかなあ。

「『このように』とは，これまで説明してきたように…ということです。⑩は，これまでの説明をまとめて，『このように』と書いているのです。」（説明で補う）

2 対話する　読み取る　これまでのちえを振り返ろう。

「『このように，たんぽぽは，いろいろなちえをはたらかせています。』と書いてあります。」

この『いろいろなちえ』は，これまでいくつあったでしょうか。また，『どんなちえ』だったでしょうか。

1つ目のちえは，じくが倒れること，かな。

綿毛のちえも，ありました。

「もう1度読み返して，ちえを振り返りましょう。」
挿絵も見て，次の4つのちえとわけを確かめ合う。
1．（じく）倒れて，種に栄養を送り太らせる。
2．（綿毛）花のあとに綿毛ができて，種を飛ばす。
3．（じく）背が伸びて，種を遠くに飛ばす。
4．（綿毛）天気によって開いたりすぼんだりする。

「この4つのちえは，何のためのちえでしょうか。」
・綿毛も，種を飛ばすためのちえなのかな？

とを読み取ります。

主体的・対話的で深い学び

- 説明文は，『はじめ』『中』『終わり（まとめ）』，また『序論』『本文』『結論』のように，3つのまとまりで書かれていることが多い。文章の構成や形式は上の学年で学ぶが，ここでも，『ここはまとめだよ』などと，構成にふれておくことは，深い学びにつながる。
- 説明文は，おもに専門家が児童向けに書いている。しかし，どうしても児童にとっては難しい言葉や内容が出てくることもある。そこは，教師との対話を通して補っていくことが学びを深める。

準備物

- これまでの『ちえ』の挿絵拡大コピー（掲示用）

たんぽぽの ちえ

め
まとめの ⑩だんらくを 読もう

⑨まで
せつめいして きたように

このように たんぽぽは

⑩
いろいろな ちえ を はたらかせて
＝ いくつ？ なにの？

---

3 対話する 読み取る

『たんぽぽのちえ』は，何のためのちえなのかを読み取ろう。

いろいろな（4つの）ちえをはたらかせているのは，何のためでしょう。何をするためのちえなのか，それが書いてあるところに，線を引きましょう。

『そうして…』から，後の文かな。

同じところだと思うよ。

「線を引いたところを，読んでください。」
- （みんな）『そうして，あちらこちらに…』

「ちえを使い，たんぽぽがしていることは何ですか。」
- あちらこちらに，たねをちらして，…います。
- 新しいなかまをふやしていく。

「そうですね。綿毛の種を作り，晴れた日に飛ばすのも，なかまをふやすため（のちえ）だ…と，まとめているのですね。」

　教師の説明も交えて，まとめだと分からせる。

4 まとめ 交流する

感想を書き，聞き合おう。

　⑩段落はまとめなので，新しいちえは書かれていない。ちえのもとにある「なかまをふやす」という植物本来の目的が，まとめとして説明されている。

　また，種を広範囲に散らすと有利な理由は，2年生には難しい。「あちらこちらに（広く）なかまをふやすため」と話しておくとよい。

「この⑩段落を音読して，書き写しましょう。」

ここを読んで，思ったことを書きましょう。

たんぽぽって，なかまをふやすために種を飛ばしていた…綿毛ってうまくできている…

文末は「・・・と思いました」などの形で書かせる。

「感想を発表して，聞き合いましょう。」
- 綿毛のついた種なら，いろんなところや遠いところにもたんぽぽが生えるので，ちえに感心しました。

たんぽぽの ちえ

第 9,10 時 (9,10/10)

本時の目標
かしこいと思った『ちえ』と，わけを書きぬき，感想を書くことができる。

授業のポイント
学習のまとめとして，書く時間が十分とれるように時間の配分を考えてすすめる。

本時の評価
かしこいと思った『ちえ』とわけを書きぬき，それについて思ったことが書けている。

板書例

〈感想〉思ったことを書くとき，短く文を区切るようにします。「，」読点の多用を避け，「。」句点

◇ かしこい（ちえだ）なあと 思ったところを
かんがえて 書こう

〈ノートに〉三つの まとまりで
(1) ちえ ┐
(2) その わけ ├ きょうかしょから
(3) 思ったこと ┘ ぬき書き
　　　　　　　　（読んで，じっさいに 見て）

わけの 書き方
　それは ‥‥‥ からです。
　　　　　　　　（のです。）

思ったことの 書き方
　○○の ことを はじめて しりました。
　なるほどなあ
　おもしろい ┐
　ふしぎだ 　├ と思いました。

◇ ともだちの かんそうを 聞きあおう

※第10時の板書例は載せていません。

（第9時）

1 対話する 振り返る
4つのちえを，振り返ろう。

「『たんぽぽのちえ』の『ちえ』を思い出しましょう。」
　書く助走として，軽く話し合い，振り返る。

> これまで読んできて，『かしこいなあ』と思ったのは，どんなちえでしたか。

> じくが伸びて，綿毛を飛ばすちえです。

> じくが伸びることを初めて知りました。

・晴れた日にだけ，綿毛が開いて飛ばすところです。
　挿絵も見ながらグループなどで振り返ってもよい。そして，『4つのちえ』を発表させる。出ないときは，『こんなちえもあったね』と教師が補う。

「ちえの順番はどうだったかな。」
　順番を話し合いながら板書に整理する。挿絵のコピーも貼らせていくとよい。そして，全員で斉読する。

2 書く
心に残った『ちえ』とそのわけ，思ったことを書こう。

「自分が「かしこいなあ」と思ったところ（ちえ）とそのわけを，ノートに書きぬきます。」
「また，それについて思ったことも書きましょう。」
　・どう書いたらいいのかな。
　書き方は教科書 P49 の「手引き」を参考にする。

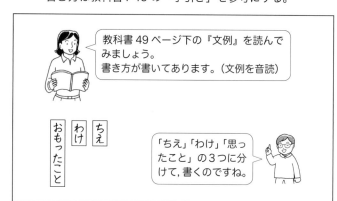

> 教科書49ページ下の『文例』を読んでみましょう。書き方が書いてあります。（文例を音読）

> 「ちえ」「わけ」「思ったこと」の3つに分けて，書くのですね。

おもったこと｜わけ｜ちえ

「『それは・・・からです。』という文がありました。この文は，どんなときに使う文でしたか。」
　・わけ（理由）を言うときに使いました。
「『からです』からも，わけの文が見つけられますね。では，この3つのまとまりで書きましょう。」

を多く使い，短く読みやすい文作りを指導しましょう。

たんぽぽ　ちえ

（第9時）

め「たんぽぽの　ちえ」のちえを
　ふりかえり、
　まとめよう

〈花が　さいて、しぼんで…〉

1　じくが　たおれて

2　わたげが　できて

3　じくが　のびて

4　晴れた　日に　わた毛を

□ □ □ □

※挿絵のコピーを貼る。

主体的・対話的で深い学び

・『…びっくりしました』『…すごいと思いました。』などと，児童の感想文は気持ちや印象が主になることが多い。しかし，感想文は，『何に』『どんなことに』…おどろいたのかという対象の事実が書けていることが大切であり，書く力になる。また，読んで知ったことと，実際に野外のタンポポに触れた体験とをつないで書いているような感想文も主体的で深まりのある文章と言える。少し難しいが，本時でも，児童との対話を通して，これらのことを指導助言する。

準備物

・（あれば）知恵を書いた4枚のカード

・『この本読もう』（教科書 P50）に出ている本など
（図書室から借りておく）

---

3 発表する 交流する　書いたことを発表し，聞き合おう。

「思ったことを書くときに，使うとよい言葉もあります。（教科書 P49 下）使ってみましょう。」

　文末は『…と思いました』が多いが，『初めて知りました』『おどろきました』などもある。児童の実体験とつないで思いを書かせると，その子らしさが出る。

　見て回って助言し，何人かに読ませて参考にさせる。

　なお，3つの項目に分けずに，ひと続きの文章に書かせてもよい。その方が書きやすい児童もいる。

みなさんは，どんなちえが心に残ったのでしょうか。また，どんなことを思ったのでしょうか。聞き合いましょう。

ちえは…『このころになると…』そのわけは…思ったことは…道ばたでよく見るたんぽぽの綿毛のじくが長いわけが分かって，なるほどと思いました。

聞き合い，感想や同じところなどを伝え合う。

---

4 まとめ　（第10時）　『じゅんじょ』を考えよう。

「『たんぽぽのちえ』では，『ちえ』が時間の順序で説明されていたので，よく分かりましたね。この順序について教科書で調べましょう。」

　教科書 P51 の「じょうほう」を読み，順序には時間の他にも仕方の順序など，種類があることを確かめる。

教科書のように，したことを，順序に気をつけて書いてみましょう。『朝起きてからしたこと』『給食の準備のしかた』のどちらかで書きましょう。

朝起きたら，はじめに洗面所で・・・その次に服に着替えます。・・・

　書いた文章を読み合い交流する。その後，教科書の『ふりかえろう』や『たいせつ』を読み，説明文の読み方で大切なことをまとめる。最後に，『この本，読もう』の本を紹介する。読み聞かせをするのもよい。

たんぽぽの ちえ

発展 （2時間）

本時の目標
実物のたんぽぽを観察し、「たんぽぽのちえ」に書かれていたことと比べながら、自分の発見を書くことができる。

授業のポイント
野外での活動は「生活科」の時間をあてる。
野外に出て、見つけ、実物をみんなで観察することに価値がある。そこから、『発見』が生まれる。

本時の評価
「たんぽぽのちえ」ともつなぎながら、実物のたんぽぽを観察し、見つけたことが書けている。

〈学びを広げる〉　教科の枠を超えた横断的な学びとして、展開1の「野外での観察」は『生活科』の

板書例

②　かんさつしよう
花が さいた あと （みの つぼみ）を
（れい）
わって みると
わた毛が できて いる

③　はっけんカードに かこう
・見つけたこと、ようす
・ちえも 思い出して
「○○は」
「○○を」
・文の おわり
「…ました。」
「…でした。」

④　はっぴょうしよう
みんなが 見つけたのは？

え
文
なまえ（　　）

---

1 めあて 【野外】観察・採集
めあてを聞き、外へ出て、たんぽぽを見つけよう。

「今日は、本物のたんぽぽを見て、たんぽぽの『ちえ』を確かめてみましょう。」

外へ出て、たんぽぽを観察しましょう。どこに行けば見つかるかな。知っている人は？

みなみ公園にありました。そこで、花も綿毛もとりました。

セイヨウタンポポ（教科書の挿絵）は見られる時期も長く、花から綿毛ができる様子も観察しやすい。

野外での指示は次の3つ。見つけたら『合格！』とする。
「咲いている花を見つけましょう。」
「花が咲いた後の、倒れたじくを見つけましょう。」
「綿毛の、長く伸びたじくを見つけましょう。」

綿毛を吹いて種を飛ばし、行方を目で追わせる。

2 【教室で】観察・対話
たんぽぽの実のつぼみと花の中の観察をしよう。

教室で、花が咲いた後、花びらが落ちてじくが倒れた『実のつぼみ』を観察する。観察とあわせて『綿毛ができる』という『ちえ』を確かめる。

倒れたじくについている、花びらが落ちた花（実のつぼみ）を調べましょう。割って中を見ましょう。何があるかな。

あ、種の赤ちゃんが並んでいる。

もう、綿毛もできている。

隣やグループで、見つけたことを自由に話し合う。

「観察して、見つけたことを発表しましょう。」
　・『たんぽぽのちえ』で勉強した綿毛がありました。
　・落下傘になる種が、きれいに並んでいました。
　・花から落下傘の種（実）ができることが分かりました。
「咲いている花も割ってみて、中を見てみましょう。」
　割ると綿毛のもとが見える。綿毛はがくにあたる。

時間をあてるとよいでしょう。展開2, 3, 4は国語としての学びとなります。

たんぽぽ　ちえ

め
たんぽぽを　かんさつして
ちえを　たしかめよう

□ そとへ　出て、見つけよう（三つ）
- 1 さいて　いる　花
- 2 たおれた　じく　（みの　つぼみ）
- 3 のびた　ながい　じく
（わた毛が　できて　いる）

🔍 主体的・対話的で深い学び

- 観察は，自然との対話でもある。『伸びたじく』『綿毛』の様子など，いわば自然が教えてくれる。それを言葉に変えさせる。また，野外では，「花がここにあるよ。」「これ，すごく長いじくだよ。」などと，児童どうしの対話，教え合いが自然に成り立ち，主体的な自然への働きかけが生まれる。この自然の持つ教育力を生かしたい。
- 『たんぽぽのちえ』で知ったちえは，実物で確かめられることにより，初めて『なるほど』という納得に変わり，深い学びとなる。

準備物

- 『たんぽぽ　はっけんカード』人数分
（児童用ワークシート見本 DVD 収録【2_08_06】）
- 採ってきたたんぽぽ（花・綿毛）
- 採集したたんぽぽを入れておく空き瓶など

3 観察・対話 書く　確かめたちえを，「たんぽぽ　はっけんカード」に書こう。

「観察をして，見つけたことや確かめた『ちえ』は，この『たんぽぽ　はっけんカード』に書きましょう。」
　『たんぽぽのちえ』とは別の事実を書いてもよい。

種のついた綿毛の様子も，観察しましょう。

飛び方が，本当にパラシュートみたい…。書いておこう。

白い毛があって，口でふくと，ふわふわと飛んだよ。

「『何を』『どんなこと』を見つけたのか，まず，見たものの様子を書きましょう。そして，『ちえ』を思い出したら，そのことも書きましょう。」
　『かわいい』とかではなく，事実を書くように助言する。

「題もつけましょう。文の終わりは『…ました。』『…でした。』にして書きます。」

4 発表する 交流する　書いたことを発表して，発見を聞き合おう。

　いくつかを発表させ，知り合わせる。
「お友だちは，どんなことを見たのでしょうね。書いた発見を，発表して聞いてみましょう。」
- ぼくは，綿毛のことを書いたよ。
- わたしは，ながーいじくを見つけたこと。

（題）　たんぽぽの　長くのびたじく
（様子）　わた毛のついたたんぽぽの長いじくを見つけました。わた毛はまるくなってついていました。ふくと，たいいくかんのむこうまでとんでいきました。じくはわたしのひざまでありました。すごく長いな，と思いました。じくがのびるってほんとだなと，思いました。

　教室で，たんぽぽの花や倒れたじくをビンなどに活けておくとやがて綿毛になり飛ぶ様子が観察できる。

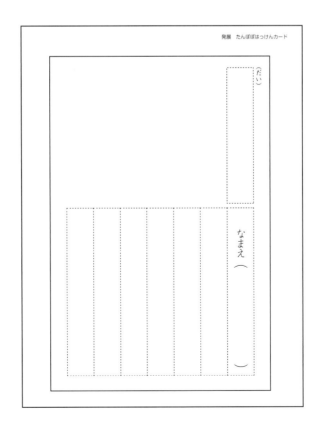

発展　たんぽぽはっけんカード

かんさつ名人に　なろう

全授業時間 10 時間

◉ 指導目標 ◉

・経験したことから書くことを見つけ，必要な事がらを集めたり確かめたりすることができる。
・身近なことを表す語句の量を増やし，文章の中で使うことができる。
・事がらの順序に沿って簡単な構成を考えることができる。
・書くために必要な事柄を積極的に集めたり確かめたりし，今までの学習をいかして観察記録文を書こうとすることができる。

◉ 指導にあたって ◉

① 教材について

　身近な生き物や草花を観察し，その記録を書く学習です。目や手など，五感でとらえた事実を言葉や文で表現するのですが，これは書く力の基礎となる学びです。観察では，よく「くわしく見なさい」「ありのままに見なさい」などという，指導助言がなされます。しかし，このような言葉かけでは，読み手に伝わる客観的な観察文は書けません。観察に際しては，『どこを見て』『何を』書けばよいのかという視点とともに，大きさや形，数など，表現の観点を教え，気づかせることが大切です。また，『何が…』『何は…』といった主語が明確な文を書かせることも，基本になります。

　一方，対象物を言葉や数を使ってとらえ直すことによって，「テントウムシのあしは6本だった」などと，それまで見えていなかった事実も見えてくるようになります。ですから，『生活科』とも関わり，自然観察の力を高める学習でもあるのです。

② 主体的・対話的で深い学びのために

　国語では「気持ちを書く」こともしますが，「事実を正しく書く」ことが，国語力をつける上ではより重要です。その際には，友達の文や教科書の文例も活用します。また，文の読み合いという対話を通して，目のつけどころや表現を見直し深めます。

　一方，低学年の児童は，主観的な文章をよく書きます。「小さくてかわいかった」「動きがおもしろかった」など，子どもらしい…とも言えますが，自分の感情や印象が先行した文になってしまうのです。喜んでいる児童の様子は分かりますが，肝心の対象物の姿が，文からは読みとれないのです。しかし，「かわいい」などの気持ちが文に出てしまうのは，低学年では自然なことです。あまり否定はせずに，その児童が見たり触ったりしてとらえた客観的な記述をほめ，今後も見通して指導を重ねます。

◉ 評価規準 ◉

知識 及び 技能	身近なことを表す語句の量を増やし，文章の中で使っている。
思考力，判断力，表現力等	「書くこと」において，経験したことから書くことを見つけ，必要な事柄を集めたり，確かめたりしている。 「書くこと」において，事柄の順序に沿って簡単な構成を考えている。
主体的に学習に取り組む態度	書くために必要な事柄を積極的に集めたり確かめたりし，今までの学習をいかして観察記録文を書こうとしている。

◉ 学習指導計画　全10時間 ◉

次	時	学習活動	指導上の留意点
1	1	・これまで，観察したことや記録を書いたことについて話し合う。 ・学習課題と，学習の進め方をとらえる。	・児童が書いた観察記録をもとに話し合い，観察と記録の見通しを持たせる。 ・課題は「ていねいに観察して記録しよう」
2	2	・ミニトマトを観察して，何をどう書けばよいのか，メモの書き方を考える。	・自分の観察と，教科書のメモの書き方を比べて，観察の6つの観点に気づかせる。
	3	・ナズナなど，生活科でとり上げた動植物を観察し，メモを書く。	・前時のミニトマトの観察で分かったメモの書き方を生かすようにさせる。
	4	・メモをもとに観察の記録文を書く。	・教科書のメモと記録文を比べて，日付や天気を書くことなど文章化の方法を調べる。
	5	・同じものを続けて記録するときの書き方を調べ，変化が分かることを話し合う。	・教科書のミニトマトの2つの文例を比べて，よく分かる書き方に気づかせる。
3	6 7	・観察するものを決め，観察のメモを書く。（ここでは，ザリガニを例としている）	・観察するものと，じっくり触れ合う時間をとる。動きにも目を向けさせる。 ・友達のメモとも比べ合わせる。
	8	・メモをもとに，観察の記録文を書く。	・観察の6つの観点を振り返り，書き出しを考える。個別に助言，指導もする。
	9	・書いた観察の記録文を，友達と読み合う。感想を書いたり述べ合ったりする。	・うまく観察できているところや，上手に書けているところを認め合わせる。
4	10	・これまでの学習を振り返り，観察や記録を書いて，できたことを話し合う。	・『ふりかえろう』『たいせつ』を読み，観察で大事なことをまとめる。

◇　飼育や栽培，野外観察など『生活科』との関連も考えて，時期や時間配分を計画します。

◇「かんさつ週間」として，朝の会などで「見つけたもの」を交代で発表し合うのもよいでしょう。

DVD 収録（画像） ※本書 P109「板書例」「準備物」欄に掲載しています。

かんさつ名人に なろう
第 ① 時 （1/10）

本時の目標
これまでどんなものを観察した
のか，観察した経験を話すこと
ができる。
学習課題と進め方が分かる。

授業のポイント
観察の記録文を書くイメージを
具体的につかませる。そのため
にも，これまでに児童が書いた
観察文を準備しておき，それを
もとに話し合う。

本時の評価
これまで観察した経験を話すこ
とができている。
学習課題と学習の進め方をとら
えている。

〈準備物〉これまで観察したもの（記録カードなど）を準備しておきましょう。児童に呼びかけ，

板書例

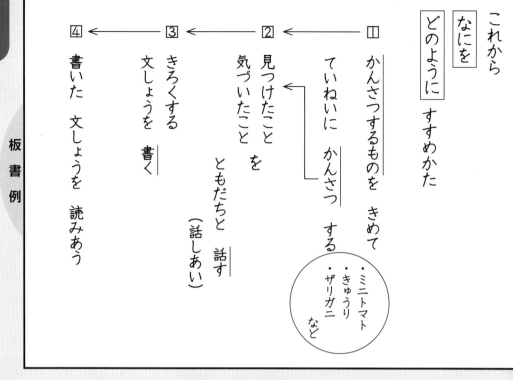

これから
なにを
どのように　すすめかた

かんさつするものを　きめて
・ミニトマト
・きゅうり
・ザリガニ
など

① ていねいに　かんさつ　する

② 見つけたこと
気づいたこと　を　ともだちと　話す
（話しあい）

③ きろくする
文しょうを　書く

④ 書いた　文しょうを　読みあう

---

1 振り返る／対話する
これまでどんなものを観察したのか，話し合おう。

「観察って，どんなことをすることなのでしょう。」
・虫とかをよく見ることかな。『生活』でやりました。

では，1年生のとき，また2年生になって，観察したものはありましたか。

テントウムシを見て観察カードも書きました。

1年生のとき，アサガオを育てて，観察をしました。

・バッタを飼って，草を食べる様子を観察しました。
・『せいかつ』で，ミニトマトを植えたとき，観察カード
に書きました。芽の形がよく分かりました。
「いろいろ観察してきました。これから，観察の上手な人『か
んさつ名人』になる勉強をしていきます。」

「また，観察したことが他の人にもよく分かるように，書く
勉強もします。」

---

2 聞く／対話する
友だちの書いた観察文を聞き，話し合おう。

「吉田さんは，1年生のときかたつむりを観察して見つけた
ことをカードに書いています。聞いてみましょう。」

『かたつむり』
・・・ガラスにのせて，下から見たら，あし
はくろいせんがうごいていました。エスカ
レーターみたいでした。ちっちゃな口も見
えました。三かくのかたちでした。
その口は，もじょもじょと
うごいていました。・・・

「かたつむりの，どんなことが分かりましたか。」
・かたつむりにも，口があることが分かりました。
・その口は，小さくて，形が三角って分かりました。
・あしがエスカレーターみたいになっていることも。

「観察して書くと，口やあしのこともよく分かるね。」

他，いくつか児童の記録文を聞き合い，話し合う。
※「かたつむり」は現在では衛生上とりあげないことが多い。

準備させておいてもよいでしょう。

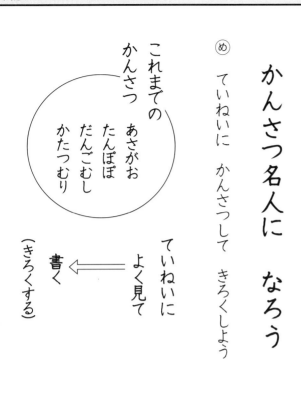

かんさつ名人に なろう

（め）
ていねいに かんさつして きろくしよう

これまでの
かんさつ
　あさがお
　たんぽぽ
　だんごむし
　かたつむり

ていねいに
よく見て
書く ←
（きろくする）

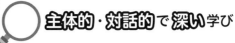

主体的・対話的で 深い学び

・初めの時間なので，まず，観察や記録文とはどういうものかを，対話を通して具体的に分からせる。観察の文章は，これまでにも『生活科』などで書いている。どんなものを観察したのかを出し合ったり，友達の記録文を聞き合ったりすることを通して，観察や記録を書くイメージができる。また，主体的に学習に向かう姿勢も生まれる。『学習の進め方』は教科書を使って「およそこんなことをするのだな」という大まかな見通しを持たせる。

準備物

・これまでに，児童が書いた観察カードや記録文を用意しておく。
（いくつかをプリントして，読み合うのもよい）

---

3 読む つかむ　教科書を読み，学習課題をとらえよう。

「かたつむりのことをよく見て，ていねいに観察したから，いろんなことが分かって書けたのですね。」
　　ここで，教科書 P52 を開けさせる。

「みんなで『題』（見出し）を読みましょう。」
　・『かんさつ名人に　なろう』（斉唱）
「どんなことをするのかも，書いてあります。」
　・『ていねいに　かんさつして，きろくしよう』
　　リード文をみんなで読む。

「きろく（記録）って，分かるかな。」
　・絵とか文章に書いておくことです。

では，どんなものを，『ていねいにかんさつ』するといいでしょうか。観察したいものはありますか。

今育てているミニトマトのこと。

飼っているザリガニもいいな。

---

4 読む つかむ　学習の進め方を確かめる。

「これからどのように学習を進めていくのか，そのことも，教科書 52 ページ下に書いてあります。」

はじめにすることは何ですか，どう書いてありますか。

ていねいに『かんさつする』って，どうするのかな。

1『かんさつするものをきめて，ていねいに観察する』と，書いてあります。

「観察するものは，みんなで話し合って決めましょう。『ていねいにかんさつする』やり方も，これから勉強していきます。」
　・2は『見つけたことや気づいたことを，友だちと話す』です。話し合ってから書くのかな。
　・最後に書いたものを読み合うんだな，楽しみ…。

　　　『進め方』を読み，確かめ合う。

かんさつ名人に　なろう　107

かんさつ名人に なろう
第 ② 時 (2/10)

本時の目標
観察したことをメモに書く方法や，書く内容が分かる。

授業のポイント
画像や実物を用意し，そこから見つけたことを言葉にさせる。さらに，教科書の文とも比べる。文例の足りない部分は補うとよい。

本時の評価
観察したことをメモに書く方法や，書く内容が理解できている。

板書例

〈準備物〉実物のミニトマトか画像を見て，観察メモを書く学習をします。必ず事前に準備しましょう。

【メモを 書こう】
・だいを つける → ミニトマト（の花）
・いつ（月・日）、天気
○〈なにが〉 → 花びらが
〈なにを〉 → 花びらを
○「なにが」 （は）
「なにを」 を 書く

【かんさつで たいせつな こと】

〈6つの かんさつ〉
1 大きさ・色・形
2 長さを はかる、見る
3 数
4 におい
5 さわる（手ざわり）
6 いろいろな 方から 見る

※

※小黒板に書くか紙に書いて今後の板書でも貼付する。

---

1 めあて つかむ　観察では何を見るのかを考えよう。

「生活科でミニトマトを育てています。今，ミニトマトはどのような様子ですか。見ましたか。」
・花が咲いています。ミニトマトにも花が咲きます。

これは，今のトマトの写真です。今日は，このトマトの花を観察して，花のどんなことを書けばいいのか，書き方を勉強しましょう。

　ここでは，画像を使った観察にしている。教室で，みんなを1つのものに集中させて，『観察のしかた』と『書き方』を分からせるためである。『生活科』と並行して取り上げる場合は，実際に学級園へ行き，観察してもよい。

「ミニトマトの花を見て，いろんなことを見つけてみましょう。」
　教科書はまだ開けない方がよい。

---

2 書く 話し合う　見つけたことをメモに書こう。

「それでは，しばらくこのミニトマトの花を見て，見つけたことを，心の中でお話してください。」
（・花は，小さい。シロツメクサの花くらい…かな。）
（・花びらの色は，黄色。）

いくつかのことが，見つかったようです。文章に書く前に，こんどは，見つけたことをメモに書いてみましょう。書き方は，1つのことを，1つの文で書いていくのです。
（箇条書きを板書で説明）

「では，ひとり1文ずつ，発表しましょう。」
・花びらは，5枚でした。
・花びらは，先がとがっていて，星形をしていました。
・花のまん中に黄色いもの（めしべ）があった。

　見つけたことを話し合う。グループや隣どうしで，話し合ってもよい。

※画像（写真など）を貼付するとよい。

かんさつ名人に なろう

め かんさつの メモを 書こう

[ミニトマトの 花の かんさつ]

花びらは
・五まい （数）
・先が とがって （形）
・ほしの 形

花の 中に
・黄色いもの

主体的・対話的で深い学び

・低学年の自然認識（自然のとらえ）とは，ミニトマトなど，生き物や植物の様子を，言葉と数を使ってとらえることである。そして，書き言葉で文章に表現する。これは，簡単なように見えて，低学年の児童にとっては案外難しい。事実をその児童なりの言葉にできていれば，それは主体的で深い学びと言える。

・本時も，ミニトマトの画像か実物のいずれかを準備し，実際に自分の目で見たものを言葉にする，という活動を大切にする。

準備物

・教室で授業の場合…ミニトマトの画像
　DVD 収録【2_09_01～2_09_03】

---

3 読む　観察では，何をメモしているのか文例を読もう。

「教科書でも，ミニトマトの観察メモが出ています。どんなことを書いているのか，読んでみましょう。」
　教科書 P53 を開けさせ，各自黙読させる。
「みんなで，このメモを読んでみましょう。」（斉読）

『ミニトマト』，次に『五月十八日　晴れ』と書いています。これは，何ですか。

『ミニトマト』は題です。

次の行は，日付けと天気です。これで，いつの様子なのかが分かります。

「『黄色い花が…』の黄色いとは何のことかな。」
　・花の色です。花の色のことを書いている。
　・『星みたい…』は花の形のことです。

「メモには，色や形のことを書いていますね。」
　・どんな色とか形なのかが書いてあると，ミニトマトのことがよく分かります。大きさは書いていないです。

---

4 読む　まとめ　観察では，どんなことを見たり調べたりするのか，話し合おう。

観察では，何を書くといいのかが，分かってきました。見たものの『色』，そして『形』です。他にも観察の仕方で，大切なことが教科書53ページに出ています。読んでみましょう。

1つ目は，『大きさや，色，形を見る。』

2つ目は『長さをはかる…』

「大きさや形，長さのほかに，どんなことをどのように観察するのでしょう？」
　・『におい』とか，『手触り』も，見て調べて書きます。
　・数は，花びらの数とか，かな。数も書きます。

　教科書では，『何を』見るのかということと，『見方，調べ方』を交えて6つにまとめられている。
　板書でも，『6つの観察（法）』としてまとめる。

　クラスの児童の『観察文』を教材に，観察したことを確かめ合わせてもよい。

本時の目標
6つの『観察の方法』に沿って実際に観察し，形や大きさ，色など，観察メモを書くことができる。

授業のポイント
『何を』という6つの観察法を意識させる。
虫めがねを使う，という「観察の道具，やり方」を教えるのもよい。新しい発見もある。

本時の評価
『観察の方法』をもとに観察し，形や大きさ，色など，観察メモを書くことができている。

板書例

〈観察物〉観察メモの練習例として，ここではナズナを取り上げていますが，他の草花や生き物で

[六つの かんさつ]を つかって 書く

〈6つの かんさつ〉
1 大きさ・色・形
2 長さを はかる、見る
3 数
4 におい
5 さわる（手ざわり）
6 いろいろな 方から 見る

[書き方] みじかい ことば、文で 書く
・大きさ … ○○くらいの 大きさ
　　　　　ダイズくらいの 大きさ
・形 ……
　　○○みたいな 形
　　○○のような 形
　　ハートの 形
　　ほしみたいな 形

---

1 めあて つかむ　『6つの観察』方法を使って 観察しよう。

「前の時間に，どんなところを見て，何をメモすればよいのか（観察の方法）を勉強しました。今日は，その方法を使って観察しましょう。」

「『せいかつ』の時間に，ナズナを採りました。そのナズナを今日は観察してみましょう。」
　準備させる。グループよりも1人ずつの方がよい。

今日，田んぼのそばでこんなものを見つけました。これを見つけて，「春だなあ」と思いました。知っているかな？

花が咲いています。

実も付いているみたい。

　観察するものは，ナズナでなくてもその時期の植物や虫など，生活科でとり上げたものなら何でもよい。1人に1つは準備できるような数の多いものがよい。

2 観察する 書く　観察し，『観察の方法』をもとに メモを書こう。

「葉っぱの他に，花もついていますね。では，どんな花と言えばよいのか，読んでお家の人も「ナズナ」だと分かるようなメモを書いてみましょう。」
・花はとても小さいなあ。実もついているみたい。
・花びらの色は，白色だね。
　近くの児童どうしの相談や対話があってもよい。

「前に，6つの『観察のやり方』を勉強しました。覚えているでしょうか，振り返ってみましょう。」
・色や形，大きさ，それに，においや数も観察します。
　『観察』の観点は黒板にも掲示する。教科書を読み返す。

この6つを考えて，観察しましょう。

花の大きさは，綿棒の先（アリ）くらいかな。

花びらの数は，小さいけれど4枚だ。

実は，ハートのかたち…。

実の中に何か入っているよ。

もよいでしょう。

かんさつ名人に なろう

㊁ ていねいに かんさつして メモを 書こう

ナズナの かんさつ※【大きさ・色・形】

〔植物の画像を貼る（または投影する）〕

㊐花
・めんぼうの 先くらい
・ごまくらいの 大きさ
・花びらは 四まい
・白色

㊑み
・わってみると…
・ハートの 形 ♡

※「ナズナ」は1つの例。他のものでもよい。

🔍 主体的・対話的で深い学び

・学んだことは，使うことによって本物の力になる。前時には，6つの『観察の方法（やり方）』を知った。そのため，本時はそれを使って観察する時間になる。『何をメモすればよいか』が分かっていると，観察も主体的になる。また，観察時には，グループ内や近くの児童どうしでの教え合いや聞き合いなど，対話も促したい。『6つの観察法』も，使うことによってより深い学び方となる。

準備物

・観察するものを児童に準備させておく。ここではナズナ。
他に，シロツメクサ，カラスノエンドウなど，手に入れやすいものがよい。時間割上，前の時間を『生活科』として，採りに行くとよい。

・虫めがね（使わなくてもよい）

・「6つのかんさつ」（黒板掲示用）

---

3 話し合う　書いたメモを読み合おう。

「書いたメモを読み返して，『6つの観察（法）』が使われているところに，線を引きましょう。」
・『花びらは，4枚』と言うのは『数を数える』という観察だね。でも，『におい』はなかった。
・『色』も『形』も観察したよ。線を引いておこう。花は，白色。実は緑色でハート形。

「友だちの観察メモを聞いて，これも書いておきたいということがあったら，メモに書き足しておきましょう。」

---

4 まとめ　メモを読み返そう。

「観察のメモが書けました。お家の人が読んでも，これはナズナのことだと分かるでしょうか。」

「『観察の方法』を使って観察メモが書けました。これからも使っていきましょう。」

【形・大きさを言葉で書き表す】
　形は『星形』など，何かになぞらえる（比喩）のは科学的な書き方である。また，大きさや長さは，cmを使うよりも『玉子くらいの大きさ』『つまようじくらいの長さ』などと書く方が，読む人には想像しやすい。重さなども，『○○くらいの重さ』などと表現させたい。

本時の目標

観察のメモをもとにした，観察記録文の書き方が分かる。

授業のポイント

メモに書いたことを文章のかたちにする。それには何を削り，何をつけ足すかを考えさせる。いい部分をほめ，文章にさせる。

本時の評価

観察記録文の書き方が分かる。

〈観察物〉本時では，ミニトマトの花を観察の例にしています。

板書例

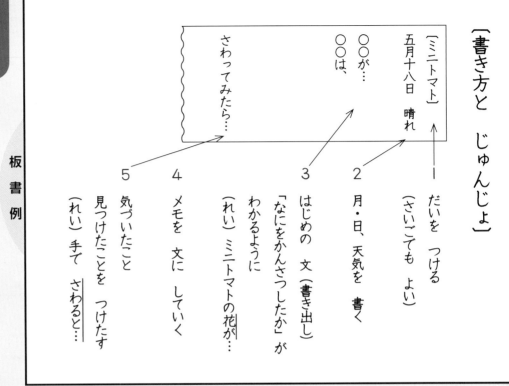

【書き方と　じゅんじょ】

〔ミニトマト〕
五月十八日　晴れ

1　だいを　つける
　（さいごでも　よい）

2　月・日、天気を　書く

3　はじめの　文（書き出し）
　「なにをかんさつしたか」が
　わかるように
　（れい）ミニトマトの花が…

4　メモを　文に　していく

5　気づいたこと
　見つけたことを　つけたす
　（れい）手で　さわると…

〔板書右上の例文〕
〔ミニトマト〕
五月十八日　晴れ
○○は、
○○が…
さわってみたら…

---

1 めあて　つかむ

「観察したことを文に書く」というめあてをとらえよう。

「ミニトマトやナズナなどを観察して，メモに書いてきました。今度は，そのメモを文章に書き直します。記録する文章を書くのです。そのやり方を勉強しましょう。」

　・どんなふうに書くといいのかなあ？

「観察を記録した文章の例が教科書に載っています。まず，記録した文章とは，どんなものなのか読んでみましょう。」

教科書 P 55 の文例を読む。

前に読んだメモ（教科書P 53）と比べてみましょう。

あとは，3つくらいの文章で書いています。

日づけとか，曜日，天気を書くのはメモと同じです。

2 調べる

メモと，記録した文章とを比べよう。

「メモに書いてあったことは，この記録した文章には書いてありますか。」

　・花の色とか，星みたいな形というところは，メモと同じです。

　・メモに書いたことをもとにして，それを文章に書き直したみたいです。

もとのメモと比べて，違うことは書かれていませんか。

『…さわってみたら，さらさらしていました。』というところは，メモにはなかったのに，きろくの文章には書いています。

つけ足したみたいです。

「『手ざわり』のことは，メモには書いていませんでした。文章にするときに書き足したのですね。」

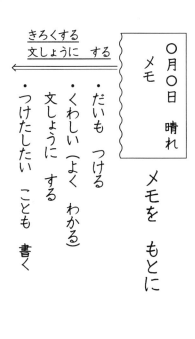

・観察したことは言葉で表す。その一方で，言葉をもとに観察できることもある。例えば，2年生の児童なら，花のまん中にある『雄しべ』や『雌しべ』も見つけてくる。その場合，『雄しべ』『雌しべ』という言葉も教えると，いろんな花の『雄しべ』『雌しべ』を見つけてくるようになる。つまり，言葉を知ることによって，それらが見えるようになり，主体的に花にも働きかけられるようになるのである。またそれらを共通語として，対話が広がり深まるようになる。なお，花びらの枚数も，花の観察では大切にしたい観点になる。

準備物

・前に使ったミニトマトの花の実物か画像

・前に書いたミニトマトの観察メモ

---

3 書く　　ミニトマトの観察メモをもとに，記録する文章を書こう。

「みなさんもこのような観察したことを記録する文章を書いてみましょう。前に書いたミニトマトのメモをもとに，教科書の例のような文章を書いてみましょう。」

　　画像も提示し，参考にさせる。

・題もつけるといいです。
・題は『ミニトマト』か，『ミニトマトの花』がいい。

　　題をつけると，『何を』や『何が』が明確になり，書くことがはっきりして書きやすくなることがある。

---

4 書く　まとめ　　『何が』をはっきりさせて文章を書き，読み合おう。

「例の文章では『黄色い花が』とか『花は』のように『何が』『何は』（主語）をきちんと書いています。みなさんも，『○○が…どうだ』というふうに，『何が（は）』をはっきりさせて書きましょう。」

「『…みたいだ。』『…のようだ』という言葉も使えそうですね。書くときに使ってみましょう。」

五月二十日（火）晴れ……日づけ・天気
『ミニトマトの花』　……題
　ミニトマトの花がさいていました。花びらは5まいで，色は黄色でした。中に黄色いおしべとめしべが見えました。花は，はっぱとはべつのえだにかたまってならんでついていました。15こくらいありました。花の下に，実の赤ちゃんが…

何人かが書いた文章を読み，感想を言い合う。

おしべやめしべの用語も，場面に応じて教える。
（主語・述語の用語は，2学期に学習する。）

本時の目標

続けて記録していくと，変化の様子がよく分かることを理解する。また，その記録文の書き方が分かる。

授業のポイント

２つの記録を比べる，という学習になる。難しく思う児童もいるので，花と実のことを分けて話し合うようにする。

本時の評価

続けて記録していくと，変化の様子がよく分かることが理解できている。また，その記録文の書き方が分かっている。

板書例

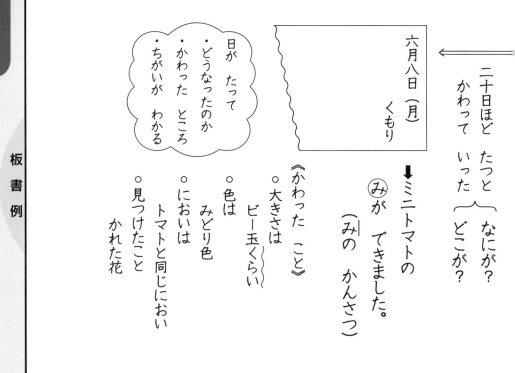

〈探す〉２つの観察記録を１枚にまとめた用紙を班に配り，違いを見つけさせてもよいでしょう。

二十日ほど たつと｛なにが？ かわって いった｛どこが？

六月八日（月）くもり

↓ミニトマトの ㋯が できました。（みの かんさつ）

《かわった こと》
○大きさは ビー玉くらい
○色は みどり色
○においは トマトと同じにおい
○見つけたこと かれた花

日が たって
・どうなったのか
・かわった ところ
・ちがいが わかる

---

1 振り返る めあて
観察を続けて，記録も続けよう。

「これまで何かを育てて，観察を続けてきたことはありましたか。」

1年生のときに，アサガオの観察をしました。夏休みにも記録しました。

アサガオの種から芽が出て育っていく順番がよく分かりました。花が咲いて種ができることも分かりました。

ここは簡単に済ませる。

「学級園では，ミニトマトとキュウリを育てています。続けて観察して記録していくと，変わっていく様子が分かりますね。」

「このように『変わっていく様子』を記録する書き方を勉強しましょう。」

生活科で栽培しているものを教室に持ち込むか，事前に見に行っておくと効果的である。

2 読む
観察の日が違う２つの文章を 読み比べよう。

「教科書に，ミニトマトを続けて観察して，書いた文章があります。55ページ（5月18日）の文章と，56ページ（6月8日）の文章です。２つの文章を読み比べてみましょう。」

ミニトマトの『何を』を見て書いているのか，２つの記録の違いに気づきましたか。

5月18日の文は，ミニトマトの花のこと，20日後の6月8日には，実のことを書いています。

この間に，花から実になったことが分かります。

・実ができる前に，花が咲いたことが分かります。

「そうです，記録を続けると『花から実ができる』という，変わっていった様子が分かるのです。」

かんさつ名人に　なろう

㊝
つづけて　かんさつするときの　きろくの
書き方を　しらべよう

きろくは
　五月十八日　＞　「ミニトマトの　きろく」
　六月八日　　　　どちらも

　五月十八日（月）　晴れ
　　↓
　ミニトマトに
　黄色い花がさきました。
　（花の　かんさつ）

主体的・対話的で深い学び

・生活科では，継続観察もよく行う。その時々の様子を記録しておき，後で読み返すと変化の様子がよく分かり，理解が深まる。そして，どんなところが変わったのかを話し合う（対話する）と，よりはっきりと変化をとらえることができる。そのため，前と比べてどこがどうなったのか，実の様子など新しい事実を書くとよいことに気づかせる。

準備物

---

3 読む　ミニトマトの花のことを，どう書いているのか確かめよう。

「それでは，教科書 55 ページの記録では，花のことをどう書いていたでしょうか。」
　・『黄色』『反り返って』『星みたいな形』などです。

「ミニトマトの花の，色や形を書いていました。うまく書いているなあと思ったところは，どこですか。」
　・『星みたいな形に』という書き方で，ミニトマトの花の形がよく分かります。
　・花びらが『そり返って』いると書いているところも見たとおりで，よく分かりました。

この記録の文章に，つけ足したいことはありませんか。

小さい実の赤ちゃんのことも書いておきたいです。

花びらの数は，5枚でした。『数』も，書いておくといいです。

---

4 読む まとめ　実のことをどう書いているのか確かめよう。

「5月18日から20日ほど経って，ミニトマトは変わりました。6月8日の，ミニトマトの実のことを書いた文章を読んでみましょう。」
「実のことで，観察したことが書かれているところに線を引きましょう。」

線を引いたところは，どこでしょうか。

『緑色』『赤いトマトと同じにおい』のところです。

『いちばん大きな実は…ビー玉ぐらい（大きさ）です。』のところです。

　6つの『観察の観点』に照らして，『におい』のことなど，よく分かる表現について話し合う。

「観察を続けて記録を書くと，ミニトマトのどこが変わっていったのかがよく分かりますね。」

かんさつ名人になろう

第 6,7 時 （6,7/10）

本時の目標
観察するものを決め，6つの『観察法（観点）』を使って，観察のメモを書くことができる。

授業のポイント
メモを書く前に，観察するものと触れ合う時間を十分とる。また，体だけでなく動きも観察し，手なども使わせる。

本時の評価
観察の観点を使って，観察のメモを書くことができている。

板書例

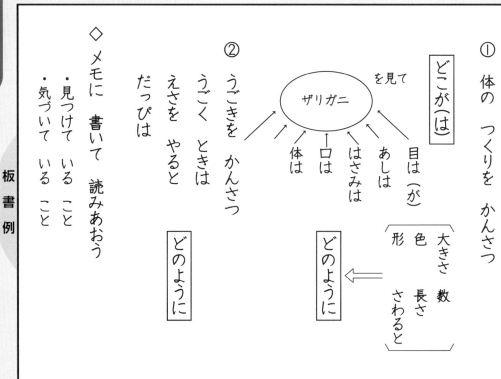

〈観察物と時間の配分〉観察物は全員同じものにしましょう。観察物（ここではザリガニ）とじっくり触れ合い

① 体の つくりを かんさつ

どこが（は）
目は（が）
あしは
はさみは
口は
体は

を見て

ザリガニ

大きさ　数
色　　　長さ
形　　　さわると

どのように

② うごきを かんさつ
うごく ときは
えさを やると
だっぴは

どのように

◇ メモに 書いて 読みあおう
・見つけて いる こと
・気づいて いる こと

【準備】 観察するものを決める。

【何を観察するか】

これまで学んできた「観察の記録の書き方」を使って実際に観察し，それを文章にする。それには，まず何を観察するのかを決めなければならない。

ひとつには，「生活科」などで，クラスで育てたり飼ったりしているものの中から選び，みんなが1つのものを観察して書く，というやり方がある。その他に，「かたつむり」や「きゅうり」「トマト」など，1人ずつ，またはグループごとに観察するものを決めて書く，というやり方もある。

指導の面では，みんなが同じものを観察して書くという方がやりやすいだろう。ここでは，「生活科」でもよく教材とされる『ザリガニ』の観察を例にしているが，もちろん他のものをとり上げてもよい。児童が家で育てている生き物なども観察の教材にできる。また，教科書と同じ『ミニトマト』をとり上げてもよい。クラスの実態も考えて，教師が決める。

1 観察1 ザリガニと，なかよくなろう。

「これまで，ミニトマトなどで観察のやり方やメモの書き方を勉強してきました。今度は『生活科』でみんなが飼っている『ザリガニ』を観察しましょう。」

ザリガニは一例で，他の教材でもよい。

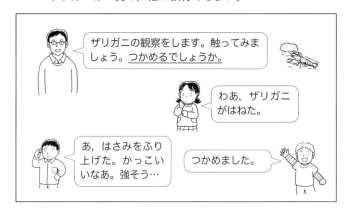

ザリガニの観察をします。触ってみましょう。つかめるでしょうか。

わあ，ザリガニがはねた。

あ，はさみをふり上げた。かっこいいなあ。強そう…

つかめました。

観察の始めは，まず触れ合うこと，つまりさわることを大切にする。触れることによって親しみがわき，好きになる。好きになると，よく見よう，観察しようという興味関心が高まる。これは，ザリガニに限らない。この触れ合いがすでに『観察』だといえる。

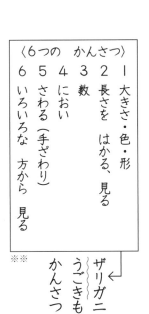

かんさつ名人に なろう

め　かんさつして　かんさつメモを　書こう

◇ ザリガニ※ を　かんさつしよう

[六つの　かんさつ] を　つかって

〈6つの　かんさつ〉
1 大きさ・色・形
2 長さを　はかる、見る
3 数
4 におい
5 さわる（手ざわり）
6 いろいろな　方から　見る

ザリガニの
うごきも
かんさつ

※ザリガニは 1つの例。他のものでもよい。
※※「6つのかんさつ」を貼る。

🔍 主体的・対話的で深い学び

・観察で大切にしたいのは，ザリガニのような観察の相手と仲良くなり，まずは好きになることである。『嫌い』『こわい』『いや』では，観察に入れないし，観察も表面的なものになってしまう。そして，好きになるにはまず名前を知り，触れてみることである。好きになると，『もっと知りたい』『…はどうなっている？』などと観察も主体的になり，深くなってくる。また，友達といっしょなら「ザリガニがさわれた。」という児童がいるが，これも対話と言える。ただ，危険な生き物はきちんと教え，触らないよう注意させる。

準備物

・ザリガニ
ひとり1匹ずつでもよいし，グループで2，3匹用意してもよい。見やすい飼育ケースまたは水そうに入れて観察する。
※ザリガニを触ったあとは，必ず石けんなどで手洗いをさせる。

2 観察2 対話する　ザリガニの『体のつくり』と『動き』を見よう。

ザリガニのような動物(生き物)の観察では，体のつくりと，動きの両方に目を向けさせる。ミニトマトでは観察できなかった『動き』も，ここで観点とさせる。

「ザリガニの体には，何がある（ついている）でしょうか。大きさや形はどうでしょう？」
・大きなひげ（触覚）が2本，頭についています。

「『6つの観察』を思い出して，見つけたことをメモに書いていきましょう。」（グループ内で対話）
・形，大きさ，色，それから数も，さわることも…。いろいろメモできそう。

3 書く 対話　観察メモを書き，友だちと読み合おう。

「吉井さんは，手に持って下から見たことを書いていますよ。口を見つけたそうです。」
見て回り，よいメモを読み上げて参考にさせる。

「林さんは，足の数を書いています。」
・小さなはさみのついているあしもありました。

「さわったり，いろんな方から見たりして，観察できていました。観察を続けてメモに書きましょう。」

「次の時間，メモを文章にして書いてみましょう。」

本時の目標

観察のメモをもとに，観察上の大切なことに気をつけて，観察記録文を書くことができる。

授業のポイント

6つの『観察』のポイントを振り返りながら，目や手でとらえたことを記録文に加えさせる。動きにも目を向けさせる。

本時の評価

観察記録を書く上での大切なことに気をつけて，観察記録文を書いている。

〈時間の配分〉2時間扱いにしてもよいでしょう。

板書例

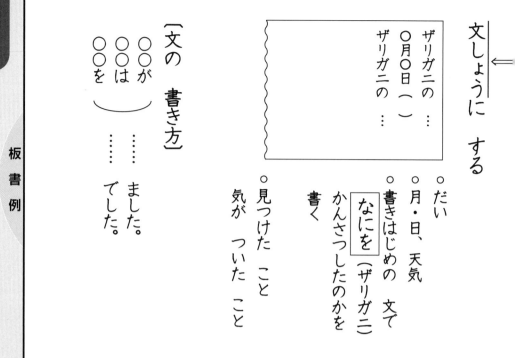

文しょうに する　←

ザリガニの　…
○月○日（　）
ザリガニの　…

○ だい
○ 月・日、天気
○ 書きはじめの　文で
　 なにを （ザリガニ）
　 かんさつしたのかを
　 書く
○ 見つけた　こと
　 気が　ついた　こと

〔文の　書き方〕

○○が
○○は　　　…　…ました。
○○を　　　…　…でした。

---

1 めあて 対話する　めあてをとらえ，書き出しを考えよう。

「ザリガニを観察したときのメモをもとにして，観察の記録文を書きます。」
「まず書くことは，観察した日と，天気でした。」

書き出しを考えましょう。教科書の『ミニトマト』（P 55）の観察の，はじめの文を読みましょう。

『ミニトマトに黄色い花がさきました。』と書いています。

観察したのは，『ミニトマトの花』です。

「この文で，まず『何を』観察したのかが分かります。このように，はじめに『何の観察をしたのか』を書くと，読む人には分かりやすいのです。」

「ザリガニの観察なら，どう書き始めますか。」
　・『ザリガニの観察をしました。』かな。
　・わたしもです。これでザリガニの観察だと分かります。

---

2 対話する　メモを文章にしていく上で大切なことを考え，話し合おう。

「ほかに，メモを文章にしていくときに気をつけたことを思い出しましょう。『ミニトマトの観察』では，メモをそのまま書いていましたか。」
　・くわしい文章に書き直していました。
　・メモになかった『手ざわり』なんかも，書き足していました。『観察の方法』の１つでした。

ザリガニの観察でメモしたことのほかに，つけ足したいことがある人はいますか。

ぼくはザリガニの動き方も，書いておきたいです。触ると，バックで逃げました。

とも食いもあったよ。

脱皮のことも書いておきたいです。

　・『観察の仕方で大事なこと』は６つありました。

教科書の文例も参考にして振り返らせる。

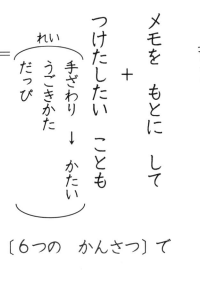

かんさつ名人に なろう

㋱ かんさつした きろくを 文しょうに
　書こう

メモを もとに して

つけたしたい ことも
　　れい
　　　うごきかた → かたい
　　　手ざわり → かたい
　　　　だっぴ
　＝＋

〔6つの かんさつ〕で

主体的・対話的で深い学び

・何をとらえ，それをどう書くのか，これまでの学習を思い出して記録文を書き上げる。「大きさは，どうだった？」「動きは？」「こんなことも書いてはどうか」など，教師との個別の対話を通して，内容をふくらませたい。教師の目からの助言によって，児童の観察も深いものになる。あわせて，自分は気づいていない着眼点や表現をほめる。

準備物

・前時に書いた「観察のメモ」

・観察用のザリガニ（クラスで観察したもの）

---

3 書く　　観察メモをもとに記録文を書こう。

「教科書 56 ページの『気がついたことや，見つけたことを書くときに使う言葉』を読みましょう。」

観察のメモを，くわしい文章になおして，記録する文章を書きましょう。書く順番を考えて，『6つのかんさつ』も振り返りましょう。

はじめは，月と日。天気

「まず『何を』観察したのかが分かるような『はじめの文』を考えて書きましょう。」
「文の終わりは，『ました』『でした』ですよ。」
「大きさ，色，形は入っていますか？」
「体についていたものは書けていますか。数は？」

具体的な視点を個々に助言する。
　書き始めると「観察のし直し」をしたくなることも出てくる。そのため，ザリガニも用意しておく。

---

4 書く まとめ　　題（表題）も考えて，書こう。

　書く時間は児童により差がある。個別の指導も行う。早く書けた児童には2枚目を書かせるのもよい。

「題を考えましょう。よい題を思いつきましたか。」
　ふつうに考えれば『ザリガニの体と動き』のような題になるが，同じような題でよい。『何を』をはっきりさせる。題を考え，つけるところに意味がある。

> （題）『ザリガニの口を見つけた』
> ○月○日　金曜日　晴れ
> 　ザリガニ（アメリカザリガニ）を，かんさつしました。ザリガニの目は，まっくろでまんまるでした。手でもつと体の下に口が見えました。口のかたちはハートがわれたみたいな形で，おなかがわにありました。口のよこには，えさをつかむあしがありました。はさみみたいになっていて，にぼしをはさんで，口にもっていきました。
> 　（以下略）

　表題の『…口を見つけたこと』は，この児童にとっておどろきの発見であり，題からも思いが読み取れる。

かんさつ名人に なろう

第 9 時 （9/10）

本時の目標
友達の書いた「観察記録文」を読み，よいところを見つけて，感想を述べ合うことができる。

授業のポイント
「記録文」を読み，話し合うだけでもよい。「感想カード」を書くなら，「自分がもらってうれしい文」を書くつもりで書かせる。

本時の評価
友達の「観察記録文」を読み，よいところを見つけて感想を書いたり述べたりしている。

板書例

〈観察カードの扱い〉時間に応じて「観察カード」は書かずに，読み合いと感想を伝え合うだけで

読んでみて →

かんそうカード（名人カード）を書く

〈6つの　かんさつ〉
1　大きさ・色・形
2　長さを　はかる、見る
3　数
4　におい
5　さわる（手ざわり）
6　いろいろな　方から　見る

↑
書けているかな？

がうまくかけているといると思いました。

へえ　なるほど
はじめて　しった
おもしろいな
よく　見ているな
よく　分かる

◇ もらった　カードを　読んでみよう

---

1 めあて 読む　友だちの「観察記録文」を読み合おう。

「今日は，みんなが書いた「観察の記録文」を読み合います。上手なところを見つけましょう。」

授業までに，前時に書いた観察記録のいくつか（4編くらい）を縮小コピーし，印刷して全員に配る。

友だちが書いた『観察の記録』を読みましょう。『うまいなあ，名人だなあ』と思うところを見つけて，上手だなと思ったところに線を引きましょう。

「大きさ，色，形…など『6つの観察』が書けているかな。1つ目は，鈴木さんの『記録』です。」
・『色は茶色と赤色が混じったような』というのは，ザリガニの色をうまく書いていると思いました。
・『つつくと後ろ向きに逃げました。』のところもザリガニらしい動きがよく分かりました。
「色や動きがうまく書けていた，ということですね。」

2 読む 書く　読んで「感想カード」を書こう。

「2つ目は，高田くんの記録文です。」
同じように読み合い，よいところを話し合う。

読んだ感想は，カードに書いて渡してもいいですね。

こんなのもらうとうれしいな。

わたしは……がうまくかけていると思いました。

カード名は「名人カード」「感想カード」などとする。

「『へえ，なるほど』『初めて気がついた』『おもしろい』と思ったところを書きましょう。」
・高田君の『あしの小さなはさみ』を見つけたところがおもしろい。

「名人カード」の文は1〜2文程度とする。書かせるなら負担にならないように配慮する。

もよいでしょう。

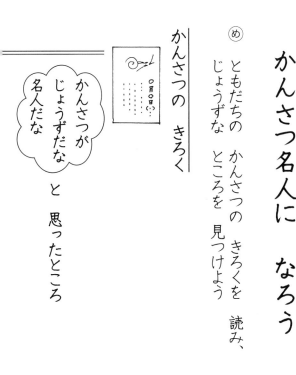

かんさつ名人に なろう

め ともだちの かんさつの きろくを 読み、じょうずな ところを 見つけよう

かんさつの きろく

かんさつが じょうずだな 名人だな と 思ったところ

・友だちの書いた「観察記録文」を読み合うことも，対話と言える。さらに，「ここはうまく書けているなあ」と思ったところを伝え合うことで，自分自身の見方も深まる。また，新しい見方，観察の観点を学ぶことにもなる。

・読み合った後の感想では，上手でないところは指摘し合わないようにする。また，時間に応じて「名人カード」は書かずに，読んだ感想を話し合うだけでもよい。

準備物

・前時に書いた「観察記録文」4編くらいを，Ｂ４の用紙に印刷し，教材として配布する。

・感想カード（Ｂ６サイズくらい）

・「6つのかんさつ」（黒板掲示用）

3 読む 書く　グループで読み合おう。

こんどは，4人ぐらいのグループを作り，回し読みをする。『感想カード』は，各自3枚書くことになる。

グループで「かんさつのきろく」を読み合って，カードを書きましょう。

どう書こうかな

口の形までよく見ているな。

欠点は，できるだけ書かないようにする。誤りなど直すところを指摘するのは，教師の役目とする。

「『色』や『大きさ』『形』『数』『動き』などは，『観察』で大事なことでした。<u>6つありました。それが書けているところをカードに書いてあげましょう。</u>」

書きにくい児童を見て回り，助言する。

4 読む　観察の「名人カード」を読もう。

観察で『うまく書けたところ』は，自分では案外わからないことがある。友達の目を通してみると，気づくことも多い。

もらった『名人カード』を読んでみましょう。自分の観察のどこがよく書けていたかが，分かります。

『食べる様子がよく分かった』と，書いてくれているな。

・「あしも小さなはさみになっていました」と書いてあったので，よく見ているなあと思いました。」

みんなの前でも，代表で何人かに『名人カード』を読ませてもよい。

「観察の記録文」は掲示版に貼付するか，学級だよりなどに載せて，みんなが読めるようにするとよい。

かんさつ名人に なろう
第 ⑩ 時 （10/10）

本時の目標
観察や，観察の記録文を書く上で大事なことを振り返り，確かめることができる。

授業のポイント
いわゆる「反省会」にしない。できるようになったことを振り返り，話し合うようにする。

本時の評価
何かを観察し，記録するうえで大事なことをもう一度確かめることができている。

板書例

〈振り返り〉項目ごとにチェックするリストを作成します。成果と課題を自分自身で把握し，次の

◇ ふりかえろう

1 かんさつした ことが 分かる ことば
・色，形，大きさを
「○○みたいな」
「○○のような」
　　　　　　　※

2 ていねいに かんさつした ところ
・色，形，数，におい
・下からも 見た
・うごきかた
　　　　　　　※

3 まねしたい ところ
・口，たべている ようす
・色，形の 書き方
・だっぴ
　　　　　　　※

たいせつ
見る
さわる　におい を かいて
　　　　　← ていねいに かんさつ

「せいかつ」の べんきょうでも つかおう

※児童の発言を取り上げて板書する。

---

1 振り返る　学習したことを振り返ろう。

『かんさつ名人』を目指して勉強してきました。よかったこと，できるようになったことを，話し合いましょう。

さわって分かることも書くようになりました。

色とか形とかを気をつけて見るようになりました。

「教科書 57 ページの『ふりかえろう』も読んでみましょう。」
・1つ目は『・・・どんな言葉を使いましたか』です。
・2つ目は『どんなところを，ていねいに観察しましたか』です。
・3つ目は『・・・まねしたいところ・・・』です。

　『ふりかえろう』は，2年生にはやや抽象的なところもあるが，「言葉では，『綿棒くらいの大きさ』などの言葉も使えましたね。」などと，具体化してやる。

2 書く　『ふりかえろう』を読んで，できたことを書こう。

「『ふりかえろう』を読んで，観察できたところやできたことをノートに書いてみましょう。」

「○をつけて（箇条書きで）書いてみましょう。」
・友達の文を読むと，ザリガニの動きなんかを上手に書いているところがありました。

山下さんの観察の記録は，ザリガニがはさみでえさを口にもっていくところが上手に書けていました。

ぼくは，あしの数とか，目の色とかもよく観察して書きました。

「動き，色，数をよく見て書いたのですね。」

主体的・対話的で深い学び

・『学習の振り返り』や『まとめ』では,不十分なところを互いに指摘し合うことはしないようにする。何ができたのか,できるようになったのか,そのことを自分でもう一度自覚するために,振り返りをする。また,進歩面は自分では意外と分かりにくい。友達との対話を通して,お互いに認め合い,次につながるようにする。

準備物

板書

かんさつ名人に なろう

㊍ かんさつの べんきょうを ふりかえろう

かんさつを して
[よかった こと・できた こと]
・色や 形を くわしく
・うごきも よく 見た
・さわった こと
・「○○みたい」な 書き方
・数も かぞえた

※ ‥‥‥‥‥‥‥‥

---

3 読む・対話する　『たいせつ』を読んで観察で大事なことを振り返ろう。

「観察したことを書くときに大事にすることは,教科書57ページの『たいせつ』にも,まとめられています。読んでみましょう。」

　　教師が読み,みんなで斉読する。

観察するときに大事なことは何でしたか。どんなことをすればよかったのでしょうか。

見たり,手でさわったり,においをかいだり,数を数えたり…です。

「見る,かぐ,さわる,などをしましたね。見るときには何に気をつけて見ましたか。」
・大きさ,色,形,長さ,数,動き,でした。
・形は「○○みたいな…」という言葉も使いました。

---

4 まとめ　生活科の観察にも使っていこう。

「目や手で観察したことを,言葉や数でくわしく書くのが『かんさつのきろく』でした。」

「『6つのかんさつ』で,できたことはどれかな。形や色,大きさ,数を見て書くことは,みなさんよくできていましたよ。上手になりました。」
・動きも書くようにしました。

6つのことが,今,全部できなくても,書けなくてもいいのですよ。これから,この観察のしかた,書き方を『生活科』での(育てている野菜などの)『かんさつのきろく』の文章を書くときに使っていきましょう。何回も書いているうちに,『かんさつ大名人』になれますよ。

　　教師からの評価とまとめを伝える。

同じ　ぶぶんを　もつ　かん字

◉ 指導目標 ◉

・第2学年までに配当されている漢字を読むことができるとともに，文や文章の中で使うことができる。
・積極的に第2学年までに配当されている漢字を使い，学習課題に沿って漢字の同じ部分を意識して，読んだり書いたりしようとすることができる。

◉ 指導にあたって ◉

① 教材について

　　2年生は，この時期までにかなりの数の漢字を学習しています。一方，形も様々で複雑に見える漢字も，よく見るといくつかの基本的な形でできているものがあることに気づき始めています。偏や旁 (つくり) など，部首はその代表です。そこで，この時期をとらえて，そのような漢字を構成している部分 (要素) に着目させ形をとらえさせます。これは漢字を習得していく上でも，大切な見方です。本単元では，その始めとして，まず「森」や「村」「本」など，比較的わかりやすい「同じ部分を持つ漢字」を調べ，共通している部分（ここでは『木』）があることに気づかせます。そして，次に「漢字の部分に着目する目」を使って既習の漢字を調べ，その形を見直させるようにします。

② 主体的・対話的で深い学びのために

　　ここで，主体的に取り組ませたい活動は，教科書の「森」や「村」などの漢字から，同じ部分を見つけ出すところです。友だちの見方とも照らし合わせ，対話を通して「木」という共通部分を確かめ合います。そのほか，様々な漢字の中からその同じ部分を見つけ，「同じ部分をもつ漢字」として仲間分けする，という活動もできます。また，既習の漢字から同じ部分を持つ漢字を探し出すという活動も，児童は主体的に取り組めるでしょう。その際，「この漢字もそうだね。」とみんなで話し合い，対話を通して学びを広げ深めることができます。ほかに，ゲーム的要素を入れるなど展開は工夫できます。ただ，どんな活動であっても押さえておくべきことは「漢字の部分」に着目する，という見方，考え方です。
　　2年生は漢字に興味を持ち，読み書きできる漢字が増えていくことに，喜びを持つ児童が多くなる時期です。この学習を通して，漢字の形や組み立てなど，文字そのものへの興味，関心も持たせることができます。なお，本単元と関連して「カンジーはかせの大はつめい」では，漢字を合体させて漢字をつくる，という学習をします。

知識 及び 技能	第2学年までに配当されている漢字を読んだり，文や文章の中で使ったりしている。
主体的に学習に取り組む態度	積極的に第2学年までに配当されている漢字を使い，学習課題に沿って漢字の同じ部分を意識して，読んだり書いたりしようとしている。

◉ 学習指導計画　全2時間 ◉

次	時	学習活動	指導上の留意点
1	1	・教科書の挿絵と漢字をもとに，「同じ部分がある」という観点で漢字を仲間分けしたり，いくつかの漢字から同じ部分を見つけ出させたりする。 ・漢字には同じ部分があることに目をつけて，例文の漢字を読んだり書いたりする。	・新出漢字はまず読み方を指導しておく。 ・児童に応じて，ほかに適切な例文があれば準備しておく。
	2	・巻末付録などの既習漢字一覧から，同じ部分をもつ漢字を探し出し，「かん字はっ見カード」にまとめる。 ・「かん字はっ見大会」をする。	・巻末の「習った漢字」「習う漢字」ページを活用させる。 ・同じ部分を持つ「かん字はっ見」は，グループで活動させる。

DVD 収録（漢字カード，共通部分カード，資料）

本時の目標

漢字には同じ部分を含む字があることに気づき，部分に注意して読んだり書いたりすることができる。

授業のポイント

漢字の「同じ部分見つけ」は，「大発見」などと評価し，興味を持たせる。また，時間配分は，展開4の書く活動に半分の時間を当てる。

本時の評価

漢字には同じ部分を持つものがあることに気づいている。
部分に注目して，漢字を読んだり書いたりしている。

〈対話〉見つけた漢字の「同じ部分」は，対話を通してみんなで確かめ合うとよいでしょう。

板書例

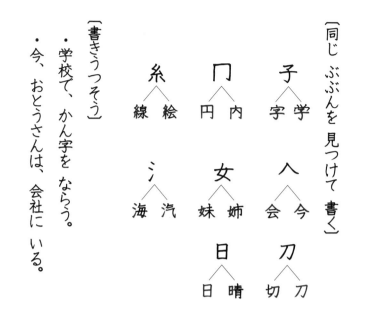

〔書きうつそう〕
・今、おとうさんは、会社に いる。
・学校で、かん字を ならう。

〔同じ ぶぶんを 見つけて 書く〕

子〈字 学
人〈会 今
刀〈切 刀

冂〈内 円
女〈妹 姉
日〈日 晴

糸〈絵 線
氵〈海 汽

木〈森 林 村 木 本 休
木 → みじかく

---

1 見つける つかむ
漢字を見て，同じところを見つけよう。

「3つの漢字があります。まず読んでみましょう。」
「石」「名」「右」を提示し，みんなで読む。

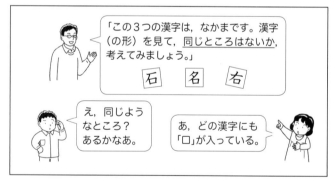

「この3つの漢字は，なかまです。漢字（の形）を見て，同じところはないか，考えてみましょう。」
石 名 右

え，同じようなところ？あるかなあ。

あ，どの漢字にも「口」が入っている。

「漢字のどこに口があるのかな。赤チョークでなぞりに来てください。」
黒板に書き込みに来させる。

「このなかま（グループ）に名前をつけるとしたら？」
・『口グループ』かな。
・『口のなかま』かなあ…。
「こんな『口グループ』に入る漢字は他にないかな？」
・「言う」の『言』もそうです，『口』があります。

---

2 見つける
教科書 P58 の 6 つの漢字を見て，同じ部分を見つけよう。

「教科書に6つの漢字が出ています。読みましょう。」

「この6つの漢字にも同じ部分があります。どこが同じなのか，見つけてみましょう。まず，ノートに漢字を書きましょう。」
木 森 村 林 休 本

見つけた！どの漢字も「木」が入っています。

ぼくも…「木」を見つけた。

「どこに『木』があるのか，ノートの漢字の『木』のところを赤でなぞりましょう。」（なぞらせる）
「『何グループ』の漢字と言ったらいいでしょうか？」
・『木グループ』です。全部『木』が入っています。

「いちばん『木』が多いのは？…そう『森』ですね。」
・木のそばにいる人（イ）だから『休』なのか…。
・松井君の『松』も木だから『木』が入っているね。

同様に『本』も木の根元を示しているなど，話し合う。

同じ ぶぶんを もつ かん字

め 同じ ぶぶんを もつ かん字を 見つけよう

（同じところは？）

右	名	石

どのかん字にも
同じぶぶん = 「口」

ほかに…言

主体的・対話的で深い学び

・「漢字の同じ部分」を見つける活動は，クイズ的要素もあり，児童も興味を持って主体的に取りくめる。と同時に，話し合い（対話）の中で漢字の形や組み立てのもつ面白さにも気づかせたい。

・見つけた漢字の「同じ部分」は，対話を通してみんなで確かめ合う。また，これまで個別に見てきた漢字を，「木」がつく漢字，「糸」がつく漢字など，「なかま」を意識することで漢字の見方も深まる。

準備物

・「石」「名」「右」の漢字カード（板書してもよい）
DVD 収録【2_10_01】

---

3 読む とらえる　教科書 P59 の 8 つの問題の文を読もう。

「漢字の中に『木』があるとき，『木』の形が変わる漢字があります。分かりますか。」
・『村』と『林』かな。左の木がちょっと小さいです。
「『林』や『村』が『木木』『木寸』とならないように気をつけて書きましょう。」（板書して違いを見せる）
ノートに書かせ，黒板にも正しい字形を書かせる。

> 同じ部分を持つ漢字は，他にもあります。先生が読みますから，後について読みましょう。読み仮名もつけましょう。

> 『学校でかん字をならう…』
> 『学』と『字』は，形が似ているなあ…。

8 つの文をゆっくり範読して，読み仮名もつけさせる。
読みながら，漢字の同じ部分にも気づいてくる。

「漢字の同じ部分を鉛筆でなぞりましょう。」

---

4 話し合う 書く　文中の漢字の同じ部分を見つけよう。教科書の文を書き写そう。

※時間配分では，半分の時間をこの活動に当てる。

「1 つ目の，学校の『学』とかん字の『字』には，同じ部分はありましたか。見つかりましたか。」

「『今』と『会』ではどこが同じですか。」
・上の部分が同じ，今のラを云に変えると会になる。
・『晴』という漢字には『日』がそのまま入っている。
「日と青 (空) で『晴』だね。『切』には切る『刀』が入っているね。」（などと，漢字に興味を持たせる。）
「今度は，教科書の文を書き写して，漢字の同じ部分を赤鉛筆でなぞりましょう。」
8 つの文を筆写させ，同じ部分を意識して書かせる。

本時の目標

既習の漢字から,『同じ部分を持つ漢字』を見つけ,漢字をなかま分けすることができる。

授業のポイント

グループで『同じ部分を持つ漢字』を見つける活動に,十分な時間をとる。

本時の評価

グループで協力して,同じ部分を持つ漢字を意欲的に探そうとしている。

板書例

〈グループ活動〉グループ活動は教師の指導・助言が大切です。グループ内の人間関係なども影響し

◇しらべよう〈ならった かん字〉から

（おもて）（うら）

口	日	大	田	子	目
⋮	⋮	⋮	⋮	⋮	⋮
足	百	犬	男	字	見
石	早	太	町	学	貝
右	晴		細		
名					
言					

（おもて）（うら）

木：村

木：森

ゆうしょう

○グループ □こ

※児童にカードを貼らせていき,たくさん発見した班を優勝とする。

---

1 めあて　同じ部分を持つ漢字を見つけよう。

「前の時間に,同じ部分を持つ漢字をいくつか見つけました。どんな漢字でしたか。」

・森,林,村,本…みんな『木』がついていました。

「『木』のなかまだけでなく,同じ部分を持つ漢字は,他にもありそうです。」

今日は,グループで同じ部分を持つ漢字をできるだけたくさん探していきましょう。

『日』のつく漢字は,『晴』の他にもありそうだね。

おもしろそう,早くやりたいな。

「巻末付録の『ならった漢字』『ならう漢字』のページを見てみましょう（開けさせる）。今日はこれらの漢字の中から,『線』と『絵』の『糸』のように『同じ部分 (共通部分) を持つ漢字』を探します。『かん字はっ見大会』です。グループで,できるだけたくさん見つけましょう。」

・たくさんの漢字があるなあ。見つかるかなあ。

2 確かめる　漢字の調べ方,書き方を確かめよう。

「見つけた漢字は,この『かん字はっ見カード』に書いていきます（見本を見せる）。」

「『森』と『村』なら,表にはどちらも同じ『木』と書きます。そして,裏には『森』『村』と書いていくのです。」

森も村も表は木だ。

木のカードはいっぱいできるね。

学と字ならカードの表は子になるね。

各グループに「かん字はっ見カード」を30枚ずつ配る。また,教師が次の共通部分を書いたカードを準備しておく。

【口,日,大,田,子,木,王,イ,言,糸,目,】等ほかに偏や旁,冠,にょうが出てくれば,その都度書く。

「同じ部分を持つ漢字は2つとは限りません。『木』のように5つも6つもあるかもしれませんよ。」

ます。日頃からグループの対話の様子を細かく見ておきましょう。

・『同じ部分を持つ漢字』を見つける活動は，ここではグループの活動としている。もちろんそれには，グループ内での教え合い（対話）を促すような指導助言が必要になる。グループ活動はうまくいけば集団思考を促すが，一方でその難しさやマイナス面はこれまでも多々指摘されてきた。児童一人ひとりの思考を促すことを主眼に置くなら，個別の調べ活動としてもよい。クラスの実態に即して，学習形態を多様に考えることが，主体的で深い学びにつながる。

準備物

・『かん字はっ見カード』（12cm×10cm程度）
　各グループに30枚程度
・フェルトペン（グループでカードに書く）
・共通部分カード（黒板貼付用）**DVD** 収録【2_10_02】
・同じぶぶんをもつかん字（例）資料 **DVD** 収録【2_10_03】

同じ ぶぶんを もつ かん字

㊛ 同じ ぶぶんを もつ かん字を 見つけよう

（木）　林・森・村・本…

（糸）　綿・絵…

かん字はっ見大会

◇「かん字はっ見カード」に書く

---

3 調べる・書く　グループで調べて「カード」に書いていこう。

「まず，『これまでならったかん字』のページを見て，探してみましょう。見つかるかな。」
　・あ，『足』という字に『口』が入っています。

「カードに書いておきましょう。表は『口』，裏は『足』と書くのでしたね。」（やり方を確認する）
　・『日』と『百』『早』も，『日』のなかまです。

「次のページ『この本でならうかん字』（本単元までの既習漢字）も見て探しましょう。」

では，グループで，漢字を探して教え合ってカードに書いていきましょう。時間は10分です。何枚書けるでしょう？

見つけた！ 目と見です。

ぼくも田と男見つけたよ。どちらも田。

グループごとに，指導助言をする。

---

4 発表する・振り返る　調べて見つけた漢字を発表して確かめよう。

「はい，時間です。いくつの漢字が見つかったのか，グループごとに発表しましょう。」
　・私たちは全部で○○個の漢字を見つけました。

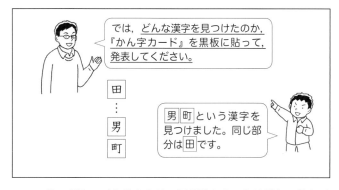

では，どんな漢字を見つけたのか，『かん字カード』を黒板に貼って，発表してください。

田 … 男 町

男町という漢字を見つけました。同じ部分は田です。

他のグループも発表させ，同じ漢字カードは重ねて貼らせます。間違った漢字はみんなで訂正する。

「いちばん多くの漢字を見つけて『かん字カード』を○○枚書いたのは，□グループでした。」（拍手）

「気づいたこと，思ったことも発表しましょう。」
　・『見』に『目』が入っていて，なるほどと思った。
　　このような漢字の意味にも気づいた発言をほめるとよい。

うれしい　ことば

◉ 指導目標 ◉

・言葉には，経験したことを伝える働きがあることに気づくことができる。

・経験したことから書くことを見つけ，伝えたいことを明確にすることができる。

・進んで言葉の働きに気づき，学習課題に沿ってうれしい言葉に関する文章を書こうとすることができる。

◉ 指導にあたって ◉

①　教材について

　　言葉の役割のひとつに，人の気持ち(感情)に働きかけるということがあります。人を励まし，うれしい気持ちにさせる言葉がある一方，人を悲しませいやな気持ちにさせる言葉もあります。人とのいい関係を作るのも，関係を断ち切るのにも言葉が関わっています。本単元では，これまでの経験もふり返らせて，聞いて「うれしい言葉」があることに気づかせます。具体的には，「共感」「感謝」「励まし」「ほめ，讃える」などの言葉がそうでしょう。いつ，どんな時にそのような言葉が使われたのか状況も思い起こさせて，言葉の働きに目を向けさせます。まだ，自己中心性が残る低学年なので難しさはありますが，「この言葉を聞いて，友だちはどう思った（思う）だろうか。」という相手の気持ちも想像させて，話し合います。

②　主体的・対話的で深い学びのために

　　「うれしい言葉」があることに気づき，言葉の働きを考えさせることが国語科としてのねらいです。生活指導や道徳と通じる内容にも見えますが，「体験発表」や「いい言葉を使いましょう」という指導が主なのではありません。国語科の本筋を外さないように留意します。一方，「あいさつ」や「ほめ合う」などを方針としているクラスもあるでしょう。本学習は，そういった児童をつなぐ取り組みや，学級づくりとも関わっています。帰りの会などで，「今日のうれしい言葉」を出し合うなど，日常の主体的な活動の１つとして，「うれしい言葉」を使っていくことも，学びを深めていく１つの取り組みと言えます。

◉ 評 価 規 準 ◉

知識 及び 技能	言葉には，経験したことを伝える働きがあることに気づいている。
思考力，判断力，表現力等	「書くこと」において，経験したことから書くことを見つけ，伝えたいことを明確にしている。
主体的に学習に取り組む態度	進んで言葉の働きに気づき，学習課題に沿ってうれしい言葉に関する文章を書こうとしている。

◉ 学 習 指 導 計 画 　 全 2 時 間 ◉

次	時	学習活動	指導上の留意点
1	1	・これまでの生活をふり返り，いつ，どんな時に「うれしい言葉」をかけられたのか，その経験を話し合う。 ・どんな時にどんな言葉を言ってもらうとうれしいのか，教科書の例も参考にして考える。また，聞いたときの気持ちを想像して話し合う。	・言葉は状況とも関わる。そのときの状況（場面）もふり返らせる。 ・共感や感謝，また励ましや称賛の言葉が「うれしい言葉」にあたることに気づかせる。
	2	・教科書の文例も参考にして，うれしい言葉を1つ選び，出来事とそのときの気持ちを文にする。 ・書いた文章を読み合い，話し合う。	・文章は3文程度。「いつ」「どんなときに」「だれから」など，事実をふまえて書かせるようにする。

うれしい ことば

第 1,2 時 （1.2/2）

本時の目標
人をうれしい気持ちにさせる「うれしい言葉」があることが分かり，そのときのことを文に書くことができる。

授業のポイント
文を書くことに抵抗がある児童もいる。児童何人かに読ませると，「そんなことがあったなあ」と，ヒント，例となる。

本時の評価
聞いて「うれしい言葉」があることに気づき，そのような言葉を聞いた経験を文に書くことができている。

板書例

（第2時）

きいてうれしくなったことば

め うれしかった ことばを 思い出して 文に 書こう

「いっしょにさがそう。」
「ありがとう。」
「じょうずだね。」
「いっしょにあそぼう。」
「いっしょにやろうよ。」
「すごいな。」

・ほめてもらった
・さそってもらった

だいじょうぶだよ
（名まえ）
休みじかんに，校ていでころんでしまいました。
まついくんが
「だいじょうぶだよ。」
といって…

・うれしかったことばをだいにする
・いつ
・どんなときに
・だれから
（三文くらいで）

（第1時）

1 つかむ 出し合う
「うれしい言葉」を聞いたできごとを思い出し，出し合おう。

だれかから，「こんな言葉を言ってもらって，うれしい気持ちになった…」そんな言葉はありませんか。

昨日，食器洗いをしたら，お母さんが「ありがとう，助かったわ」と言ってくれてうれしくなりました。

「それは，がんばりをほめてくれた言葉ですね。今日は，この『ありがとう，助かったわ』のような，うれしい気持ちにさせてくれた言葉を出し合います。」
「教科書にも『うれしい気持ちにさせてくれた言葉』が出ています。（P60下の文を読む。）どんな言葉でしょう。」
・「いっしょにさがそう」。
・「ありがとう」もです。
「こんなふうに『ありがとう』と言われて，うれしい気持ちになったできごとはなかったでしょうか。」
・洗濯物を取り入れて，お母さんから言われてうれしかった。

　　同様に「いっしょにさがそう」という言葉についても話し合う。

2 読む 対話する
聞いてうれしい気持ちになる言葉について確かめよう。

「『がんばったとき』『困っているとき』に，かけてもらう言葉がうれしい言葉になるようですね。」
・ぼくも，ドッジボールを見ていたとき『いっしょにやろうよ』と言われてうれしくなりました。
・なわとびをしていたら，鈴木さんが『やっちゃん，すごいな，身が軽い。』とほめてくれた。（称賛）

「教科書の文を読んでみましょう。（P61の文を読む）」

２つの文では，どの言葉が「うれしい言葉」だったのでしょうか。さかい君の文では，どの言葉ですか。

あおやまさんの「じょうずだね。」という言葉です。ほめてもらって，うれしかったと思います。

また，がんばるぞと思った。

　　『いっしょにあそぼう』についても，きくちさんの気持ちについて話し合う。

「だれから」など，事実をふまえて書かせるようにするとよいでしょう。

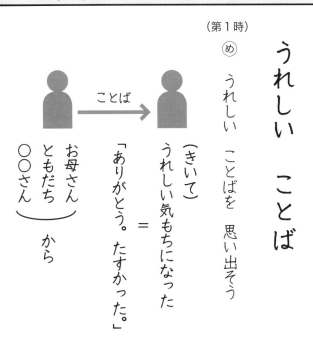

（第1時）

め
うれしい ことばを 思い出そう

（きいて）
うれしい 気もちになった
＝「ありがとう。たすかった。」

ことば

お母さん
ともだち
○○さん
から

うれしい ことば

・児童それぞれに「うれしい気持ち」にさせてくれた場面と，そのときの「うれしい言葉」がある。それを思い出し，掘り起すことが主体的な言語活動になる。また，その言葉とできごとをクラスで話し合い（対話），共有することが深い学びになる。

・『うれしい言葉』の交流は，グループでの活動とするのも，1つの方法。クラスの実態に応じて，学習形態は多様に考える。

準備物

・作文用紙（あとで掲示できるように）

（第2時）

3 書く 「うれしい言葉」を思い出し，文に書こう。

「ぼく，わたしも，こんな時に，こんな言葉を言ってもらって『うれしかった』ということはありませんか。」
　・転んだとき，松井君が『だいじょうぶだよ』と言って，保健室にいっしょに行ってくれました。

　　2，3人発表の後，文に書くことを呼びかける。

このような，お家や学校で言われてうれしかった言葉を1つ選んで，文に書いてみましょう。

日よう日に，1人でおつかいに行きました。お父さんに「ありがとう。すごいなあ。」と言われました。とてもうれしかったです。

　　教科書も参考にして，「うれしい言葉」を題にして3文くらいをめどに書かせる。「いつ」「どんなときに」「だれから」など，事実をふまえて書かせるようにする。
　　何人か書き上げた児童に読み上げさせ見本とさせる。発表で出てきた「うれしい言葉」は板書していく。

---

4 発表・対話 学びを広げる 「うれしい言葉」の作文を発表しよう。

「どんなときに，どんな言葉でうれしくなったのか，発表を聞き合いましょう。友だちの発表を聞いた人は，思ったことを伝えましょう。」
　　作文をもとに，話し合う。

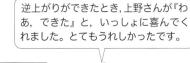

逆上がりができたとき，上野さんが『わあ，できた』と，いっしょに喜んでくれました。とてもうれしかったです。

そう言われるとうれしくなって，「ありがとう」って言いたくなるね。

わたしも，今度は同じように言ってあげたいな。

「言葉には，人をうれしくさせたり元気づけたりすること（力）があるのですね。こんな言葉はこれからも聞きたいし，言ってあげたい言葉ですね。」

　　作文は掲示して，読み合うようにするとよい。

かん字の ひろば 1

◉ 指導目標 ◉

・第 1 学年に配当されている漢字を書き，文や文章の中で使うことができる。

・語と語との続き方に注意することができる。

・今までの学習をいかして，進んで第 1 学年に配当されている漢字を使って文を書こうとすることができる。

◉ 指導にあたって ◉

① 教材について

　漢字の学習は，「当該学年の新出漢字の指導だけで精一杯，前学年の復習まで手が回らない」というのが現場の本音でしょう。しかし，実際にクラスの児童に目を向ければ，習った漢字が定着していないために国語に限らず，読みがたどたどしい，平仮名ばかりの文を書いている，という児童もいるのではないのでしょうか。「かん字のひろば」はこのような実情をふまえ，既習漢字の復習と定着の時間が中心にあることを念頭に置いて進めることが基本です。

　「かん字のひろば」は，前学年（ここでは 1 学年）の配当漢字を振り返り，与えられた条件で使うことによって漢字の力をつけようとするものです。「かん字のひろば 1」は，ある「想像上の島」を題材にしています。まず，絵の中の「夕日」や「貝」など島に関わる漢字を振り返り，読み書きを確かにします。次に，それらの漢字を使った文作りを通して，漢字を文の中で使いこなす学習活動に広げます。

　文を書くときには，末尾に句点（。）をつけることは表記上の基本ですが，低学年では抜け落ちもあります。ここでも，文作りの中で改めてそのことを指導し，定着を図ります。

② 主体的・対話的で深い学びのために

　前年度学んだ漢字を使って文を作ることは，簡単なようで，いざ書こうとすると児童の中での定着が図られていない場合は，難しく感じることでしょう。まずはそれぞれの漢字の読み方と書き方を確認し，その中で挿絵と文字を対応させ，話し合いをさせながら自分の書く文章に対する想像がふくらむような活動を目指します。書いた文章を友達と交換して読み合わせる活動を通して，児童の意欲を高め，より漢字の定着や言葉のきまりの定着を図ります。

知識 及び 技能	第1学年に配当されている漢字を書き，文や文章の中で使っている。
思考力，判断力，表現力等	「書くこと」において，語と語との続き方に注意している。
主体的に学習に取り組む態度	今までの学習をいかして，進んで第1学年に配当されている漢字を使って文を書こうとしている。

次	時	学習活動	指導上の留意点
1	1	・教科書 P62 の絵の中の1年生の漢字を読む。 ・教科書の絵を見て，海に囲まれた島の様子を想像し，話し合う。 ・教科書の漢字をノートに書く。	・ゲームで楽しく読み方を確かめ合わせる。 ・絵にかいてあるものだけでなく，絵から想像したことも話し合わせ，次時の文作りの素地とする。
	2	・提示された漢字を使い，句点にも気をつけて，自分が考えた島の様子を表す文を作る。 ・書いた文を友達と読み合い，よかったところを発表し合う。	・文作りが早くできた児童には発表させて例を示すことで，文作りの要領がどの児童にも理解できるよう配慮する。 ・同じ漢字を使っていても，異なる文ができることに気づかせる。

📀 収録（漢字カード，イラスト）

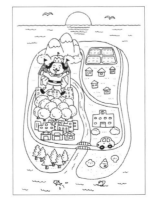

本時の目標

絵にかかれた島の様子について話し合い，1年生で習った漢字を正しく読み書きすることができる。

授業のポイント

復習のための取り組みである。ゲーム形式を取り入れながらしっかりと読み書きをさせたい。

本時の評価

教科書に出てくる漢字を正しく読み，書いている。

板書例

〈漢字カードの使い方〉 まず，イラストの上に漢字カードを貼り，読み方を確かめます。次に，カード

〈ゆびさし早読みゲーム〉
① 四人グループになる
② 一人が　かん字を　ゆびさす（一つずつ）
③ 早く　読めた人が，一ポイント
④ ポイントが　いちばん　多い人が　かち

◇ 絵を　見て，そうぞうしよう

◇ 書いてみよう

王さま	夕日	赤い	車	町	森	山
田んぼ	学校	青い	貝	村	林	川

※イラストの上に漢字カードを移動する。

---

1 読む 確かめる　指さし早読みゲームで，漢字の読みの習熟を楽しく確かめよう。

「教科書62ページを見ましょう。1年生で習った漢字がでています。読み方を覚えていますか。」

今から「指さし、早読みゲーム」をします。指さした漢字を早く読めた人にポイントが入ります。

絶対はやく読むぞ！

1年生の漢字だから楽勝だよ。

まず，ゲームで楽しく読み合い，読み方を確かめる。
①4人1組になる。
②グループの中で，1人が教科書の漢字を指さす。
③早く読めたら1ポイント獲得。
④いちばんポイントが多い人が勝ち。

クラスの実態によっては，教科書の漢字を指で押さえさせながら上から声に出して読み上げ，クラス全体で丁寧に進めるのもよい。

2 見る 出し合う　教科書の絵を見て、気がついたことを話し合おう。

絵の中に何があるかな。

王様がいる国みたいです。

島の中にいろんな場所があります。

絵を見て気づいたことを発表させる。
「どんな王様なのかな。」
・笑顔で楽しそうだね。
・お城に住んでいるんだろうね。

いろいろな想像をさせて，次時の文作りへつなげる。ただし，絵をよく見ることから始めるという点は，外さない。

「他には何がかいてありますか。」
・学校があるよ。
・森と林の間に町があるね。

を黒板の左に移し，板書として使います。

＠ 一年生の かん字を ふくしゅうしよう

かん字の ひろば ー

夕日
赤い
山
田んぼ
王さま
村
森
学校
町
車
林
川
青い
貝

※イラストの上に漢字カードを貼る。

主体的・対話的で深い学び

・絵を見て想像したことを出し合うと，対話が盛り上がり活発になる。また，友達の話を聞き合うことで，さらに言葉の使い方や言い方などの表現に広がりが出てくるようなることを期待したい。
・グループで話し合った内容をクラスで聞き合う際には，その都度拍手をして発表グループの活動結果を認め合いたい。

準備物

・漢字カード DVD 収録【2_12_01】
・教科書 P6002の挿絵の拡大コピー
（または，黒板掲示用イラスト DVD 収録【2_12_02】）

---

3 想像する 話し合う
島の様子から想像したことをグループで話し合おう。

「絵を見ながら，想像したことを発表しましょう。」
・王様はとても面白い人で，町や村によく車で遊びに行っている。
・川から船で海まで出たりしているかもね。
　どんどん想像を膨らませて考えたことを発表させる。慣れてきたら，4人組で思いついたことを出し合い，さらに想像をふくらませる。

ここの島の周りには魚がいっぱいいるんだよ。

トビウオとか鯛がたくさんとれるんだ。

山がじゃまで夕日が見られないかもね。

王様もお城からきれいな夕日を見ているのかな。

　想像したことを発表し合い，互いに拍手で認め合う。

「みんな，いろいろと想像できましたね。」

---

4 書く
教科書の漢字をノートに書こう。

次の時間に，この漢字を使って，文を書いてもらいます。漢字も正しく書けるように練習しておきましょう。

間違えないように書けるかな。

正しい書き順で書くのも大切だよね。

　机間巡視などで漢字が苦手な児童がどれくらいきちんと取り組んでいるかを把握して，必要であれば個別指導をする。
　漢字が苦手な児童は，教科書を見ても自分では間違いが分からない場合もある。児童の実態に合わせて，教師が言った言葉をノートに書かせたり，1つの言葉を3回ずつ写させたりなど，やり方はいろいろと工夫できる。

「2年生になって新しい漢字をたくさん勉強してきましたが，1年生の漢字も忘れずに，読んで書けるようにしましょう。」

本時の目標
絵にかかれた島の様子を想像し，提示された漢字を使って文を作ることができる。

授業のポイント
文章を作る際には机間巡視では見つけにくい漢字の書き間違いや送り仮名の間違いをグループで活動させることによって見つけ合わせる。

本時の評価
黒板に提示された漢字をできるだけたくさん使って文を書いている。

〈漢字カードの使い方〉まず，イラストの上に漢字カードを貼っておきます。児童が使用したカードを

板書例

〈ゆびさしかんたんことばづくりゲーム〉
① 四人グループになる
② 一人が かん字を ゆびさす
③ その かん字で かんたんな ことばが 早く つくれた 人に 一ポイント
④ いちばん ポイントが 多い人が かち

◇ 絵の 中の ことばを つかって，文を つくろう

・村の 小学生が たくさん 学校に いって います。（2つ）

・にぎやかな 町の まえに 林が あります。（2つ）

・おもしろい 王さまは、まい日、森に でかけます。（2つ）

・田んぼで とれた やさいを 町まで 車で はこびます。（3つ）

☆ 文の おわりに まる（。）を つける。
☆ できるだけ たくさんの かん字を つかう

※児童が作った文を板書する。
児童が使用した漢字のカードを移動する。

---

1 読む・練習する
絵の中の漢字を使って，簡単な言葉を作るゲームをしよう。

「教科書の漢字は，もう読めますか。みんなで確認しましょう。」

　　順に全員で読む，列指名で読ませる，などいろいろ変化をつけて，何度か読ませる。

絵にある漢字を使って簡単な言葉を作りましょう。例えば，「やさしい王様」，「きれいな夕日」などです。ゲームでたくさん見つけましょう。

にぎやかな町！

大きな貝，とかどうかな。

　　時間内で簡単な言葉を作るゲームをすることで，本時のめあてである文づくりの前段階とする。

　　ここでは教師がまず例を挙げて，どのような言葉を考えればよいのか簡単に見本を示す。前時に絵から想像したことを思い出して考えさせる。

2 めあて・つかむ
「れい」の文を読んで，文の作り方を確かめよう。

「『れい』の文を読みましょう。」

　・しまから見える夕日は，赤くて，とてもきれいです。

「この文には，『夕日』と『赤』が使われていますね。このように教科書の漢字を入れた文を作りましょう。」

「考えられた人，言ってみてください。」

　　挙手した児童を指名する。

王さまは，山のぼりが大すきです。きょうも山から森や林を見てきました。

よくできました。4つも漢字が使えています。みんなも分かったかな。

　　全員が理解するまで何人か指名してもよい。

　　ここで丁寧にやっておくと，よりスムーズに文作りに進むことができる。先に考えた「にぎやかな町」などの言葉を使うとよいということも伝える。

移動させると，使用していない残りの漢字がすぐに分かります。

かん字の ひろば 一

一年生の かん字を つかって 文を つくろう

め

夕日
山
赤い
田んぼ
王さま
村
森
学校
町
車
林
川
貝
青い

※イラストの上に漢字カードを貼る。

主体的・対話的で深い学び

・想像したことを書いて互いに読み合うときに，ノートを見せ合うことで，漢字の書き間違い等に気づくことができる。教師から教えられるだけでなく，同じ仲間からの指摘，学び合いは漢字習得への意欲となり，クラス全体の漢字習熟率のアップに繋がることが期待できる。

準備物

・漢字カード（第1時使用のもの）

・黒板掲示用イラスト（第1時使用のもの）

---

3 作文を書く　　絵の中の漢字を使って，文を作ろう。

では作ってみましょう。文の最後に「。」を書くのを忘れないようにしましょう。

よ〜し，やるぞ！

全部の漢字が使えるかな。

「使った漢字は，○で囲んでおくと分かりやすいですよ。教科書の漢字が全部使えたらすごいですね。考えた文は，箇条書きでノートに書きましょう。」

　文の始まりは中点（・）で始めることや箇条書きという言葉についても教えておくと，様々な場面で活用できる。繰り返し使う授業の用語は，丁寧に教えることで，2年生でもほとんどの児童が理解できる。

　遅い児童もいるので15分は時間を取りたい。早い児童には2回目を考えさせたり，黒板に書かせたりして時間調整をする。

---

4 対話して広げる　　書いた文を発表したり，読み合ったりして，自分の文と比べよう。

できた文を読み合いましょう。聞いた人は拍手を忘れないようにしましょう。

言うね。「村の小学生がたくさん学校にいっています。」

「村」と「学校」を使ったんだね。

すごい！うまいね。

　グループで発表し合った後，ノートを回したり，黒板を全面使って8人程度ずつ前に出て書かせたり，と様々な方法で発表させる。同じ漢字でも，人によって違う使い方をしていることに気づかせたい。

　使った漢字の個数を聞いてチャンピオンを決めるのもよい。ノートの最後にその個数を書かせると，後でチェックするときに分かりやすくなる。

「友達の作った文を聞いて，よかったところや思ったことを発表しましょう。」

スイミー

全授業時間 9 時間

◉ 指導目標 ◉

・場面の様子に着目して，登場人物の行動を具体的に想像することができる。

・身近なことを表す語句の量を増やし，語彙を豊かにすることができる。

・粘り強く場面の様子に着目して登場人物の行動を想像し，学習課題に沿って物語の紹介文を書こうとすることができる。

◉ 指導にあたって ◉

① 教材について

「スイミー」は，児童が大きくなっても覚えている物語のひとつです。「みんな赤いのに，一ぴきだけ…まっ黒」なスイミーが，「ぼくが目になろう」と言って，なかまと力を合わせて大きな魚を追い出します。その姿に，児童はわくわくしながらも，かしこさを読み取ります。絵本の副題にも，「ちいさなかしこいさかなのはなし」とあります。スイミーの行動から，知恵だけでない勇気や意志，協力といった「かしこさ」があることに気づくでしょう。

最後にはお話の流れを確かめ，紹介する文章を書きます。そのため，場面の移り変わりに沿って，できごととスイミーの姿を読み，人物像をとらえていきます。また，「はじめ」「中」「終わり」といった組み立て（構成）も取り上げますが，2 年生の課題としては難しさもあり，教師の説明や導きも必要でしょう。

なお，お話は，テンポのよい簡潔な文章で展開していきます。声に出して読むと，読む心地よさやリズムが感じとれます。2 年生の国語科の基礎として，いろんな学習場面で音読を取り入れます。音読は，読み取り（理解）の表現活動です。

② 主体的・対話的で深い学びのために

「ミサイルみたいに…」という言葉 (比喩) からは，まぐろの「スピード」とともに「恐ろしさ」が読み取れます。そして，児童は頭の中にその情景を作り出し，想像します。このように，「読む」ということ自体が主体的な活動です。そして，そんな場面を見て，自分はどう思ったのかを語り合い (対話し) ます。また，「かなしかった」「さびしかった」という言葉の背景を考え，「何が」「かなしかった」のか，何があって「さびしかった」のかを読み直して，話し合う (対話) のも深い学びです。

場面それぞれの情景や人物の行動など，基本的なことを正しく読み取った上で，心に残ったところなど，思いを交流したり紹介文を書いたりして深めます。

◉ 評価規準 ◉

知識及び技能	身近なことを表す語句の量を増やし，語彙を豊かにしている。
思考力，判断力，表現力等	「読むこと」において，場面の様子に着目して，登場人物の行動を具体的に想像している。
主体的に学習に取り組む態度	粘り強く場面の様子に着目して登場人物の行動を想像し，学習課題に沿って物語の紹介文を書こうとしている。

◉ 学習指導計画　全9時間 ◉

次	時	学習活動	指導上の留意点
1	1	・単元の学習課題をとらえる。 ・全文を読み，初めの感想を話し合う。	・学習課題は「お話を読んで紹介しよう」。 ・初めに，教師の範読を聞かせる。
2	2	・全文を読み，5つの場面に分ける。 ・はじめの①の場面を読み，スイミーの人物像と魚たちのくらしをとらえる。	・スイミーの『一匹だけ真っ黒』『だれよりも速く泳ぐ』という特徴を話し合う。
	3	・②の場面を読み，まぐろにおそわれたときの様子，スイミーの様子を読む。	・突然のできごとで，赤い魚は食べられ，スイミーだけが助かったことを話し合う。
	4	・③場面を読み，なかまを亡くしたスイミーが，海の『すばらしいもの』と出会い，元気をとりもどしていった姿を読み取る。	・『にじ色の　ゼリーのようなくらげ』などのおもしろい比喩表現にも気づかせ，美しい海の中を想像させる。
	5・6	・④場面を読み，赤い魚たちに「出てこいよ」と呼びかけ，うんと考えるスイミーの姿を読み取る。	・スイミーの言葉や行動から，あきらめない強さや知恵，勇気を感じとらせる。 ・「大きな魚のふり」については説明でも補う。
	7	・⑤場面で「ぼくが目になろう」と言って大きな魚になり，まぐろを追い出したスイミーたちの姿を読み取る。	・スイミーが目になったわけを話し合う。 ・「昼のかがやく光の中を…」など，晴れやかな心情を表す情景の描写に気づかせる。
3	8	・スイミーのしたことや出来事を振り返り，「紹介する文章」を書く。	・5つの場面を振り返り，あらすじをとらえる。 ・全体を3つに分け，組み立てに気づかせる。
	9	・書いた「紹介する文章」を読み合う。 ・学習を振り返り，まとめをする。 ・レオ・レオニの絵本の紹介を聞く。	・友達の「紹介文」のよいところを伝える。 ・できたことを，話しあう。 ・「他の絵本も読んでみたい」と，思わせる。

◇第2次（第2〜7時）は，場面ごとに，「したこと」「できごと」を読み，流れをとらえる学習活動です。

スイミー

第 1 時 （1/9）

本時の目標

全文を読み通して，初めの感想を書き，交流することができる。

授業のポイント

題になっている『スイミー』とはどんな魚なのか，など，物語への興味を持たせる。
まずは正しく読めることを目指させる。

本時の評価

全文を読み通すことができ，初めの感想を書くことができている。

板書例

め　読んで、はじめの　かんそうを　書こう

（はじまり）
「広い　海の　どこかに、
小さな　魚の　きょうだいたちが、
たのしく　くらして　いた。・・・・」
（どこで）
（だれが）
（どのように）

◇かんそうを　書こう
・心に　のこった　ところは？
・「いいなあ」と　思った　ところは？

〈はじめの　かんそう〉
・スイミーだけが　にげられた　ところ
・海の中の　きれいな　けしき
・みんなで　大きな魚を　おい出した　ところ

※児童の発言をまとめて書く。

---

1 予想する 対話する　題名と，扉の文を読み，話し合おう。

「教科書の 63 ページを開けましょう。」

題名の『スイミー』って，何でしょう。

魚の名前です。分かるよ。名前が『スイミー』だね。はじめの文に「魚の『スイミー』」って書いてある。

スイスイ泳ぐから，『スイミー』なのかな。

　『スイミー』が魚の名前だということは，多くの児童が気づいている。教科書 P 63 の扉の文と挿絵を見る。

「『スイミー』はどれかな。絵を押さえてごらん。」
「黒い色ですね。では，文も読んでみましょう。」
　・『魚の「スイミー」は，きょうだいたちと…，どんなことがおこるのでしょう。』（音読）
　・へえ，スイミーには兄弟がいるんだね。

　興味と，読みたいという意欲を持たせる。

2 めあて つかむ　学習課題をつかもう。 作者を確かめよう。

「どんな勉強をするのかも，書いてあります。読んでみましょう。」
　・『お話を　読んで，しょうかいしよう』（学習課題）
「『しょうかい』って，分かるかな？」
　・だれかに，「こんなお話だよ」って教えることです。
「お家の人にも，どんなお話なのかを説明できるといいね。はじめに，教科書 64 ページを見ましょう。」

スイミーを書いた人は，だれでしょう。挿絵を描いた人はだれでしょう。名前は？

お話を書いた人は，レオ・レオニ。

「さく・絵」だから，絵を描いた人も，レオ・レオニです。

「『やく（訳）』というのは，日本語に直した人です。谷川俊太郎という有名な人が訳しました。」

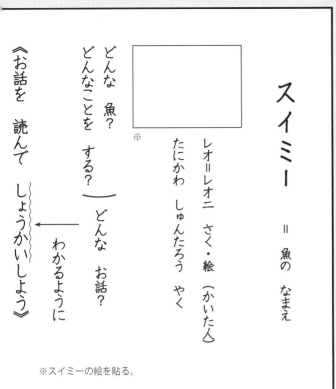

板書例（スイミー）

スイミー　＝　魚の　なまえ

レオ＝レオニ　さく・絵　（かいた人）
たにかわ　しゅんたろう　やく

※

※スイミーの絵を貼る。

どんな　魚？
どんな　お話？
どんなことを　する？　）どんな　お話？
——わかるように

《お話を　読んで　しょうかいしよう》

主体的・対話的で深い学び

・新しいお話との出会いの時間になる。題名からも，内容を想像させたり，話し合ったりして「読みたい」という気持ちを持たせる。それが，主体的な読みにもつながっていく。
・ここでは，教師の範読が，作品との「初対面」となる。『スイミー』は変化もあり，気持ちを乗せて読みやすい物語である。よい朗読（範読）を聞くと，聞くだけで物語の全容をとらえることができる。練習し，緩急も考えた朗読を心がける。
・はじめの感想の交流も対話的な学びである。

準備物

・もとになっている『スイミー』の絵本
（図書室から借りておく。レオ・レオニの，他の絵本を紹介してもよい）

3 聞く 読む　先生の音読（範読）を聞いて，全文を読み通そう。

「これが，もとの絵本です。」（本の中も少し見せる）
・（副題に）『小さなかしこい魚のはなし』って書いてあるよ。かしこいって…スイミーのことかなあ。
　範読の前に，新出漢字の読み方を教え，読めるようにしておく。（小黒板などを利用）

「まず，先生が読みます。どんなお話かな。スイミーは何をするのでしょう？」（範読）

こんどは，みんなで声を出して読みましょう。（斉読）

『広い海のどこかに，小さな魚のきょうだいたちが，…

「今度は，1人で読んでみましょう。」
　正しく読めるように，各自がそれぞれの速さで読む。

4 書く 話し合う　心に残ったところを書いて，発表し，話し合おう。

作品との出会いとして，「はじめの感想を書きなさい」でもよいが，「心に残ったところはどこ？」「いいなあと思ったところは？」などと話し合ったり，何人かに感想を言わせたりしてから書かせてもよい。また，『○○のところが心に残りました。それは…』などと，『感想文』や『発言』の形を示すのもよい。

ぼくは，『ぼくが　目になろう』のところがよかったです。それは，1ぴきだけ真っ黒なスイミーにしかできないからです。

『みんなはおよぎ，大きな魚を　おい出した。』のところが心に残りました。それは，みんなが力を…。

児童の感想は，プリントにして次時の始めに読み合い交流するのもよい。いろんな考えが分かる。

〈読取の範囲〉 ①の場面を読みます。スイミーとはどんな魚なのか，スイミーらしさを考えます。

本時の目標

場面を5つに分け，スイミーが他のきょうだいたちとは違っているところを読み取ることができる。

授業のポイント

あらすじを追い，構成を捉えやすいように，児童と話し合いながら5つの場面に分ける。
「場面」の意味にも気づかせる。

本時の評価

場面を分け，はじめの場面から他のきょうだいたちとは違っているスイミーの姿や特徴を読み取ることができている。

板書例

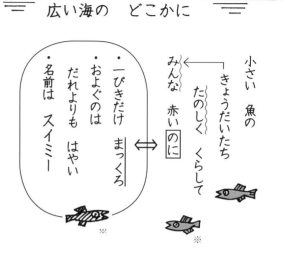

〔 □の ばめん（お話の はじまり）〕

広い海の どこかに

小さい 魚の
きょうだいたち
みんな 赤い のに
たのしく くらして

・名前は スイミー
・およぐのは だれよりも はやい
・一ぴきだけ まっくろ ⇔

〈かんそう〉
・なかがよい 魚のきょうだい → へいわ
・一ばん はやい スイミー → すごい
・一ぴきだけ まっくろ → どうして？

※スイミー，赤い魚の絵を貼る。

---

1 読む／対話する　めあてを聞き，どんなできごとがあったのかを話し合おう。

「今日は，スイミーはどんな魚なのかを読んでいきます。まず，読み通しましょう。」

　　　通読し，読めない言葉や漢字はないか確かめさせる。

　　　読後，それぞれ印象に残った場面を，簡単に話し合う。断片的，ばらばらでよい。

どんなできごとがおこりましたか，またそこでスイミーがしたことはどんなことでしたか。思い出してみましょう。

スイミーは，海の底でくらげとかを見ました。

おそろしいまぐろがおそってきました。

「いろんなできごとがありましたね。順番が分かるように，始めから読みなおしてみましょう。」

「分かりやすいように，場面ごとに，番号をつけていきましょう。」

2 読む／分ける　全文を音読して，5つの場面に分けよう。

「先生といっしょに読んでいきます。<u>場面が変わったところで立ち止まりますよ。</u>」

　　　構成を考え，あらすじをとらえる上でも，場面分けをしておくと都合がよい。ここで5つの場面に分ける。

「『広い海のどこかで，…みんな…　名前はスイミー。』ここまでが①の場面です。」

「『ある日，おそろしいまぐろが…つっこんできた。』ここから，場面が変わって，②の場面になります。どこが変わったのですか。」

　・『ある日』になり，まぐろも出て来て話が変わるから。

　　　<u>教科書に，①～⑤の場面の番号をつけさせる。</u>

①	広い海の　どこかに…（P64-65）
②	ある日，おそろしいまぐろが…（P66-67）
③	けれど，海にはすばらしいものが…（P68-69）
④	そのとき，岩かげに　スイミーは…（P70-72L9）
⑤	みんなが，1ぴきの　大きな魚…（P72L10-P73）

※場面は，他の分け方もできる。

スイミー

め スイミーとは どんな魚か
　たしかめよう

◇ 五つの ばめんに わけよう ※

① 広い 海の どこかに、…
② ある日、おそろしい …
③ けれど、海には …
④ その とき、岩かげに …
⑤ みんなが、一ぴきの …

※場面の分け方は他にも考えられる。

🔍 主体的・対話的で深い学び

・「お話を読んで紹介しよう」というのが，単元のめあてである。それには，全体の構成とあらすじをとらえなければならない。そのため，本時では対話を通して，全体を５つの場面に分ける。ただ，「はじめ」「中」「終わり」といった構成（組み立て）を教えることは，２年生では難しい。『スイミー』の勇気や知恵には心を惹かれるが，構成を考える意義や価値は，あまり感じない。だから，物語の構成などは，教師が教えることによって，深い学びができる。

準備物

・（あれば）からす貝などの画像（説明用）

・動かせる黒板貼付用のスイミーの切り抜き
　（画用紙等で作り，裏に磁石シートを貼る。今後も使う）

・貼付用の赤い魚の切り抜き（数枚）

---

3 読む・対話する　お話のはじまりの，①の場面を読もう。

「では，はじまりの①の場面を読んで，何が書かれているのか考えましょう。」
　　斉読後，列ごとに，指名読みなど，①場面を音読する。

「場所（ところ）は，どこでしょう？」
　・はい，広い海のどこか，です。
「だれ（人物）のことが，書いてありましたか。」
　・スイミーのことと，兄弟の魚のこと，です。

まず，魚の兄弟たちのことで分かったことは，どんなことですか。

広い海のどこかにいます。楽しくくらしていました。

『みんな赤いのに…』と書いてあったので，兄弟は赤い魚です。

小さな魚です。スイミーの兄弟です。

「大きさは，どれくらい？　何匹くらいいたのかな？」
　　自由に想像させる。

---

4 対話する・書く　スイミーはどんな魚なのかを読み，思ったことを話し合おう。

スイミーが，他の兄弟たちとは違うところは，どこでしょう？発表しましょう。

他の兄弟は赤いのに，スイミーだけは，（からす貝よりも）真っ黒。どうしてかな？

泳ぐのはだれよりも速いって，すごいなあ。

「スイミーがどんな魚なのか分かりました。スイミーを見てどう思ったでしょうか，また，魚の兄弟たちのくらしを見てどう思ったのか，書きましょう。」
　　感想を書き，発表，交流する。からす貝は説明する。
　・同じ兄弟なのに，スイミーだけ真っ黒なのが不思議。でも，『だれよりも速い』というのがすごいです。
　・赤い魚も，スイミーもみんな仲良くくらしているのが，「いいなあ」と思いました。

「みんなで，①場面を読みましょう。」

スイミー

第 3 時 （3/9）

本時の目標

赤い魚たちが，まぐろに飲み込まれてしまった様子と，1人になったスイミーの姿を読み取ることができる。

授業のポイント

ここで，場面が大きく変わったことに気づかせる。スイミーのくらしも一変したことを分からせる。貼付用スイミーも動かして，活用する。

本時の評価

赤い魚たちがまぐろに飲みこまれた様子と，1人になったスイミーの姿が読み取れている。

板書例

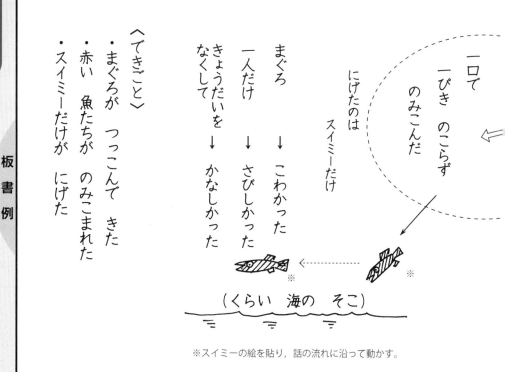

一口で
一ぴき のこらず
のみこんだ

にげたのは
スイミーだけ

まぐろ → こわかった
一人だけ → さびしかった
きょうだいを → かなしかった
なくして

〈できごと〉
・まぐろが つっこんで きた
・赤い 魚たちが のみこまれた
・スイミーだけが にげた

（くらい 海の そこ）

※スイミーの絵を貼り，話の流れに沿って動かす。

1 読む 対話する　②の場面を読み，『ある日』のできごとを話し合おう。

「はじめから終わりまで読み通しましょう。そして，はじめの場面①を振り返りましょう。」（音読・通読）

「①では，『楽しく』くらしていたのですね。みんな。」
「②の場面でもそうなのか，『ある日』から続きを読んでみましょう。」（①から続けて，②場面を音読）
・ぜんぜん，『楽しく』じゃなくなったね。

「『ある日』に，起こった（あった）ことは何ですか。」

「まぐろが，おそってきました。」

「魚たちが食べられました。」

「スイミーは逃げた。」

「まぐろって，どんな魚なのか，知っていますか。」
　　図を見せる。泳ぎが速いクロマグロなら，体長3mくらいになる。黒板で大きさを示すとよい。

2 読む 対話する　まぐろがつっこんできたときの様子を読み取ろう。

「まぐろがつっこんできた場面を読みましょう。」
「まぐろは，何をしに来たのですか。」
・『おなかをすかせ』ていて，魚を食べに来ました。

「そのときのまぐろの様子は，どう書いてありますか。」

「『すごいはやさで』です。」

「『ミサイルみたいに』つっこんできた。』

「『一口で…1匹のこらずのみこんだ。』」

「ミサイルってどんなものでしょうか。」（あれば画像）
・攻撃するもの，こわい，よけられないもの。

「そんな『ミサイルみたいな』まぐろだったのですね。①の場面と比べてどう思いましたか。」
・あっという間に食べられるなんて，こわいなあ。
・①の『楽しく』が，みんな一度になくなった。

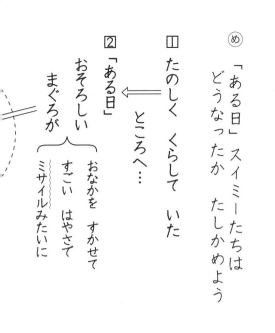

スイミー

め 「ある日」スイミーたちは
　どうなったか　たしかめよう

① たのしく　くらして　いた
　ところへ…

② 「ある日」
　おそろしい
　まぐろが

｛ おなかを　すかせて
　すごい　はやさで
　ミサイルみたいに ｝

主体的・対話的で深い学び

・対話や話し合いは，主体的であるためにも「それは，どこに書いてあるからなのか」「どこを読んで，そう考えたのか」などと，文をもとにした発言，対話になるよう心がける。そうでないと，一見活発そうに見えても，根拠なく，思い込みを述べ合うだけの中身のない話し合いになる。「読む」という深い学びからは外れてしまう。

・同時に，とくにはじめのうちは，授業中に音読や黙読の機会を多く持つようにする。そして，文にもどって考えるということを大切にする。

準備物

・図か写真（マグロ・ミサイル）（あれば）

・黒板貼付用の，スイミーと赤い魚の切り抜き
　（第2時で使用したもの）

・できごとを書き残していく用紙（3枚）

---

3 読む 対話する ひとりになったスイミーの様子を読み取ろう。

「魚の兄弟たちはみんな食べられたのでしょうか。」
　・スイミーだけ，逃げて助かりました。よかった。

「そこを読んでみましょう。」（指名読み・斉読）
　・『にげたのは　スイミーだけ。』『だけ』だから1匹。
「スイミーだけ逃げられたのは，どうしてでしょう。」
　・たまたまだと思う。運がよかった，からかな。
　・『泳ぐのはだれよりも速かった』から，だと思います。
　　　思いを自由に話し合う。答えはない。
「逃げたスイミーはどうしましたか。」
　・暗い海の底を泳ぎました。（「暗い」「底」に注目）

スイミーの気持ちは『こわかった』『さびしかった』『とても悲しかった』と書かれています。どんなことがこわかったの？またどんなことが，さびしかったのですか？

魚を飲みこんだまぐろがこわかった。

兄弟がいなくなり，ひとりぼっちになったからさびしい。

---

4 対話する まとめ 感想を話し合い，おもなできごとをまとめよう。

「逃げたときのスイミーはどれかな。挿絵の中から見つけて，押さえてみましょう。」
　・この底の方へ泳いでいる黒い魚です。（指す）

このときのスイミーを見て，どう思いましたか。

スイミーは，助かったけれど，喜んでいないと思います。

のみこまれた赤い魚がかわいそうだけれど，ひとりのスイミーもかわいそうです。

「この場面のできごとを，3つ書きましょう。1つは，『まぐろがつっこんできた…』です。あと2つは？」
　　次の2つに気づかせ話し合い，できごととしてまとめる。
　○ 小さな赤い魚たちが飲みこまれた。
　○ スイミーだけが，逃げた。助かった。

　　最後に②場面を音読し，あったことを確かめ合う。
　　（3つのできごとは，短冊などに書いて残していく。）

スイミー

第 **4** 時 （4/9）

本時の目標
海の中で美しいものに出会い，元気をとりもどしていくスイミーの姿を読み取ることができる。

授業のポイント
『ドロップみたいな岩』など，挿絵や，図鑑，映像なども活用して，きれいな海底の世界を想像させる。
比喩にも着目させる。

本時の評価
美しい海の様子と，元気をとりもどしていったスイミーの姿が読み取れている。

〈読取の範囲〉③の場面で，スイミーが海の底で元気をとりもどすところを読みます。

板書例

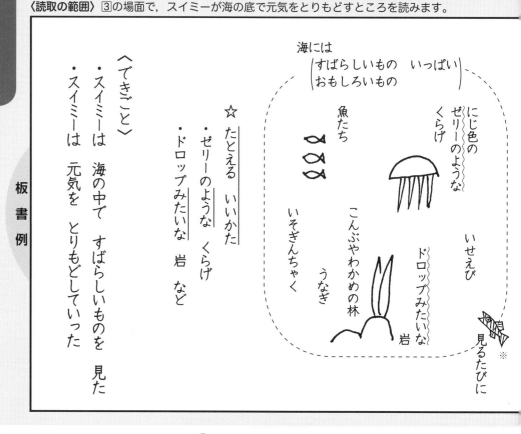

〈できごと〉
・スイミーは　海の中で　すばらしいものを　見た
・スイミーは　元気を　とりもどしていった

☆たとえる　いいかた
・ゼリーのような　くらげ
・ドロップみたいな　岩　など

海には
すばらしいもの　いっぱい
おもしろいもの

にじ色のゼリーのような　くらげ
魚たち
いせえび
ドロップみたいな　岩
こんぶやわかめの林
うなぎ
いそぎんちゃく
見るたびに
※

---

1 読む・対話する　これまでの場面を振り返ろう。

「これまでの①，②の場面を読んで，どんなできごとがあったのか，振り返りましょう。」（音読）
・マグロにみんな食べられて，スイミーだけが逃げた。

今，スイミーはどこにいて，どうしていますか。また，スイミーの今の気持ちは，どう書いてありましたか。

『暗い海の底』を泳いでいます。たったひとりです。

こわくて，さびしくて，とてもかなしい気持ち。

「スイミーは，ずーっとそのような気持ちだったのでしょうか。ずっとこわくて，さびしかったのかな。」
・違います。

「どうなのか，続きの③の場面を読んでみましょう。」
範読し，斉読。その後，グループや１人読みさせる。③の場面の始まりが，なぜ『けれど』なのか，理由を説明する。

2 読む・対話する　スイミーは，どうなったのか，海の底の場面を読もう。

「海の底で，スイミーはどうなったのでしょうか。」
「気持ちは，変わったのでしょうか。」

スイミーの様子，気持ちが，書かれているところに線を引いて，発表しましょう。

『スイミーはだんだん元気をとりもどした。』と書いてある。また，元気になったということです。

スイミーは，もともと泳ぎも速くて元気な魚だった。

「では，スイミーに元気をとりもどさせたもの，元気づけたものは，何ですか。線を引きましょう。」
・『すばらしいもの』や『おもしろいもの』を見て，元気になった。
・海にいっぱいあったんだね。

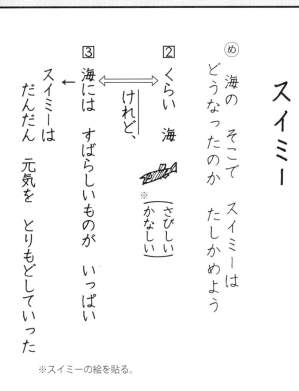

スイミー

め 海の そこで スイミーは どうなったのか たしかめよう

② くらい 海 けれど、
　　　（さびしい／かなしい）※

③ 海には すばらしいものが いっぱい
　　スイミーは だんだん 元気を とりもどしていった

※スイミーの絵を貼る。

主体的・対話的で深い学び

・スイミーが元気をとりもどせたのは，『すばらしい』海の生き物による。だから，この海の底の生き物の姿，景色の読み取りが大切となる。『スイミー』には，『ミサイルみたいに…』のような比喩が使われているが，ここでも『ゼリーのような…くらげ』『水中ブルドーザーみたいな』『ドロップみたいな…岩』などの表現がある。似ているところなどを話し合い（対話），イメージを膨らませる。理屈っぽくならず，比喩を「おもしろいな」と感じとらせるようにする。

準備物

・『スイミー』の絵本

・図鑑（海の生き物）

・貼付用スイミーの切り抜き（第2時以降で使用のもの）

・できごとを書き残していくための用紙（第3時と同じ形のもの）

---

3 読む 対話する　海の『すばらしいもの』『おもしろいもの』を話し合おう。

「スイミーが見た『すばらしいもの』『おもしろいもの』とは，どんなもののことでしょうか。」

　『スイミー』の絵本はカラフルで，教科書にない挿絵も見せることができる。図鑑も活用すると効果的。挿絵を指させて，ここで比喩にも目を向けさせる。

「くらげは，『何のような』と書いてありますか。」
　・『にじ色のゼリーのような』くらげ，です。
「ゼリーって知っていますか。給食にも出ますね。」
　・ぷるぷるしたところが，くらげと似ているのかな。

4 まとめ　海の底であったできごとと感想を話し合おう。

「『こんぶやわかめの林』って，絵ではどれですか。」
　・（挿絵を指しながら）ほんと，林みたい。

「スイミーは，こんな生き物たちを見て，元気をとりもどしたのですね。」
　・スイミーは，くらげなんかを初めて見たのかなあ。
　　いわゆる「癒されていった」姿，様子を話し合う。

　2つのできごとを発表させる。『すばらしいものを見て，スイミーは元気を…』と，1文にまとめてもよい。
　スイミーについて思ったことを交流し，最後に斉読する。

スイミー

第 5,6 時 （5,6/9）

本時の目標
おびえている赤い魚たちを見つけて、岩かげから出る方法を考え、教えるスイミーの姿を読み取ることができる。

授業のポイント
『大きな魚のふり』とか『持ち場を守る』などは、どんなことなのかが分かりやすいように、板書を工夫する。

本時の評価
なかまのために考え、岩かげから出る方法を教えるスイミーの姿を読み取れている。

板書例

「出てこいよ。みんなであそぼう。」

「だめだよ。たべられてしまうよ。」

※スイミー，赤い魚の絵を貼る。

そこで
〔スイミーは〕
① かんがえた
　いろいろ
　うんと
② さけんだ
　「そうだ。
　みんな　いっしょに…。」
③ おしえた
　・はなればなれに　ならない
　・もちばを　まもる

〈できごと〉
・スイミーは、赤い魚たちを見つけた
・スイミーは、岩かげから出るほうをかんがえて、見つけて、おしえた

---

1 読む／対話する　『そのとき』スイミーが見つけたものについて話し合おう。

③までの場面を音読し、できごとを振り返る。

「今日は、④の場面（P70〜P72L9）で、スイミーが何をするのかを読んでいきます。」（範読・音読）

はじめに、『そのとき』とありました。『どんなとき』だと言えばよいでしょうか。

スイミーが海の底を泳いでいたときです。

くらげやいせえびなんかを見て、元気になっていったときです。

「『そのとき』どんなことがあったのですか、続きの4行を読みましょう。だれが、何をしたのかな。」
　・『スイミーが』岩かげに、小さな赤い魚たちを『見つけ』ました。（『岩かげ』を説明する）
　・赤い魚は1匹残らず食べられたのではなかったの？
　　本文の『スイミーのと　そっくり』とは「スイミーの（兄弟たち）とそっくり」という意味と説明する。

2 読む／対話する　赤い魚たちに、スイミーが言ったことと、そのわけを読み取ろう。

赤い魚の兄弟たちを見つけて、スイミーは、何と言いましたか。また、赤い魚たちはどう答えましたか。

スイミーは、『出てこいよ。みんなで遊ぼう。面白いものがいっぱいだよ。』と言いました。

でも赤い魚たちは、『だめだよ。…』と言った。

「スイミーが『出てこいよ』と言ったのは、どんな気持ちで言ったのかな。考えてみてください。」
　・赤い魚たちにも、くらげとか魚を見せたかった。
　・そして、赤い魚にも、元気になってほしかった。
「それで、赤い魚たちは出てきましたか？」

「『だめだよ』と、出てこなかったのは、どうしてだと思いますか。」
　・大きな魚に食べられてしまうから。
　・こわかったから。

すが，他の分け方も考えられます。1時間扱いでもよいでしょう。

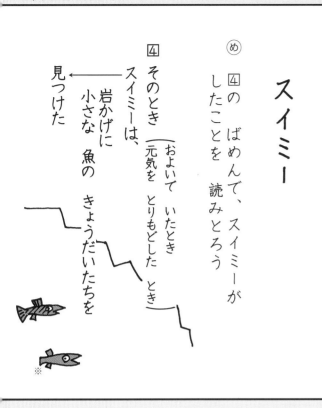

スイミー

め ④の ばめんで、スイミーが したことを 読みとろう

④ そのとき 〔元気を とりもどした とき〕
　　　　　　　〔およいで いたとき〕
スイミーは、岩かげに 小さな 魚の きょうだいたちを
見つけた

※

主体的・対話的で深い学び

・スイミーらしさが出ている1つ目の山場になる。みんなに呼びかけ，あきらめず，考え抜き，実行する，というスイミーの姿に気づかせる。それには，『どんなことを』したのかを文の表現に沿って読み取り，話し合う（対話）。また，その箇所の音読も随時とり入れ，『うんと考えた』『そうだ，…』などの読み方を考えさせる。できごととともに，このようなスイミーを見て，自分はどう思ったのかをまとめさせ，交流すると深い学びとなる。

準備物

・『スイミー』の絵本
・（できれば）貼付用スイミーの切り抜きと，赤い魚の切り抜き（数枚）これで『大きな魚』『持ち場』とはどういうものか，を黒板上で表す。（第2時以降で使用のもの）

---

3 読む 対話する　スイミーが考えたことを読み取ろう。

「『だめだよ』と言われて，スイミーはあきらめたかな。」
　・『だけど』あきらめなかった。『何とか，考えなくちゃ』と考えた。『いろいろ』『うんと考えた』
「その場面を音読しましょう。」（数人に指名読み）

スイミーは何をしたのか，したことが書いてあるところに線を引きましょう。

いろいろ考えた。うんと考えた。

『さけんだ』もそうかな。そして，赤い魚たちに『教えた』。

「スイミーは，『何を』いろいろ，うんと考えたの？」
　・どうしたら，岩かげから出られるのか，その方法。

「スイミーが『叫んだ』方法とは，どんなこと？。」
　・『そうだ，みんないっしょに泳ぐんだ。』です。
　　『大きな魚のふり』は，挿絵も使って説明する。

---

4 まとめ 対話する　④の場面のできごとをまとめ，スイミーへの感想を話し合おう。

「スイミーが，『教えた』ことはどんなことか，書いてあるところを，みんなで読みましょう。」
　・『けっして　はなればなれに　ならないこと。みんな，もちばを　まもること。』（斉読）
「2つのことですね。はなればなれになったり，持ち場を守らなかったりすると，どうなるのかな。」
　・大きな魚の形にならない，できないと思います。
　　スイミーや赤い魚の切り抜きも使い，黒板でも説明。

④の場面でのできごと，あったことを，2つの文で書きましょう。

スイミーは，岩かげにいる赤い魚たちを見つけた。

スイミーは，岩かげから出る方法を考えて，大きな魚のふりをする方法を，みんなに教えた。

「このようなスイミーを見てどう思いましたか。」
　　『いい考え』『勇気』『かしこい』など，感想を交流し，まとめの音読をする。

本時の目標

「ぼくが目になろう」と言って，いっしょに大きな魚を追い出したスイミーたちの姿を読み取ることができる。

授業のポイント

最後の『朝のつめたい…』などの表現（情景描写）に気づかせる。
スイミーが『一匹だけ真っ黒』『泳ぎが速い』魚だけではなかったことを話し合う。

本時の評価

みんなで大きな魚を追い出した，スイミーたちの姿が読み取れている。

〈読取の範囲〉⑤の場面を読みます。結末が書かれ，お話の構成では「終わり」にあたるところです。

板書例

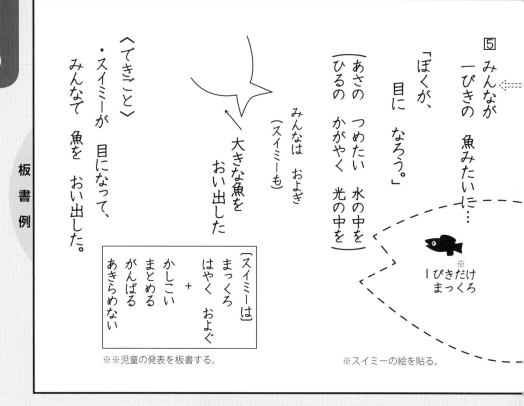

⑤ みんなが
　一ぴきの　魚みたいに…

「ぼくが，
　目に　なろう。」

（あさの　つめたい　水の中を）
（ひるの　かがやく　光の中を）
みんなは　およぎ
（スイミーも）

1ぴきだけ
まっくろ ※

※スイミーの絵を貼る。

大きな魚を
おい出した

〈てきごと〉
・スイミーが　目になって，
　みんなで　魚を　おい出した。

【スイミーは】
まっくろ
はやく　およぐ
＋
かしこい
まとめる
がんばる
あきらめない

※※児童の発表を板書する。

---

1 読む 対話する　大きな魚を追い出せたことを読み取ろう。

「①から④の場面までを，音読しましょう。」（斉読）

「『スイミーは教えた。』そしてどうなったのか，続きの⑤の場面を読みましょう。」

・みんなが，大きな1匹の魚みたいになって，大きな魚を追い出しました。よかった。作戦成功だね。
・まぐろも，スイミーたちのつくった大きな魚を見て，びっくりして逃げて行ったと思う。

「スイミーたちは，すぐに，『みんなが1匹の大きな魚みたいに，泳げるようになった』のでしょうか。どう思いますか。」

だいぶ練習したと思います。

スイミーもがんばって教えた。

かたまって同じ速さで泳ぐのは難しそう…。

水泳のシンクロナイズみたい。

簡単ではなく，練習も重ねたことを想像させる。

2 対話する　「ぼくが目になろう」を読み，スイミーについて話し合おう。

「みんなで，泳げるようになったとき，スイミーが言った言葉はどんな言葉ですか。みんなで…ハイ！」

・（声をそろえて）『ぼくが，目になろう。』

『ぼくが目になろう』と，『ぼくが…』と言ったのには，何かわけがありますか。赤い魚ではどうなのでしょうか。

目になれるのは黒いスイミーだけだから。

スイミーは，自分だけが黒いことを知っていたから目になると言った。

・目になるって，スイミーはうまいこと考えたなあ。
・スイミーがいなかったら，大きな魚ができなかったな。
　自分だけが他とは違うこと（黒いこと）を生かした，スイミーの姿と知恵に気づかせ，話し合う。

「このようなスイミーを見て，どう思いましたか。」
・かしこいなあ，リーダーみたい。

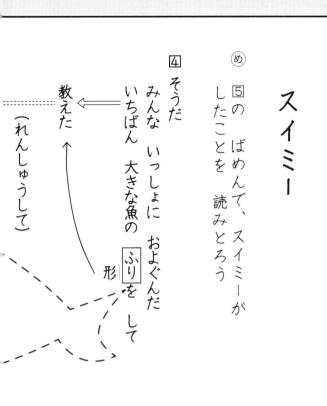

スイミー

め
⑤の ばめんで、スイミーが
したことを 読みとろう

④ そうだ
　みんな いっしょに およぐんだ
　いちばん 大きな魚の
　ふりを して
教えた ←
（れんしゅうして）
形

主体的・対話的で深い学び

・『ぼくが　目になろう』は，このお話の山場になる。大きな魚をみんなで作り，まぐろを追い出したスイミーたちの喜びを想像させる。そして，そのようなスイミーの姿を見てどう思ったのか，「えらいなあ」だけでなく，どこに，何に心をひかれたのかを話し合わせる。

・『昼のかがやく光の中を』など，魚たちの気持ちを表す情景の表現にも気づかせる。そのことが，深い学びや対話につながる。

・『みんなで協力すると，一つのことが成しとげられる』などと，教訓話に短絡させないよう配慮する。

準備物

・貼付用のスイミー，赤い魚の切り絵（第2時以降で使用のもの）
　（『ぼくが目になろう』のときに，スイミーを動かす）

・『スイミー』の絵本

---

3 読む 『あさの　つめたい　水の中…』の魚たちの姿を読もう。

「最後の文を読みましょう。」（斉読）

『あさの　つめたい　水の中を，ひるの　かがやく　ひかりの中を，みんなは　およぎ，大きな魚を　追い出した。』

スイミーたちが泳いでいるのは，どんなところですか。

『朝のつめたい水の中』です。

『昼のかがやく光の中』です。

　スイミーや魚たちの心情と重なる明るい安心の情景。児童の好きな文章である。指名読みもさせる。

「ここを読んで，どんな感じがしましたか。」
　・明るくて，みんな　気持ちよさそうです。好き。
　・大きな魚を追い出せてよかった。静かで平和です。

「まぐろにおそわれた後は？　どうでしたか。」
　・暗い海の底，スイミー1匹だけ。今はみんないる。
　　挿絵でも『目になったスイミー』を見つけさせる。

---

4 視写する まとめ できごとをまとめ，スイミーについて考えよう。

「『あさの　つめたい…』から後の文を，書き写しましょう。」
　よい文章は，写し書きもさせる。

ここでの，できごとは何か，文に書きましょう。

スイミーが目になって，みんなで大きな魚を追い出した。

「スイミーは，『1匹だけ真っ黒で，泳ぎの速い魚…』でしたが，ここでのスイミーを見てどんな魚だと思いましたか，書いて，話し合いましょう。」
　・ほかの魚と違う，まぐろを追い出す勇気がある。
　・どうしたらいいのか，考えたり教えたりできる魚。
　　　他にも，見通し力，リーダー性，組織力など，グループや全体で話し合う。

　　最後に，初めから音読，読み直して振り返る。

スイミー

第 8 時 （8/9）

本時の目標

お話の組み立て（構成）を考え，あらすじと，思ったことを『紹介文』にして書くことができる。

授業のポイント

これまでの「できごと」のまとめカードを活用する。
あらすじを書くための，できごとの振り返りは，効率よく進め，書く時間を十分に確保する。

本時の評価

お話の組み立てを考え，スイミーのあらすじと思ったことをもとに，『紹介文』を書いている。

板書例

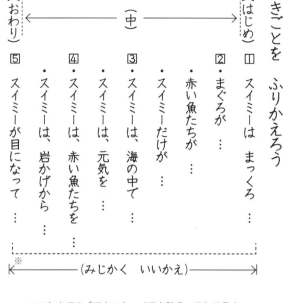

◇ できごとを ふりかえろう

（はじめ）
① スイミーは まっくろ …
② ・まぐろが …
・赤い魚たちが …
・スイミーだけが …

（中）
③ ・スイミーは、海の中で …
④ ・スイミーは、元気を …
・スイミーは、赤い魚たちを …
・スイミーは、岩かげから …

（おわり）
⑤ スイミーが目になって …

←――――――（みじかく　いいかえ）――――――→

※これまでの「できごと」メモを貼る。または書く。

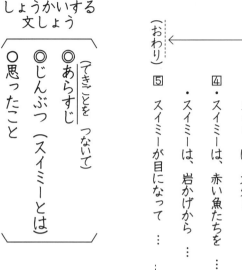

しょうかいする文しょう

（できごとを　つないで）
◎あらすじ
◎じんぶつ（スイミーとは）
○思ったこと

---

1 つかむ 対話する

「スイミーを紹介する文章」を書くというめあてをつかもう。

「『お話を読んで，紹介する』というのが，はじめのめあてでした。（教科書 P63 を見返す）今日は，『スイミー』をお家の人に紹介する文章を書きます。」

学習課題を忘れていることをふまえ，再度確かめ合う。

紹介するために，『スイミー』はどんなお話だったのか，振り返ります。どんなことがあって，次にどうなったのか，お話の流れを，順番に思い出しましょう。
まず，みんなで，音読してできごとを思い出しましょう。」

『広い　海の　どこかに…』

「これまで場面ごとに『できごと』を書いてきました。その紙を並べて振り返りましょう。初めの①の場面は『楽しくくらしていた。』②の場面では，『まぐろがつっこんできた。』『赤い魚たちが飲みこまれた。』『スイミーだけ逃げた。』でした。③の場面では，…」

『できごと』の用紙を順に並べ，流れを振り返る。

2 対話する 知る

流れを振り返り，全体を「はじめ」「中」「おわり」に分けよう。

「並べてみると，どんなできごとがあって最後にどうなったのかがよく分かりましたね。」

「このお話を3つに分けるとすれば，どこで分けられますか。①から⑤の場面を区切ってみましょう。」
・②の場面から，できごとがが始まっているから，①と②の間で分けられます。

教科書の『ながれの　たしかめ』（P 74 下）を見てみましょう。どのように分けているでしょうか。

『はじめ』『中』『おわり』の3つに分けています。

⑤の場面で解決したので，⑤は，お話の『おわり』かな。

このように，このお話は3つの部分の組み立て（構成）として見られることを教える。しかし，2年生では，まだ「構成」には関心がないので深く追究しない。

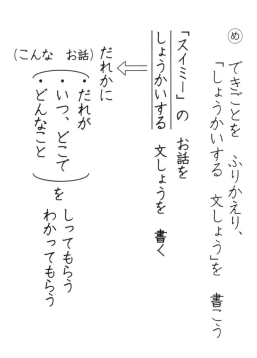

スイミー

め
できごとを ふりかえり、
「しょうかいする 文しょう」を 書こう

「スイミー」の お話を
しょうかいする 文しょうを 書く

だれかに ←
（こんな お話）
・だれが
・いつ、どこで
・どんなこと
を しってもらう
わかってもらう

主体的・対話的で深い学び

・このような紹介文などを書かせるとき、ただ「さあ、書きましょう」と、児童任せにしてしまっては、鉛筆が動かない…という児童も出てくる。だから、「書きましょう」だけではなく、課題や児童に応じて「こう書くのです」と教師が教えることも大事にしたい。児童から聞き出し、そのことを書かせてもよい。また、教科書の例文や、黒板に書いた文をそのまま写させるのも、「書く」という主体的な学習活動になる。まずは、実際に書いてみることを通して、「書き方」を知っていくのも、深い学びといえる。

準備物

・これまで場面ごとに書いてきた「できごと」のカード用紙

・「紹介する文章」を書く用紙（400字、原稿用紙など）
字数は、200〜300字程度

3 読む 知る 「あらすじ」とは何か知り、「紹介する文」の書き方を確かめよう。

「あったできごとを順に短く書いて並べていくと、どんなお話なのかがよく分かります。このお話を短くまとめたものを、『あらすじ』と言います。」
　・これまで、「あらすじ」を書いてきたんだね。

「『スイミー』のお話を、お家の人に教え、「紹介する文」を書くには、この『あらすじ』を書くといいのです。お家の人もよく分かるでしょう。」
　・あらすじを書くといいのか…。
「それから、『紹介する文』には、読んでよかったところや、心に残ったことも、書いておきましょう。」

教科書75ページ下に、紹介する『文章の例』があります。読んでみましょう。

あらすじが中心です、いちばん多く書いてあります。

出てくる人物、あらすじ、思ったことの3つを書いています。

4 書く 『スイミー』を紹介する文章を書こう。

では、『お話を紹介する』文章を書きましょう。

はじめは、1匹だけ真っ黒なスイミーのこと。

次に、まぐろがおそってきて…

そして、スイミーだけが逃げて…

　書く時間を、じゅうぶんとるようにする。『考えて書く』活動では、どんどん書き進められる児童がいる一方で、そうでない児童もいる。そのような児童への援助や手立ては欠かせない。

「はじめにはどんなことを書けばいいかな。そう、スイミーのこと、スイミーは、一匹だけ真っ黒で…」
　書くことがらを話させたり、ときには黒板に書いてやったりして、それを写させるのも1つの方法である。
　ノート、板書も参考にさせ、個別に指導もする。

「次の時間に、書いた文章を読み合いましょう。」

スイミー

本時の目標

「紹介する文章」を読み合い、よいところを見つけることができる。『スイミー』の学習を振り返ることができる。

授業のポイント

まず、「紹介する文章」を書けたことを評価する。振り返りやまとめは、できたこと、よかったことを話し合う。

本時の評価

「紹介する文章」を読み合い、『スイミー』の学習を振り返ることができる。

〈まとめ〉「紹介する文章」を読み合い、学習のまとめをします。振り返りでは、できたことやよかっ

板書例

```
レオ゠レオニの 本

  「フレデリック」
  「コーネリアス」
  「さかなは　さかな」
  　　など　いろいろ
  　　　　　読んでみよう
```

```
◇ふりかえろう

〔できたこと・よかったこと〕
・ようすが　わかることば
・あらすじ
・ともだちの　文しょう

〔たいせつ〕
あらすじを　まとめる
＝みじかい　文に　なおして　つなぐ
```

---

1 発表する／対話する 「紹介する文章」を読もう。

「前の時間に、スイミーを『紹介する文章』を書きました。その文章を読み合います。聞いた人は、<u>よく分かったところ、うまく書いているなと思ったところ</u>を伝えてあげましょう。」

　『紹介文』の読み合い、交流はいろんなやり方がある。ここでは、グループで聞き合った後、全体でも発表し、話し合う形にしている。他のやり方でもよい。

『スイミー』というお話のしょうかいをします。スイミーとは魚の名前です。1匹だけ真っ黒で泳ぎが速い魚です。なかまの赤い魚とくらしていましたが、ある日、まぐろが…

スイミーのことがよく分かります。

「ここがよかったよ、と教えてあげましょう。」

2 発表する／聞き合う 「紹介する文章」を、全体で聞き合おう。

「グループから1人ずつ、前で発表してもらって、みんなで聞いてみましょう。あとで感想を聞きますよ。」

　グループで選ばせるか、教師が指名するのもよい。
　また、いくつかをプリントしておいて読み合うのもよい。文が載った児童も喜び、励みになる。うまく書けている紹介文なら、生きた教材、参考にもなる。

……最後にスイミーが『ぼくが目になろう』と言って目になり、みんなでまぐろを追い出しました。楽しくくらしたと思います。ぼくは、スイミーが『大きな魚』を考えて、みんなと作ったので、かしこいなあ、よくできたなあと思いました。

・山本さんの「紹介の文章」を聞くと（読むと）、スイミーのすごいところがよく分かりました。思ったことも書いていました。

たことを出し合うようにしましょう。

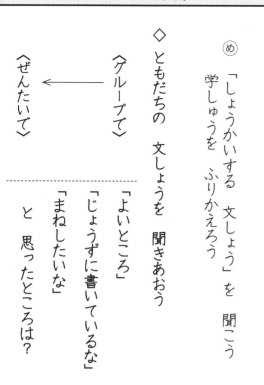

スイミー

め 「しょうかいする 文しょう」を 聞こう

学しゅうを ふりかえろう

◇ ともだちの 文しょうを 聞きあおう

〈グループで〉 →

〈ぜんたいで〉

- - - - - - - - - - - - - - - -

「よいところ」
「じょうずに書いているな」
「まねしたいな」
と 思ったところは？

🔍 主体的・対話的で 深い学び

・友達の書いた文章（ここでは，「紹介する文章」）を読むこと，聞くことが対話であり，深い学びでもある。聞きながら，「ここは，ぼくと同じだな」「ここは，まねしてみたい」などと，児童は頭の中で対話していることになる。また，児童が書いた文章のいくつかをプリントして読み合うと，文字を通してよく分かり，みんなで学習したという気持ちにさせられる。これも学びを深める活動の1つになる。

準備物

・前時に書いた『紹介する文』
（プリントしておいて，みんなで読み合うのもよい）

・レオ・レオニ作の絵本
（教科書 P76『この本，読もう』参照し，図書室から借り出しておく）

---

 3 振り返る 対話する できたこと，よかったことを話し合おう。

「この『スイミー』の勉強をしてきて，よかったなと思うこと，できるようになったことは，どんなことでしたか。」

> 『スイミー』のお話がとってもよかった。面白かった。最後がよかった。だから勉強してよかったです。

> あらすじって，分かりました。書くこともできました。

> グループとかみんなの前で，「紹介する文章」を読むことができて，よかったです。うれしかったです。

　まとめ，振り返りは2年ではいろいろ出る。「できたこと」「よかったな」と思えたところを出し合う。

「教科書の『ふりかえろう』も読み，何を勉強したのかを思い出して，できたことを確かめましょう。」

　教科書の『ふりかえろう』の文は，2年生には，分かりにくいところがあるので，配慮する。

---

4 振り返る 学びを広げる 「たいせつ」を読もう。本の紹介を聞こう。

「紹介する文を書くときに，あらすじも書きました。『たいせつ』（P76）に，あらすじの書き方が書いてあります。読んでもう一度，確かめましょう。」（斉読）

「ところで『スイミー』の作者は何という人でしたか。」
　・レオ・レオニです。きれいな絵もかいています

> レオ・レオニという人は，オランダの作家で『スイミー』の他にも面白い本をたくさん書いています。

> 『フレデリック』って，名前かな？

「『この本　読もう』にも出ていますよ。図書室や，町の図書館にもあります。」（本の名前を読む）
　・読んでみたいな。面白そう。絵もきれい。

　時間に応じて，読み聞かせをしてもよい。

かたかなの　ひろば

◉ 指導目標 ◉

・片仮名を書くとともに，文の中で使うことができる。

・語と語や文と文との続き方に注意することができる。

・今までの学習をいかして，進んで片仮名を使った文を書こうとすることができる。

◉ 指導にあたって ◉

① 教材について

　　片仮名には 1 年生の後半から触れてきていますが，中には読み書きがあやふやな児童もいます。平仮名や漢字に比べると，目に触れる頻度が少ないのが片仮名です。そのため，ここでは「スポーツの広場」の場面をとり上げ，日常ごく普通に使っているコートやプールなどの言葉は片仮名で表記することを学びます。現在，シャツやズボンなどの言葉は，ほぼ日本語に溶け込んでいます。ですから，日記などには「しゃつ」などと平仮名で書く児童もいます。どんな言葉を片仮名で書くのか，児童にとっては案外難しいことなのです。ここではスポーツという，外来語が多く使われている 1 つの分野を設定して，そこで片仮名表記する言葉を示し，読み書きに習熟させることを目指します。また，片仮名五十音表を常にそばに置き，時間をとって片仮名の文字そのもの (ンとソなど) を正しく書く練習や，シャッターのように長音，促音，拗音の混じった言葉の読み書き練習も必要です。

　　なお，バットやアウトはなぜ片仮名表記とするのか，その理由は 2 年生には難しいでしょう。「もとは外国の言葉らしい…」くらいのことは気づくでしょうが，上の学年で「外来語」などとしてきちんと学ぶようにします。

② 主体的・対話的で深い学びのために

　　片仮名で表記する言葉は，スポーツに関係する言葉の他にもたくさんあります。それを知っていくのは，1 つは「読むこと」を通してです。多くの言葉にふれる経験を通して，児童の頭の中に片仮名で書く言葉が入力されます。そして，日記や作文などで，片仮名を使って書くことが出力です。このような入力と出力の循環が深い学びとなります。ここでも，読みと書くことの両面を重視します。

　　そして，「この言葉は，片仮名で書くのだな。」と，片仮名で書くべき言葉を自分で判断し，正しく表現 (表記) できるようになる，またそういった学び方を身につける，ということが主体的な学習活動だといえるでしょう。もちろん，話し合い (対話) を通して，先生から友だちから表記の誤りなどを教えてもらったり，グループで片仮名言葉集めをしたりするなど，学びの形態は多様です。

知識 及び 技能	片仮名を書くとともに，文の中で使っている。
思考力，判断力，表現力等	「書くこと」において，語と語や文と文との続き方に注意している。
主体的に学習に取り組む態度	今までの学習をいかして，進んで片仮名を使った文を書こうとしている。

◉ 学習指導計画　　全 2 時間 ◉

次	時	学習活動	指導上の留意点
1	1	・教科書の「スポーツの広場」の絵を見て，片仮名で書かれた言葉を読んだり書いたりする。	・読み書きを通して，スポーツに関わる言葉には，片仮名で書く言葉が多いことに気づかせる。 ・長音，促音，拗音，濁音など，平仮名での表記とも対比して，正しい書き方をとらえさせる。
	2	・「スポーツの広場」の絵を見て，「リレー」などの片仮名言葉を使って,動物たちの「だれが」「何をしている」という文を書く。	・片仮名の言葉は書けるだけでなく，文の中で使えてこそ，学習の意味がある。主語,述語の入った短文を作らせる。 ・「片仮名五十音」もおさらいとして練習させ，確かなものにする機会とする。

📀 収録（イラスト）

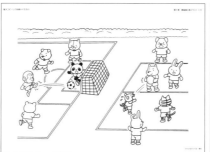
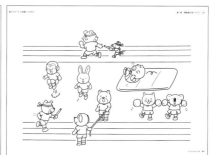

かたかなの ひろば

第 1 時 （1/2）

本時の目標
スポーツの場面の絵を見て，片仮名で書かれた言葉を読んだり書いたりできる。

授業のポイント
書く活動に時間をかける。マス目黒板も使って，拗音や，促音，長音，濁音の書き方も確かなものにする。
平仮名の表記とも対比する。

本時の評価
片仮名の言葉を，正しく読んだり書いたりすることができている。

板書例

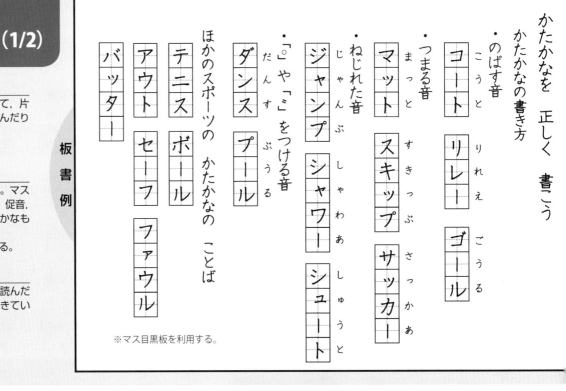

かたかなを 正しく 書こう

かたかなの 書き方
・のばす音
　コート　リレー　ゴール
　こうと　りれえ　ごうる
・つまる音
　マット　スキップ　サッカー
　まっと　すきっぷ　さっかあ
・ねじれた音
　ジャンプ　シャワー　シュート
　じゃんぶ　しゃわあ　しゅうと
・「っ」や「ゝ」をつける音
　ダンス　プール
　だんす　ぶうる

ほかのスポーツの かたかなの ことば

テニス	ボール	ファウル
アウト	セーフ	
バッター		

※マス目黒板を利用する。

---

1 めあて　話し合う　絵を見て，動物たちのしていることをお話ししよう。

『かたかなのひろば』のページを開けさせる。

「場所は…どこでしょう。何がありますか。」
　・運動場です。プールもあります。
　・サッカーコートもあります。
「そこに，たくさんの動物がいますね。」
「動物たちは，それぞれ，どこで，何を，していますか。見つけたことを，お話してください。」

「泳いだり，走ったり，サッカーをしたり…と，みんな何をしているのかな。」
　・いろんな運動です。スポーツです。楽しそう。

　　導入は短くまとめる。（5分以内）

---

2 読む　片仮名の言葉を，正しく読もう。

「そう，この広場には，スポーツをするときに出てくる言葉が，たくさん出ています。どんな言葉がありますか。」
　・サッカー，シャワー。
　・ゴールやタオルも。
　・みんな片仮名の言葉。
「片仮名の言葉が，たくさん出ています。読めますか？」

「次は，タオル。」（黒板の図を指すとよい）
　・タオル…

　　同様に，プール，サッカー，コート…と，教師に続いて読んでいく。

く書かせましょう。

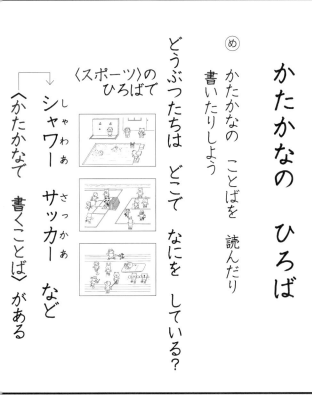

かたかなの　ひろば

め
かたかなの　ことばを　読んだり
書いたりしよう

どうぶつたちは　どこで　なにを　している？

〈スポーツ〉の
ひろばで

シャワー
さっかぁ
サッカー　など

〈かたかなで　書くことば〉が
ある

主体的・対話的で深い学び

・絵を見て，どの動物がどんなことをしているのか，見つけたことを言葉にして交流するのも，1つの対話となる。その中で，スポーツに関わる言葉の多くが，片仮名表記になっていることに気づかせる。どんな言葉が片仮名で表記されるのかを考えるとともに，正しく書くことができるよう，片仮名言葉の習得に主体的に取りくませる。

準備物

・黒板掲示用　3つの場面の絵　**DVD** 収録【2_14_01〜2_14_03】

・片仮名五十音表（必要に応じて）

---

3 書く　片仮名を使って，正しく書こう。

片仮名五十音表を配布しておくのもよい。

「今度は，ここに出てきたスポーツの言葉を，片仮名で正しく書いてみましょう。」

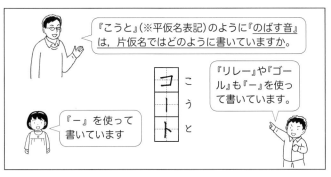

『こうと』（※平仮名表記）のように『のばす音』は，片仮名ではどのように書いていますか。

『リレー』や『ゴール』も『ー』を使って書いています。

『ー』を使って書いています

コート

こうと

それぞれが書く前に，黒板に書かせて確かめておく。
「『マット』や『スキップ』などの，『つまる音』はどのように書いていますか。」
・平仮名と同じように小さい『ッ』を書いています。

「では，のばす音や小さく書く字に注意して，片仮名の言葉を書きましょう。」（ワークシートかノートに）
　マス目黒板も使い，長音や拗音，促音の書き方を確かめて，片仮名の言葉を正しく書かせる。（板書参照）

---

4 話し合う　書く　スポーツで使う片仮名の言葉を見つけて書こう。

この絵の言葉の他にも，スポーツで片仮名を使う言葉を見つけて，ノートに書きましょう。

見つけた！ボールとかテニスもそう…。

野球では，バッターやピッチャーも片仮名で書くよ。

・野球では，アウト，セーフ，ストライクもそうだね。
・ファウルとか，ファースト，セカンドも片仮名だ。
・テニスでは，ラケットとかネット，サーブも。
・ピッチャーとか，書くのは難しいね。

「スポーツでは，片仮名で書く言葉がたくさんありますね。今，出てきた言葉も片仮名で書いてみましょう。先生が言った言葉を書きましょう。」
「初めは，『バッター』。はい，書きましょう。」

　教師の言う言葉を，片仮名で書かせる。

本時の目標

片仮名の言葉を使って，絵をもとにして，主語，述語の整った文を書くことができる。

授業のポイント

教科書の絵の場面を3つに分けて文を考えさせると，文も作りやすい。絵の中の言葉の他にも片仮名言葉を考えさせ，スポーツの言葉を広げる。

本時の評価

片仮名を使って，「だれが」「何をした」という文を書くことができている。

〈対話〉グループ内で作った文を見せ合う時間をとるのもよいでしょう。その際，「間違いさがし」

板書例

（ウ）

（イ）

うさぎがスキップしてきました。

（いぬ）「ゴールはもうすぐだ。」

（ねずみ）「くまくん、バトンをわたすよ。」

・さるがシュートしました。

・ねこがプールでおよいでいます。

・ねこがクロールでおよいでいます。

---

1 めあて 話し合う　絵をもとにして，「だれが」「何をしている」のか，お話ししよう。

前時に使った，3つの場面に分けた黒板掲示用イラスト（ア）（イ）（ウ）を黒板に貼る。

「この3つの場面の絵を見て，『だれが』『何をしている』ということを，短い文で言ってみましょう。」

例えば，（ア）の絵で『ぶたさんが…』だと…？

『シャワーをあびています。』かな。

「『ぶたが，シャワーをあびています。』という文ができましたね。この文には『シャワー』という片仮名言葉が入っていました。このように，片仮名の言葉も入れた文を考えるのです。」（2，3人発表させる。）

・『さるが，タオルで頭をふいています。』という文ができました。片仮名言葉は『タオル』です。

2 書く　片仮名の言葉も入れて文を書こう。

文の材料にする場面は，（ア）（イ）（ウ）のどれかを選ばせてもよいし，グループごとに決めてもよい。

（イ）や（ウ）の場面からも，お話が作れそうです。今度はそれを文に書いてみましょう。片仮名言葉を入れましょう。

シュート

できた。『さるが，シュートしました。』これを文に書くんだね。

『シュート』『キック』『クロール』など，絵にはない片仮名言葉も使ってよいこととする。短文は，主語と述語がそろっていることを原則にして書かせる。

「『シュート』はどう書くのか，黒板で書いてもらいましょう。」
（絵にない言葉は板書で確かめる。）

ややこしい拗音，促音，長音の言葉は，とり上げて指導する。片仮名五十音表も黒板に貼っておくとよい。文中で使った片仮名言葉は，赤で囲ませておく。

ではなく，「いいところ見つけ」という視点で行わせましょう。

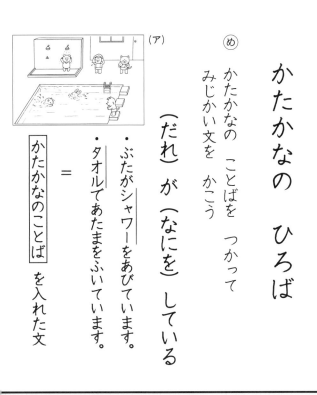

（ア）

め
かたかなの ことばを つかって
みじかい文を かこう

（だれ）が（なにを）している

・ぶたがシャワーをあびています。
・タオルであたまをふいています。

かたかなのことば ＝ [かたかなのことば] を 入れた文

かたかなの ひろば

🔍 主体的・対話的で深い学び

・文に書くことを通して，スポーツに関わる場面では，片仮名で書く言葉が多いことに気づかせる。そのことが『これは，片仮名で書く言葉だな。』などと，主体的な判断ができる力のもとになる。

・作った文は，グループ内で見せ合う（対話）時間をとるのもよい。その際，『間違いさがし』ではなく，『いいところ見つけ』という視点で行う。書き誤りなどの指摘，指導は，基本的に教師との個別の対話の中で行う方がよい。

・絵の中の言葉以外の片仮名の言葉も見つけさせ，広げ深める。

準備物

・黒板掲示用　3つの場面の絵　💿 収録【2_14_01〜2_14_03】

・短文を書く用紙を用意してもよい。（グループで見せ合いやすい）

---

3 書く 発表する　書いた文を，発表しよう。

　児童によって書きグセがある。『ごーる』や『ゴウル』，『キツク』『キヤッチ』などの書き誤りを中心に見て回り，「こう書くのだよ」と個別に指導する。

「竹田さんは，『バトンを持ったいぬが，ゴールに走ってきました。』という文を作りました。片仮名の言葉を2つも入れています。このように，片仮名言葉を2つか3つ使った文も作れるといいですね。」

　発表は，グループ内で見せ合い，交流してもよい。

発表しましょう。まず（イ）の場面で作った人からです。

犬がボールをキャッチしました。さるが，ボールをキックしました。

うまく作ったね。カタカナが2こずつ入った文になっている。

「次は，（ウ）の場面の文を発表しましょう。」
・『うさぎが，スキップしてこちらに来ました。』
・『コアラとねこが，ダンスをして応援しています。』

4 書く 発表する　動物たちの『言っている言葉』も考えて書いてみよう。

「今度は，動物たちがどんなことを言っているのか，そのせりふを思い浮かべて，書いてみましょう。片仮名の言葉も入れましょう。」
「例えば，ジャンプしているさるだったら…？」
・『ぼくのジャンプ，すごいだろ。』かな？

　時間を区切って，文づくりをさせる。後で発表。
　せりふを言っている動物名をはじめに書かせる。

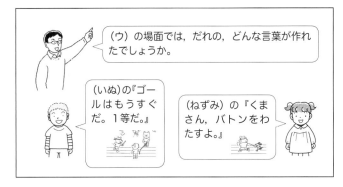

（ウ）の場面では，だれの，どんな言葉が作れたでしょうか。

（いぬ）の『ゴールはもうすぐだ。1等だ。』

（ねずみ）の『くまさん，バトンをわたすよ。』

「たくさんの片仮名言葉を書くことができました。」

　児童に『思ったこと』を発表させて終わる。

〔じょうほう〕 メモを とる とき

◎ 指導目標 ◎

・必要な事柄を集めたり確かめたりすることができる。
・言葉には，事物の内容を表す働きがあることに気づくことができる。
・粘り強く必要な事柄を集め，今までの学習をいかして知らせたいことをメモに取ろうとすることができる。

◎ 指導にあたって ◎

① 教材について

　2年生になると，「生活科」での見学も多くなります。その際，お話を聞いてノートにメモしますが，2年生の児童は「聞いた文章」一言一句をそのまま書こうとします。そして，結局「もう一度，言ってください。」となってしまうのです。これではメモとは言えないのですが，ここに，メモのよさを2年生に気づかせる難しさもあります。本単元では，そのようなメモをとることの意味と，とり方を教えます。メモをとるのは，聞いたことを忘れないためであり，メモしながら聞く人が多いのは，集中して聞くことができるからです。何より，速く書けて目にも入りやすい，という利点があります。メモの事例を調べ，そのようなメモの効用に気づかせるとともに，メモの書き方や工夫についても，実際にメモを書いて確かめます。

　高度なメモもありますが，2年生では持ち物メモのように，まずは，大切な事柄を選び，文章ではなく短い言葉（単語でも）を基本にして書く，ということを目あてにしたいと思います。そこから，また『簡単な見出しをつける』など，メモの工夫をする児童も出てくるでしょう。

② 主体的・対話的で深い学びのために

　2年生なら，お使いなどでメモを書いたり，メモを持って買い物をしたりした経験もしています。こんな日常の場面でもメモを使って生かすことが大切です。他にも伝言や，新聞，テレビからの情報を集めるときにもメモは有効です。このような実際的な場面で「メモしておこう」と考え，使えることが主体的な学びです。

　また「朝の会」などで，児童が，『見つけたもの』をお話する時間を設けているクラスもあります。こんなときメモを作らせることは，『整理して話す』という深い学び方につながります。これは，メモを通した対話でもあり，メモを見てきちんと話すということ自体，主体的な言語活動です。習慣化すると大きな力になります。

◉ 評価規準 ◉

知識 及び 技能	言葉には，事物の内容を表す働きがあることに気づいている。
思考力，判断力，表現力等	「書くこと」において，必要な事柄を集めたり確かめたりしている。
主体的に学習に取り組む態度	粘り強く必要な事柄を集め，今までの学習をいかして知らせたいことをメモに取ろうとしている。

◉ 学習指導計画　全3時間 ◉

次	時	学習活動	指導上の留意点
1	1	○ 学習の見通しを持つ。 ・メモを書いてきた経験を話しあい，メモの役割やよさについて話し合う。 ・教科書の例をもとに，メモの書き方や工夫していることを調べ，話し合う。	・よいメモを書く学習であることを伝える。 ・「生活科」での見学やお家での買い物，伝言の場面などを振り返らせる。 ・日づけなどを書き，事柄を短い言葉（単語でも）で書いていることに気づかせる。
2	2	・教室の中で，お家の人に知らせたいものを決めて，そのことをメモに取る。	・「何を」知らせたいのかを話し合わせ，知らせるのにふさわしいものを考えさせる。
	3	・書いたメモを，自分で見返す。 ・メモを友達と読み合い，よいところを伝え合う。 ・学習の振り返りをする。	・日づけなど，メモの基本とともに抜け落ちや，書き足しはないか，確かめさせる。 ・回し読みをして，うまくメモがとれているところを教え合わせる。 ・学習のまとめとして，メモを書くときに気をつけたことを話し合わせる。

◇ 本単元は，教科書の事例のような，見学を伴う学習に合わせて計画を立てることもできます。

◇『朝の会』などでの『発表』（知らせたいこと）に使うメモを書かせてもよいでしょう。あるいは，図工や遠足などの持ち物メモや，明日の準備物メモも実際的でよいでしょう。

本時の目標

これまでメモを書いた経験や教科書の事例などから，メモの役割や書き方が分かる。

授業のポイント

児童がメモをとった経験と，教科書に書いてあるメモの取り方とをつないで考えさせる。

本時の評価

これまでメモを書いた経験などから，メモの役割や書き方が分かっている。

板書例

〈メモ〉実際にメモを取る活動を取り入れます。教科書に書いてあるポイントと経験を結びつける

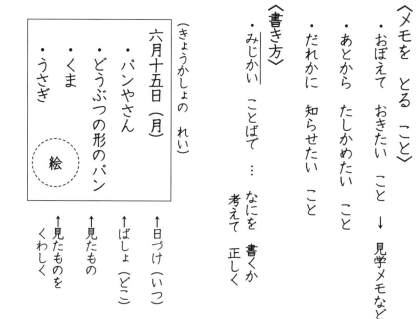

〈メモを とる こと〉
・おぼえて おきたい こと ↓ 見学メモなど
・あとから たしかめたい こと
・だれかに 知らせたい こと

〈書き方〉
・みじかい ことばで … なにを 書くか
　　　　　　　　　　　考えて 正しく

（きょうかしょの れい）

六月十五日（月）
・パンやさん　　↑日づけ（いつ）
・どうぶつの形のパン　↑ばしょ（どこ）
　・くま　　↑見たもの
　・うさぎ　↑見たものを くわしく

絵

---

1 出し合う 対話する

メモをとった経験や場面を思い出し，話し合おう。

「メモって，知っていますか。また，これまでに書いたことはありますか。」

・生活科で町探検に行ったとき，お店で聞いたお話をメモしておきました。見つけたこともあります。
・お話なんかを短く簡単に書くことがメモです。

では，どんなときにメモをとったのか，お話してください。

生活科で『ザリガニの観察』をしたとき，見つけたことをメモしました。

お母さんに買い物を頼まれたとき，買ってくるものを小さい紙にメモしました。

「反対に，メモをとるとき，困ったことや難しく思ったことは，なかったでしょうか。」

・メモが長くなって，お話が全部書けませんでした。
・後で見ると分からないところがありました。

2 とらえる 話し合う

学習のめあてを聞き，メモの役割について話し合おう。

「これまでも，メモをとったり使ったりしてきました。また，うまく書けなかったこともあったのですね。これから，メモについてメモのよいところや，よいメモのとり方を勉強していきます。」

　　学習課題を伝える。

「学校では，生活科での見学のときに，よくメモをしましたね。メモは役に立ちましたか。」

　　メモの役割，使い道について経験をもとに話し合う。

見学で見たものも，メモを見るとあとで思い出せました。

『ザリガニの観察』では，メモを見ながら，発見を発表できました。

お家に帰ったとき，お母さんからのお伝えのメモが机に置いてあります。

ことが大切です。

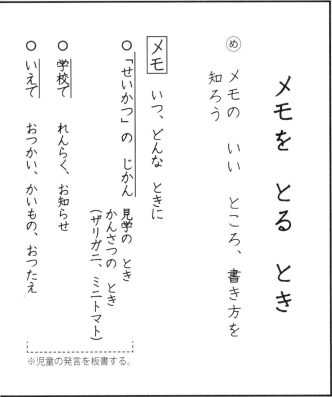

メモを とる とき

め メモの いい ところ、書き方を 知ろう

メモ いつ、どんな ときに

○「せいかつ」の じかん
　　かんさつの とき
　　（ザリガニ、ミニトマト）
　　見学の とき

○ 学校で　れんらく、お知らせ

○ いえで　おつかい、かいもの、おつたえ

※児童の発言を板書する。

🔍 **主体的・対話的**で**深い学び**

・メモの効用や書き方について学ぶ。そのとき，まずは，うまくメモできなかったことも含めて，それぞれの児童からメモをとった経験を引き出すようにする。自分の体験とつなぎながら何かについて話す，発表するということは，『話し方』の学びでもある。

・教科書を読み，メモの役割を知ることは大切だが，このような経験をふまえた対話によって，深い学びとなり実用的なものになる。

準備物

③ 読む・対話する　教科書の例を見て，メモの書き方や工夫について確かめよう。

「はじめに，これまでも書いてきたメモとはどんなものなのか，教科書で確かめておきましょう。(P78)」

「先生が読みます。さあメモとは，何でしょう。」
　　ゆっくり範読しその後音読，黙読して線を引く。

「どんなことを，メモにとると書いてありますか。」
　・覚えておきたいことがあるときです。
　・あとから確かめたいことや，だれかに知らせたいことがあるときも，メモをとると書いてあります。

例えば，『覚えておきたいこと』とは，どんなときにするメモなのでしょう。

図工の用意も，メモがないと忘れてしまいます。覚えておきたいときです。

覚えておきたいことは，お店で聞いたお話です。

『確かめたいこと』などについても経験を話し合う。

④ 読む・とらえる　メモの書き方や工夫を確かめよう。

「メモの書き方は，どう書いてありますか。」
　・『みじかい言葉』で書く。
　・メモに書くことは何かを考えて，正しく書く。

「町たんけんのときの絵が出ています（P78上）。どんなことを見つけて，メモしたのでしょうか。」
　・パンやさんで見つけたもの。知らせたいことです。

教科書79ページ上の，そのときのメモを見てみましょう。何をメモに書いているでしょう。

どんなパンがあったのかもメモしています。動物の形のパンで，くまとかうさぎとか，絵も描いています。

『6月15日（月）』という，行った日です。『パン屋さん』は，行ったところです。

「短い言葉で見たものをメモしています。でも，『パン屋さん』『くま』だけでも何のことか，分かりますね。行った日やどこへ行ったのかも大事なことです。」

本時の目標

教室の中から知らせたいことを決め，メモをとることができる。読み合ってメモのとり方を確かめることができる。

授業のポイント

『ミニトマトの観察』などでもメモをとっている。そのような経験とも考え合わせて，メモをとるようにさせる。

本時の評価

教室の中から知らせたいことを決め，メモをとることができている。

〈対象物〉教室の中にある『知らせたいもの』は，クラスに応じて選ばせます。難しい場合，メモ

板書例

◇ 知らせる メモを 書いてみよう
〈みじかい ことば〉で

1 日づけ

2 知らせたい こと、ばしょ（だい）

3 ようすが わかる こと
　・ミニトマトの 花の 数
　・ザリガニの だっぴ
　・学きゅうぶんこの にんきの 本

※児童の発言を板書する。

◇ メモを 見て、つたえあおう
　・うまく 書いて いる ところ
　・よく わかる ところ

◇ ふりかえろう
　・メモを 書く ときに 気を つけた こと

（第2時）

1 つかむ・対話する
メモを書く活動をすることをとらえ，何をメモするのか話し合おう。

「今日は，実際にメモをとってみて，メモの書き方を勉強しましょう。」

「教科書を見てみましょう。（P79 上）何をメモするのか書いてあります。読んでみましょう。」（音読）
　・『教室にあるものの中から，お家の人に知らせたいものを決めて』とあります。知らせるためのメモです。

「すると，何を知らせるのかを決めなくてはなりませんね。知らせたいものはありますか。」

教室の『今週のニュース』の掲示板のことです。面白いから…。

教室で飼っているメダカのことことです。世話していることも。

ザリガニやミニトマトのことも知らせたいです。

メモをとる用紙を配布する。

2 書く
知らせるためのメモを書いてみよう。

「まず，これはお家の人に知らせたい，というものを決めましょう。」（決まりにくい児童には援助する）

「メモをとりますが，何をメモすればよいのか，振り返っておきましょう。まず，メモするのは何かな。」
　・日づけです。今日の日づけかな。
　・それから，『パン屋さん』のように，何のことを知らせるのかもメモしておきます。

「そして，知らせたいものの様子です。何を話したら様子がよく分かるのかを考えてメモするのです。」

では，まず『日づけ』と『何のことなのか』をメモしましょう。そして，そのものの様子で知らせたいことをメモしましょう。

ぼくは，メダカのことをメモしよう。12匹いること，卵を産んだこと，それから，水替えなんかの世話のことも…

しやすいものをいくつか決めてもよいでしょう。

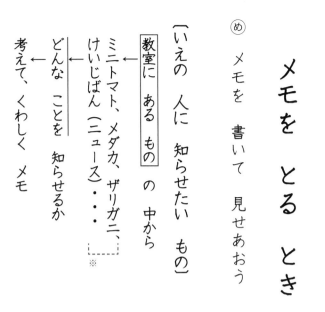

メモを とる とき

め メモを 書いて 見せあおう

〔いえの 人に 知らせたい もの〕

教室に ある もの の 中から

ミニトマト、メダカ、ザリガニ、けいじばん（ニュース）・・・ ※

どんな ことを 知らせるか ←

考えて、くわしく メモ ←

※クラスに応じて、児童の発言から板書する。

主体的・対話的 で 深い学び

・自分が知らせたいことを知らせるためのメモを書く学習である。対象物の何を知らせるかは、児童によって違ってくる。それが個性や主体性の表れでもある。新聞記者も同様で、何を見て、何をメモするかには違いが出てくる。「自分なら何を」についても、2年生なりに考えさせたい。同時に、ここでは「短い言葉で」など、「どのようにとるのか」というメモを取るときの基本は、どの児童にも分からせる。そして、実際の場で使えるようにすることが大切になる。

準備物

・メモを書くためのメモ用紙

（第3時）

3 見直す 確かめる 書いたメモをみて確かめよう。

「前の時間に書いた<u>メモを見返して</u>みましょう。書き足しておきたいことはないでしょうか、また、文ではなく、<u>短い言葉で書いて</u>いますか。」

書いたメモを見返し、もれや誤りがないか確かめる。

「日づけや場所のことはぬけていませんか。お家の人が聞いてもよく分かるメモになっていますか。」

・はーい！

早く書けた児童には2つ目のメモを書かせてもよい。

4 読む 交流する 書いたメモを見せて読み合い、話し合おう。

「今度は、書いたメモを友達と見せ合いましょう。」
「メモを見せ合って、『ここは、うまくメモを書いているなあ』と思ったところを教え合いましょう。また、『こんなことも知らせるといい』ということがあれば、それも話し合いましょう。」

グループなどで、回し読みをする。読み合ったメモのよいところを伝え合う。

「このメモをもとに、お家の人に話してみましょう。」

読み合った後、短い言葉で書くことなど、<u>メモを書くときに気をつけたこと</u>を話し合い、まとめをする。

こんな もの, 見つけたよ
〔コラム〕丸, 点, かぎ

◉ 指導目標 ◉

・句読点の打ち方, かぎ(「　」)の使い方を理解して文や文章の中で使うことができる。

・事柄の順序に沿って簡単な構成を考えることができる。

・文章に対する感想を伝え合うことができる。

・文と文の続き方に注意しながら, 内容のまとまりが分かるように書き表し方を工夫することができる。

・事柄の順序に沿った構成を粘り強く考え, 学習の見通しをもって, 組み立てを考えて文章にまとめようとすることができる。

◉ 指導にあたって ◉

① 教材について

　2年生になり, 活動範囲が広がるとともに体験することも増えます。学習では,「生活科」での『町たんけん』など, 校外で体を通して学ぶ機会もあります。本単元は, それら, 見たり聞いたりしたことの中から知らせたいことを選び, 伝える文章を書くという学習です。学習を通して, メモを取ることや, 読み手に分かりやすい文章の組み立て方も学ばせます。また, 聞いた言葉をそのまま, かぎ(「　」)を使って書く表現方法も, 伝える文章ではよく使われます。そのため, 『かぎ』や句読点の正しい使い方も教えます。ただ慣れも必要ですので, 今後も指導を続けます。

　低学年の児童は, 自分の思いが先行しがちです。しかし, 見たことやしたことを思いついたままに書き連ねては, 伝わる文章にはなりません。ここでは, 例文も参考にして, 書き出し(はじめ)やまとめ(おわり)をどう書くかなど, 文章の初歩的な組み立て(構成)を考えて書かせるようにします。ただ, 伝える文章の中心は, 見たこと聞いたことの具体的な事実を書く(提示する)ことで, これが不十分だと伝わる文章にはなりません。

② 主体的・対話的で深い学びのために

　「何を書けばいいの」と, 何を見つけるのかが1つの山です。個人差もあるので, 児童任せにするには難しさもあります。その点,「生活科」での『町たんけん』や『○○の見学』, また校外学習や自然観察など, クラスみんなで観察や取材, 調べ学習をする機会とつなぐのもよい方法です。共通のテーマや題材を設定して書くと, 児童どうしの共通体験があるので, 話し合いもかみ合います。題材は同じでも, 主体性は損なわれません。児童それぞれの目の付け所や, 書きぶりは違ってくるからです。

◉ 評価規準 ◉

知識 及び 技能	句読点の打ち方，かぎ（「 」）の使い方を理解して文や文章の中で使っている。
思考力，判断力，表現力等	・「書くこと」において，事柄の順序に沿って簡単な構成を考えている。 ・「書くこと」において，文と文の続き方に注意しながら，内容のまとまりが分かるように書き表し方を工夫している。 ・「書くこと」において，文章に対する感想を伝え合っている。
主体的に学習に取り組む態度	事柄の順序に沿った構成を粘り強く考え，学習の見通しをもって，組み立てを考えて文章にまとめようとしている。

◉ 学習指導計画　全 10 時間 ◉

次	時	学習活動	指導上の留意点
1	1	・『こんなものを見つけた』という経験を話し合い，学習課題と学習の進め方を確かめる。	・学習課題は『組み立てを考えて書き，知らせよう』とし，文例も参考にする。
2	2	・文例も参考にして『見つけたもの』を書きとめるためのメモの取り方を，調べる。	・『町たんけん』では目だけでなく，手や耳など五感を使うことに気づかせる。
	3・4	この時間は，『知らせたいこと』を見つける活動として，「生活科」とも関わらせ，校外での『町たんけん』などを行う。また，書いて知らせるためのメモを取る。	
3	5	・『町たんけん』で見つけたものを発表する。 ・『組み立て』とは何かを調べ，メモを見直す。	・はじめ，中，終わりの３つのまとまりと順序で書くことに気づかせる。
	6・7	・自分のメモを見直して，書くことを，はじめ，中，終わりに整理し直して書き直す。 ・『組み立てメモ』を友達と読み合う。	・表にして，メモの補足や手直しをさせる。また，読んで感想を述べ合うことにより，よいところを学び合わせる。
4	8	・丸（。），点（、），かぎの使い方を知り，正しく使えているか，自分のメモを見直す。	・どんなところで使うのか，また使い方を話し合う。視写もして確かめる。
	9	・『組み立てメモ』をもとにして，見つけたものを知らせる文章を書く。	・『敬体で書く』など，文章化するときの『書き方』（約束事）に気づかせる。
	10	・書いた文章を友達と読み合う。 ・学習を振り返り，まとめをする。	・よかったところを中心に，感想を述べ合わせる。 ・できるようになったことを振り返る。

◇知らせるための材料（題材）を見つける活動として，ここでは『町たんけん』を考えています。3，4時はそのための時間です。ここは，学校の実情に合ったやり方ですすめてください。

💿収録（児童用ワークシート見本）※本書 P179「準備物」欄に掲載しています。

本時の目標

「組み立てを考えて書き，知らせよう」という学習課題と，学習の進め方が分かり，見通しをもつことができる。

授業のポイント

児童の体験を引き出す。学習課題や学習の進め方については，教科書も使って見通しがもてるようにする。

本時の評価

学習課題と，学習の進め方が分かっている。

板書例

〈相手意識〉誰に，どんなことを知ってほしいのかを明確にします。相手意識をもつことで，何を

〈ささきさんの 文しょう〉を 読んで
○見つけた ことは？
　きれいな 花が さいた 木
　（さるすべりの 木）
○どこで？
　公園で　　→　書いて「知らせよう」

〈学しゅうの すすめ方〉
① 見つけた ものを 書きとめる →メモ（つぎの 時間）
② 組み立てを 考える
③ 書いて 読みかえす
④ みんなで 読む かんそうを つたえる

---

1 めあて つかむ 「知らせたいな」と思うことを文章に書く勉強をすると知ろう。

「これまでも，日記や朝の会で，自分が見つけたことを書いたり，話したりしてきました。」

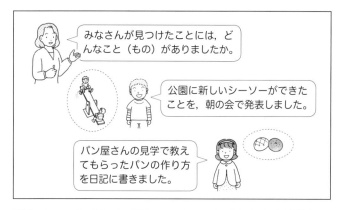

みなさんが見つけたことには，どんなこと（もの）がありましたか。

公園に新しいシーソーができたことを，朝の会で発表しました。

パン屋さんの見学で教えてもらったパンの作り方を日記に書きました。

「『今日のできごと（日記）』では，できごとを書く勉強をしました。メモの取り方も知りました。」

「ここでは，自分が見つけたもので『こんなもの，見つけたよ』と知らせたいものを，文章に書く勉強をしていきます。」
　・難しそう…。何を書けばいいのかなあ。
　・知らせるって，どう書けばいいのだろう。

2 読む 調べる どんなことを学んでいくのか，教科書を読み，話し合おう。

「『知らせる』って，どんな勉強をするのか，教科書 80 ページでもう少し詳しく見てみましょう。」

「はじめの文章（リード文）に，することが書かれていますよ。読んでみましょう。」（範読・斉読）
　・『町の中をたんけんすると，・・・』

どんなことをするのか，近くの人と話し合ってみましょう。

『町たんけん』をして，書くことを見つけます。

知らせたいなと思うもの，見つかるかなあ。

見つけたものを，文章に書いて知らせます。

「分からないことはありましたか。」
　・『組み立てを考えて，・・・』と書いてあります。この『組み立て』とは，何のことですか。
「そのことも，これから勉強していきましょう。」

どのように伝えるのかを考え，まとめることができます。

〈板書〉

こんな もの、見つけたよ

め　組み立てを 考えて 書き、知らせよう

〈すること〉
・町たんけんを して
・おもしろいな を 見つけて
　　　組み立てを 考えて 書き
・文しょうに して
・ともだちに 知らせる

主体的・対話的で 深い学び

・対話には，話し合って答えを見つけていくような『深める対話』がある。一方，児童それぞれの体験や考えを出し合う対話もあるが，これは『広げる対話』だと言えよう。
・本時のはじめに，これまで見つけたものを発表したり書いたりした経験を話し合い，聞き合う。これは『広げる対話』であり，『ああ，あんなことも書けるな』などと，視野を広げる対話だと言える。だから，対話という学習活動も『何のために』という目的をふまえて行うようにする。

準備物

・日記を書かせているのなら，準備させておく。
　（はじめ〈導入〉の振り返りに使う）

3 読む 話し合う　どんな文章を書くのか，教科書の例の文章を読もう。

「『知らせる文章』とか『組み立て』ってどんなものか，分かりにくそうですね。そこで，まずどんな文章を書くのかを見てみましょう。83ページです。ささきまなさんが書いた文章です。読んでみましょう。」
　　まず，一人で黙読。あと斉読する。

どこの，何のことを書いていましたか。

公園で，サルスベリの木を見つけたことです。

ささきさんが，見つけた『知らせたいこと』です。

「読んで，思ったこと，感想はありましたか。」
・サルスベリの木，わたしも見てみたいと思いました。
・ぼくにも書けそう，と思いました。

4 読む 対話する　学習の進め方を話し合おう。

この文章を書くまでに，ささきさんは，まず何をしたと思いますか。

公園へ行ってサルスベリの木を見つけています。

それで，そのことを書いて知らせようとしました。

「そうです。ささきさんは，まずこのサルスベリを『町たんけん』で見つけたのです。」
「その次に何をするのか，教科書（P80下）の『がくしゅうのすすめ方』を読みましょう。」
　・1は，『見つけたものを書きとめる。』です。
　・2は，『組み立てを考える。』文章の組み立てかな。
　　　同様に，3，4ですることも読み合う。

「まず，知らせたいことを見つけて，書きとめることが，始めの1ですね。次の時間に書きとめ方（メモ）を勉強しましょう。」

こんな もの, 見つけたよ

第 2,3,4 時 (2,3,4/10)

本時の目標

『町たんけん』などで見つけた
ものを書きとめるための，メモ
の取り方が分かる。
「町たんけん」でメモが取れる。

授業のポイント

『メモをとるとき』の学習も振
り返りながら，教科書のメモを
例として話し合う。
町たんけんでは，メモの取り方
の個別指導もする。

本時の評価

メモの取り方が分かり，「町た
んけん」でメモを取ることがで
きている。

板書例

◇「町たんけん」では，知らせたい ことを
　見つけて メモしよう

◇「町たんけん」では，知らせたい ことを
　見つけて メモしよう

〈書き方〉
○みじかい ことばで　・をつけて
　「・くじらこうえん」
　「・つるつる」
　「・白い花の木」　など

（メモには）

◎ 木の こと
○ どこで＝公園で
○ 何を 見つけたのか＝花の さいた 木を

◎ 木の こと
・くわしい ばしょ
・花の 色
・みきの ようす
・木の 本数
・ほかに

て（耳）
て（目）
て（手）
て（目）

（第2時）

1 対話する つかむ
『知らせる文章を書く』ために始めにすることを考えよう。

「ささきさんは，『知らせる文章』を書くまでに，まず，何を
していましたか。」
・公園へ行きました。そこで木を見つけました。

（サルスベリの）木を見つけただけでしたか？
他にしたことは，何だったでしょうか。

分かった。メモを取りました。
あとで文章が書けるように。

？？何だろう，
何をしたのかな。

忘れない
ためです。

「そうですね。見たことを思い出して書いたのではなく，まず，
見つけた木のことをメモしています。それが，①の『見つ
けたものを書きとめよう』です。」
・メモのことは『メモをとるとき』（教科書 P78,79）で，
　勉強しました。短い言葉で書きました。

2 読む 調べる
メモの取り方を教科書で調べよう。

「『町たんけん』に行ったときにもメモを取ります。そのとき，
すぐにメモが取れるように，何をどう書いたらよいのかメ
モの取り方を調べましょう。」
「81ページに，ささきさんが書いたメモがあります。」

メモには，どんなことを書いてい
るでしょうか，読んでみましょう。

『きれいな花がさいている木』
は，題かなあ。『見つけたもの
は何か』を書いています。

『くじらこうえん』
は，木を見つけた
場所。『ブランコの
後ろ』は，もっと
くわしい場所です。

・木の幹のこともメモしています。『つるつる』とか…。
・花の色，木の本数も書いています。

「このように書くと，きれいな花が咲いていた木（サルスベリ）
がどんな木なのかよく分かりますね。」
・はい，花の色とか，木の本数とか，手触りも。

たんけん』を行います。そこで，メモを取ります。

こんな もの、見つけたよ

め　メモの 書き方を 知って、「町たんけん」で
　　見つけた ものを メモしよう

《ささきさんの したこと》
公園で
ー 木を 見つけて　　↕　「知らせたい」と
　（さるすべり）　　　　思って
2 　メモ をとった
←
〈メモ の 中み〉＝ 何を メモするか

主体的・対話的で深い学び

・低学年の学び方として，『体を通して』ということがある。自分の手や目を使って，対象物にじかに働きかける活動である。外での遊びもそうだが，実際，虫とりや『○○づくり』，また『○○探し』などに児童は夢中になる。このような活動こそが，児童本来の主体的活動であり，多くのことを学んでいる。

・大切なことは，本物，実物に触れることで，ここでの『町たんけん』も，バーチャルな映像や画像では意味がない。におい，手触り，音など，全感覚を通した学びを大切にしたい。

準備物

・メモをとるための用紙か，ノート

---

3 対話する　何をメモするのか，書くことを確かめよう。

まとめてみましょう。メモに書くことは何かというと？

題かな。『何を見つけたのか』ということ。

それに，『どこで』というみつけた場所もです。

それに，木のことで見つけたことで，形や触った感じなんかもメモしておきます。

　メモについて，発表をもとに板書で整理する。
　メモで大切なのは，見つけたものについて，目や手触りなど五感を使ってとらえた具体的な事実を，言葉と数で書いておくことを伝える。

「メモは，長い文ではなく，短い言葉で書きましたね。その方が，はやくたくさんのことが書けますよ。」
　・ささきさんのメモも，『くじら公園』とか『白い花の木』とか短い言葉で書いています。

　『メモをとるとき』（教科書 P78,79）も見て振り返る。

（第3・4時）

4 町探検 メモを取る　『町たんけん』で，『知らせたいこと』を見つけて，メモを取ろう。

『町たんけん』では，見たことだけでなく聞いたこともメモしましょう。目と耳，鼻，手も使うのですよ。では，『町たんけん』に出かけます。そして，『（おうちの人や友達に）』知らせたいこと』を，見つけましょう。メモもしましょう。

わーい

【『知らせたいもの』を，見つける活動について】
　『見つけたものを書き，知らせよう』という学習では，何を知らせるのか，まず知らせたいもの（題材）を見つけなければならない。それを見つける活動は，個々の児童に任せるやり方と，クラスで『町たんけん』などを行い，そこで見つけさせるやり方がある。ただ児童がそれぞれ休日などに見つけるやり方には，難しさもある。
　そこで，ここでは『生活科』ともつないで『町たんけん』のような『見つける』活動を想定している。やり方は，地域や学校の実情に合わせて工夫したい。

本時の目標

「はじめ」「中」「おわり」の組み立て（構成）を知り，それぞれのまとまりに書く事柄が分かる。

授業のポイント

児童は，文章に『組み立て』があることを知らないし，意識もしていない。３つのまとまりがあることをていねいに教える。

本時の評価

「はじめ」「中」「おわり」の組み立てを知り，それぞれのまとまりに書く事柄に気づいている。

〈文章の組み立て〉教科書の表をもとに，文章を書くには３つのまとまりで構成する『組み立て』

板書例

◎三つの　まとまり　　←

◇思い出して　つけたしも　しよう

（おわり）	（中）	（はじめ）
○まとめ ＝ さいごに，かんそう よびかけ	○くわしく ＝ どんな そして，せつめい	○知らせたい こと ＝ まず，何の話か
（わたしの　言いたい　こと） … 見て　ほしい	（どんな ものか） ・くわしい ばしょ … ブランコの〜 ・木の ようす ・色 ・数 … ピンクが 一本，白が 二本 ・手ざわり … つるつる ・名まえ … さるすべり	（見つけた ものは） ・何？ … 木を ・どこて … 公園て

（ささきさん）

---

1 めあて 対話する　めあてを知り，『町たんけん』で見つけたものを話し合おう。

「今日は，『町たんけん』で見つけた『知らせたいこと』のメモをもとにして，文章に書く準備をします。②の『組み立てを考えよう』（教科書P82）の勉強です。」

はじめに見つけたものを発表しましょう。どんな『知らせたい』ものが見つかったのか聞き合いましょう。

古いお寺があったので，そのことを書きたいです。

うどん店の裏で，うどんを作っていたことです。聞いたこともメモできました。

「１つでなく２つ見つけた人もいますね。そこからいちばん『知らせたいもの』を１つ選びましょう。聞いたことも書けそうなものがいいです。」

・わたしは，おみやげもの屋さんのことを書こうかな。お話も聞けたし・・・。

2 調べる　『組み立て』とは何かを調べよう。

「おもしろそうなものが見つけられましたね。メモもできました。でも，メモしたことをそのまま文章にするのではありません。まず，いくつかのまとまりにして『組み立て』を考えるのです。」

教科書P82下の『組み立て』を読み，説明する。

ささきさんのメモの『組み立て』（P82）を見てみましょう。どんな『まとまり』にしていますか。３つのまとまりが分かりますか。

『はじめ』『中』『おわり』の３つのまとまりかな。

・『はじめ』は，知らせたいこと，『中』は，詳しい説明です。ここが長いです。
・『おわり』は，『まとめの言葉』です。

「このように，メモを『はじめ』『中』『おわり』の３つのまとまりに分けて（整理して）います。」

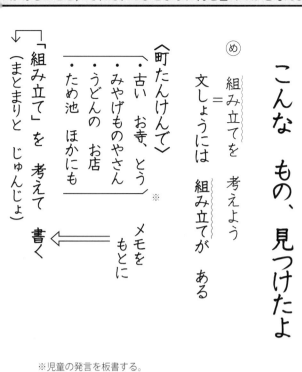

こんな もの、見つけたよ

め 組み立てを 考えよう
＝ 文しょうには 組み立てが ある

メモを もとに

〈町たんけんで〉
・古い お寺、とう
・みやげものやさん
・うどんの お店
・ため池 ほかにも ※

「組み立て」を 考えて 書く
（まとまりと じゅんじょ）

※児童の発言を板書する。

主体的・対話的で深い学び

・児童は，印象に残ったことから書き始めることが多いが，それでは聞き手にはうまく伝わらない。人に知らせる文章では『組み立て』を考えて書く必要がある。ここでは，初歩的な『はじめ』『中』『おわり』の組み立てがあることに気づかせる。

・『組み立て』は，児童が自然に，また児童どうしの対話などで気づくものではない。教師と児童との対話を通して気づかせる（教える）内容になる。「こんなふうに書くと分かりやすいな」と児童が納得すれば，それは主体的な学びといえる。

準備物

・各自のメモの用紙を，準備させておく。

---

3 調べる 対話する

『はじめ』に書くことを調べ，話し合おう。

「では，『はじめ』『中』『おわり』には，どんなことを書いているのか，詳しく読んでみましょう。」

まず，『はじめ』には，何を書いていますか。

『はじめ』には，何を見つけたのかを書いています。作文の『題』みたいです。

『くじら公園で』と，見つけたところ（場所）も書いています。

きれいな花がさいている木を，くじらこうえんで見つけた。

「まとめていうと，何と何を書いていますか。」
・『何を』見つけたのかということと，『どこで』見つけたのかという，場所だと思います。

「この２つが『はじめ』にあると，聞く人は，何の話なのかが初めに分かるので，聞きやすいのです。」

---

4 調べる 対話する

『中』『おわり』に書くことを調べ，話し合おう。

「では，『中』に書いていることは何でしょうか。読んでみましょう。」（黙読，斉読）
・『ブランコの後ろに生えて』は，公園の中の場所です。
・『木の幹がつるつる』木の幹の様子，手で触っている。
・あと，花の色とか，木の数なんかも書いている。

もとのメモ（P81）に，つけ足していることはありませんか。

サルスベリという名前が分かったことです。

先生に聞いたことも書いています。思い出したのかな。

「『中』には，見つけたもののことを詳しく書きます。見たことだけでなく，聞いたこと触ったことなど，様子を思い出して書いていますね。」

次時に組み立ての表を作ることを伝え，メモにつけ足しがあれば，書き足させておく。

「『おわり』には，感想や呼びかけを書いていますね。」

があることと，それぞれのまとまりに何を書くのかを考えます。

本時の目標

メモをもとに，『はじめ』『中』『おわり』のまとまりを考えて，文章の組み立てを表に書くことができる。

授業のポイント

低学年では『組み立て』を考えて書くのは思いのほか難しい。『はじめ』『中』『おわり』に書く内容をていねいに指導する。尚，6,7時は続けなくてもよい。

本時の評価

メモをもとに，『はじめ』『中』『おわり』のまとまりを考えて，文章の組み立てを表に書くことができている。

〈時間の割りふり〉 2時間扱いですが，6時目は『はじめ』『中』『おわり』にメモを整理して書き，

板書例

◎ それは、どんな ものか？
・見た こと　　・うどんを つくる 道ぐ
・聞いた こと　・百年前
・さわった こと・むかしの 道ぐ
・におい など　・おかしの あまい におい

（中＝知らせる こと）

◎ まとめて ぼく（わたし）が
・思った こと
・言いたい こと

（おわり）

◇ 書いた ものを 読みあおう
・ここが よく わかった
・（おもしろい はじめて 知った）
・こんな ことも 書いたら？

◇ 組み立てメモを 見なおそう
・なおす ところは？
・つけたす ことは？

1 書く　『はじめ』に書くことを考えて書き入れよう。

「きょうは，みなさんの書いたメモを『はじめ』『中』『おわり』の3つのまとまりに分けて表にします。」
「書き方は，まず教科書（P82）のように，ポツ（・）をつけた短い文でメモのように書きましょう。メモに付け足したいこともここで書き入れましょう。」

　　ここでは，ノートに書くことを想定している。ノートの上の余白に（はじめ）と書かせるとよい。

「書けた人に，読んでもらいましょう。」

　　書く内容を知り合うと同時に，書き方の参考にさせる。構想メモなので，文体は常体とする（だ。だった。）。

2 書く　『中』に書くことを考えて書き入れよう。

「『はじめ』を読むと，『何を』見つけたのかが一目で分かりますね。続けて『中』で，『古い』といってもどんなお家だったのか，また聞いたことも書いて，よく分かるようにするのです。」

「寺岡さんは，うどんのお店で手打ちうどんの作り方を聞いたそうです。おもしろそうですね。」

　　このように，何人かの『中』を読み上げ，参考にさせる。また，個別に「ここは，どういうこと？」「こんなことも書いたら …」などと指導助言し，できるだけ具体的な事実を思い出させる。

7時目にはそれを読み合ったあと，自分のメモを見直し訂正します。

こんな もの、見つけたよ

〈組み立てメモを 書く〉・をつけて
みじかい ことば、文で

⑩
「はじめ」「中」「おわり」に 書くことを
考えて、表に してみよう

（はじめ）
◎ 見つけた ものは？
　どこで
　何を

　古い おうち（を）　※
　　しょう店がい（で）　※

※児童の発言を板書する。

主体的・対話的で 深い学び

・国語科に限らず，ワークシートはよく使われる。児童にとっては，空欄に書き込むだけになり，効率的だともいえよう。しかし，本時のような『組み立て』そのものを考えさせるには，表を作らせるところから始めてもよいだろう。3つのまとまりで書くという『文章の構成』を意識させることができ，深い学びにつながる。また，児童の主体性という面でも，自分が作った3つのまとまりに，何を書くかを考えながら書き入れるところに意味がある。

準備物

・ワークシート「組み立てメモの表」
（児童用ワークシート見本
📀 収録【2_16_01】）

※ワークシートを使わずに，
ノートに表を作らせてもよい。
クラスの様子に応じて，
やり方を決める。

---

3 書く　『おわり』に書くことを考えて，『おわり』のメモを書こう。

「『中』が書けたら『おわり』も書きましょう。『おわり』はまとめの言葉です。特に心に残ったことや，感想，また，読む人に言いたいことを書きます。」

『おわり』の文が書けた人に，読んでもらいましょう。

『百年前の家は，わたしの家と違うところがいっぱいあって，たんけんしているみたいだった。』

『ぼくらが食べているうどんが，こうしてできるということを始めて知った。ぼくも作ってみたいと思った。』

「これで，『はじめ』『中』『おわり』のまとまりで，メモを書くことができました。」

「これをもとに，文章にしていくのですが，その前に友達の『組み立てメモ』とも交換して読み合いましょう。まねしたいところが見つかるかもしれませんよ。」

4 読み合う 書く　できた『組み立て』のメモを読み合い，自分のメモを見直そう。

『組み立てメモ』の読み合いに入る。クラスの子どもの数や実態に応じてやり方を決める。以下は例。
　　○前で1人ずつ発表。全体で聞き合い，話し合う。
　　○グループに分かれて回し読みをし，意見交換。

【グループでの回し読みをするとき】

安田くんの『夏祭りの準備』の話がおもしろい。神社の名前も書いてるといいな。

青木さんの和菓子屋さんの話がよかった。おじさんの話が書いてあるのでよく分かるよ。

　　時間に応じて，他のグループのものも読み合う。

「読み合って，ここは『なくてもよい』また，『書き足したい』ということが出てきたでしょうか。」
　・はい，トマトの数も聞いたので書き足します。

「では，メモを読み返して，直しましょう。」

<table>
<tr><td>

こんな もの、見つけたよ
第 **8** 時 （8/10）

本時の目標

句読点とかぎ（「 」）の使い方が分かり，それらを正しく使って文章を書くことができる。

授業のポイント

マス目の用紙かノートを使って視写させると，符号の使い方がよく分かる。視写は平素の授業でも取り入れたい活動である。

本時の評価

句読点とかぎ（「 」）の使い方が分かり，それらを正しく使って文章が書けている。

</td></tr>
</table>

〈書く〉読みやすい1文は，17字前後と言われています。なるべく読点は少なく，句点を多く使っ

板書例

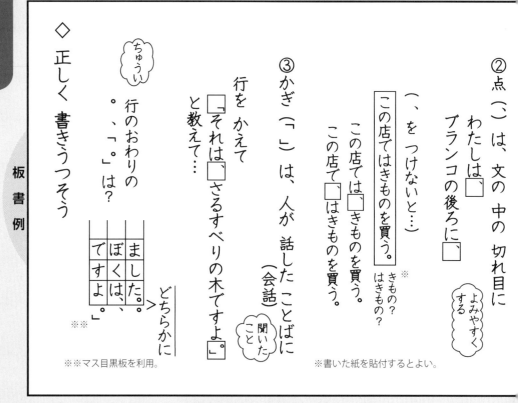

◇ 正しく 書きうつそう

（ちゅうい）

・行のおわりの 。 、 「 」 は？

> どちらかに
> まし た。、
> ぼく は、
> です よ 。」
>
> ※※

※※マス目黒板を利用。

③ かぎ（「 」）は、人が 話した ことばに（会話）

行を かえて
□「それは□さるすべりの木ですよ□」
と 教えて…

（聞いた こと）

② 点 （、）は、文の 中の 切れ目に

わたしは□、□ブランコの後ろに□、□
（、を つけないと…）
この店では□、□きものを買う。
この店では□きものを買う。
この店で□、□はきものを買う。

（よみやすくする）

（きもの？ はきもの？）

※書いた紙を貼付するとよい。

---

1 めあて つかむ　『丸，点，かぎの使い方を知る』という本時のめあてを知ろう。

「メモをもとに文章を書きます。その前に，文章では必ず出てくる必ず使う記号（しるし・符号）があります。何でしょう？みなさんも使っていますよ。」

・点（、）とか，丸（。）ですか。作文でも使います。
・かぎかっこ（「 」）とか，ポツ（中点・）も使いました。

そうですね。文を書くときには，丸（。）や点（、）を使いました。それに，かぎ（「 」）も使います。どんなとき，どんなところに使いましたか。

丸（。）は，文のおしまい，おわりにつけます。

かぎかっこ（「 」）は，人が話した言葉につけます。

「文章を書くときには，必ずこのような記号を使います。文章を読みやすくするための印だからです。このような記号の使い方を確かめましょう。」

2 読む 確かめる　丸（。）と点（、）をつけるところを確かめよう。

「丸や点，かぎの使い方は教科書にも書いてあります。読んで，使い方を確かめましょう。」（教科書 P85 コラム）

「まず，丸（。）はどこにつけますか。」

・『文のおわりにつけます。』と書いてあります。

「では，点（、）は，どんなところにつけますか。」

・『文の中の切れ目に』ってどこだろう・・・難しいな。

　点（、）のつけるところは難しい。2年生では，主語の後や接続詞の後（そして、）くらいにして，あとは読みやすさに応じてつける程度でよい。

教科書85ページの下を読みましょう。まず，この文を目で読んでみましょう。買ったのは，着物でしょうかそれとも，はき物でしょうか。

この店ではきものを買う。

どちらなのか分かりません。

点（、）をつけなければならないときを説明する。

て，短く区切った文章を書くとよいでしょう。

こんな もの、見つけたよ

め　丸（。）点（、）かぎ（「 」）のつかい方を知ろう

② 組み立てメモ
　をもとに　←

③ 文しょうを 正しく 読みやすく 書く
　（「。、」のつかい方を 知って）

① 丸（。）は、文の おわりに
　…ました。
　…ください。

（ここでおしまいですよ）

主体的・対話的で深い学び

・このような文章の書き方，表記に関わる学習内容は，児童が話し合いですすめる学習にはなりにくい。しかし，これも国語科では欠かせない学習であり，1つの約束事として教える内容になる。今後も文章を書いていく上では不可欠な知識，技能といえる。児童にとっても使い方を知り，使えるようになることは学ぶ喜びにもなる。ここでは，写し書き（視写）もさせるが，符号を正しく使って表記するだけでなく，言葉を文節や文でとらえる力を伸ばすという点でも重視したい。

準備物

・前時に書いた『組み立てメモ』

・視写用のマス目用紙か，ノート，または原稿用紙。

---

3 読む・聞く　点（、）をうつ意義と，かぎ（「 」）をつけるところや書き方を確かめよう。

　これは，点の役割を示す1つの例だが，実際にはこのような文はほとんどない。

「かぎ（「 」）はどこにつけますか。」
　・『人の話した言葉（会話）』につけます。行も変えます。

「原稿用紙やマス目ノートに書くとき，気をつけることがあります。丸や点，かぎは必ず一マスとって，そこに入れて書くようにします。」

　行末に丸（。），点（、），かぎ（「）がきたときは，その行のマス外（内も可）に打ち，次の行の上に書かないようにする。よく間違えるので気をつけさせる。

---

4 読む・書く　自分のメモを見直そう。文章を正しく書き写そう。

「丸，点，かぎがあると，文章が読みやすくなりますね。さあ，正しく使えるでしょうか。」

「では，83ページのささきさんの文章を，丸，点，かぎを正しく使って，マス目の紙に書き写してみましょう。」

　視写させると記号の使い方がよく分かる。他に，『スイミー』などの一部でもよい。会話文のある箇所を選んで視写させる。正しく視写できた児童から丸をつけていく。

こんな もの、見つけたよ
第 9,10 時 (9,10/10)

本時の目標
メモをもとに、構成を考えて「知らせる」文章を書くことができる。また、読み合って感想を伝え合うことができる。

授業のポイント
文章を書くときは、児童の実態に応じて個別の指導をする。そのためにも事前に各児童のメモに目を通しておく。

本時の評価
メモをもとに、構成を考えて知らせる文章を書くことができている。

板書例

〈書く〉書くことは考えることです。この学習を通して学んだことを継続し、メモや文章を書く経

◇ 読みあおう（まわし読み）
・ともだちが 見つけた ものは どんな もの？

◇
・思った こと
・よく わかった ところ
・はじめて 知った こと
・かんそうを つたえあおう

〈はっぴょう〉
| ぼく、わたしは、「こんな もの、見つけたよ。」 |

・○○町の 古い おうち（吉田）
・おいしい うどんを 作る うどんやさん（てらおか）

🔆 たいせつ
・メモ…組み立てと 書き方
・できるように なった こと
・ふりかえろう

📖 たいせつ

（第9時）
1 めあて 対話する
構想メモとくらべて、出来上がりの文章の書き方を話し合おう。

「前に、『はじめ』『中』『おわり』の組み立てで、メモを書きました。今日は、それを文章の形にして書きます。」

「佐々木さんの書いた文章を見てみましょう。」（教科書 P83）

もとのメモ（P82）と比べてみて、こんなふうに書きかえていると気がついたことはありませんか。

先生の言った言葉がカギ（「　」）で書いてあります。

文の終わりを「…ました。」にして、書いています。

題もつけて、作文か日記みたいに書いています。

「もとのメモの『はじめ』『中』『おわり』は、どこにあたるのか、文の上に書き入れてみましょう。」
・初めの2行が、『はじめ』です。
・最後の2行が『おわり』です。

「一番大事なのは『中』でした。見たもの、触ったもの、聞いた言葉などをつけ足してもいいのです。」

---

2 書く
メモをもとに、知らせたいことを文章に書こう。

「では、おうちの人や友だちに知らせるように、作文や日記を書くつもりで書きましょう。」

話し合ったことを整理し、ここで『書き方』として次のようなことを示すとよい。
○『はじめ』『中』『おわり』に分けて書く。
○文末は、「…ました。」「…でした。」で書く。
○聞いた言葉は、かぎ（「　」）を使って入れる。
○題をつけて書く。（題は、知らせたい中身）

前の時間に勉強した、丸（。）、点（、）、かぎ（「 」）も正しく使って、書き始めましょう。

聞いたことも「 」で入れておこうかな。

うーん、題は何にしようかなあ。

何人かの『はじめ』を取り上げて読むなど、児童が書きやすくなるよう配慮し、書き上げさせる。

験ができるようにし，思考力を高めましょう。

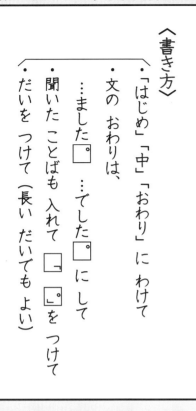

〈書き方〉

こんなもの、見つけたよ

め　文しょうに　書いて　読みあおう

・「はじめ」「中」「おわり」に　わけて

・文の　おわりは、
　…ました□。　…でした□。にして

・聞いた　ことばも　入れて　「　□・」「　□・」を　つけて

・だいを　つけて（長い　だいでも　よい）

主体的・対話的で深い学び

・とりわけ『中』に具体的な事実が書けるよう「どんな色？」「聞いたお話は？」などと児童に応じて問いかけ，体験を引き出すようにする。このような『聞き出し』『引き出し』によって，書く活動はその児童らしさが表れた主体的な表現活動になる。

・読み合うだけでなく発表の場も設け，対話の場面を作るとよい。みんなの前で発表することにより，自信をつける児童は多い。また，みんなで勉強した，という共同の意識も生まれる。

準備物

・文章を書くための原稿用紙か，マス目用紙

---

3 読む （第10時）　友達の書いた「見つけたよ」を読み合おう。

「題もつけられたでしょうか。」
　　題は長くなってもよいので，詳しく書かせる。

「グループで，回し読みしましょう。」
　　『全員の発表を聞きあう』やり方，形にしてもよい。
「読み終えたら，1つの作文ごとに感想を一言ずつ言ってあげましょう。」

朝井さんの古いお寺の話，和尚さんの話が「　」で書いてあって，よく分かりました。

字も丁寧で，読みやすかったです。

次は，吉田君の「見つけたよ」を回してね。

　　感想は，ほめ合いを中心に言わせる。感想を1，2文くらいの「一言メモ」として，作文に貼らせてもよい。全体発表も何人かにさせる。

・寺岡君の「おいしいうどんのひみつ」を聞いて，うどんの作り方が初めて分かった。面白かった。

---

4 振り返る　できたこと，文章の書き方で大切なことを振り返ろう。

「この『こんなものを見つけたよ』で，みんな，知らせる文章を書くことができましたね。」

どんなことができるようになったのか，また，分かったことを話し合いましょう。

たくさんメモを取ることができました。メモを速く取れるようになったからです。

『はじめ』『中』『おわり』に分けて書くことができました。みんなの前で話せるようになりました。

「教科書84ページの『ふりかえろう』も読んで，できたことを振り返りましょう。」
　・見たことだけでなく，聞いたこともメモできました。
　・『はじめ』と『おわり』をつけると，聞きやすいです。

「文章の組み立てについても，『たいせつ』を見て，『3つのまとまり』を確かめておきましょう。」
　　「見つけた」を，夏休みの課題につなぐのも効果的と言える。

あったらいいな，こんなもの

◉ 指導目標 ◉

・丁寧な言葉と普通の言葉との違いに気をつけて使うことができる。
・話し手が知らせたいことや自分が聞きたいことを落とさないように集中して聞き，話の内容を捉えて感想をもつことができる。
・伝え合うために必要な事柄を選ぶことができる。
・粘り強く話を集中して聞いて内容を捉え，学習課題に沿って質問や感想を述べようとすることができる。

◉ 指導にあたって ◉

① 教材について

本単元は，発表メモを作ることを通して説明の基本的な形を教え，発表会で聞き合う教材です。発表の内容は，「あったらいいな，こんなもの」をテーマとして，ドラえもんの道具もヒントにして考えさせます。ふだんの会話やおしゃべりとは違って，人前でひとまとまりの内容を説明することは案外難しいものです。思いついたことをそのままに，また早口でしゃべっていては相手に伝わりません。発表会という目標に向けて，伝えたい事柄を整理して順序立てて話すことや，きちんと聞き取ってもらえる声の大きさや速さを考えて話せることを目指させます。

② 主体的・対話的で深い学びのために

1人で「あったらいいな，こんなもの」を考えるのは，なかなか難しいものです。ですので，ここでは，隣どうしや班などの小グループでの活動を生かすことで,児童一人ひとりのアイデアを引き出させたいところです。グループになって，ゲームをしたり，話し合い活動をしたりすることによって，「あったらいいな」と思うものを考えさせます。友達との対話を通して，自分がぼんやりと考えていたことが形になったり，思いもよらなかったアイデアが生まれたりすることでしょう。

知識 及び 技能	丁寧な言葉と普通の言葉との違いに気をつけて使っている。
思考力，判断力，表現力等	・「話すこと・聞くこと」において，伝え合うために必要な事柄を選んでいる。 ・「話すこと・聞くこと」において，話し手が知らせたいことや自分が聞きたいことを落とさないように集中して聞き，話の内容を捉えて感想をもっている。
主体的に学習に取り組む態度	粘り強く話を集中して聞いて内容を捉え，学習課題に沿って質問や感想を述べようとしている。

● 学 習 指 導 計 画　　全 8 時 間 ●

次	時	学習活動	指導上の留意点
1	1	・質問ゲームで，困りごとや苦手なこと，やってみたいことを出し合う。 ・「あったらいいな」と思うものを出し合う。 ・学習の見通しをもつ。	・ペアや班で「あったらいいな」と思うものをゲーム形式で出し合うことで学習の見通しをもつ。
2	2・3	・「あったらいいな」と思うものを考えて，絵に描く。 ・道具の機能や形態について短い言葉で書いておく。	・思いつきにくい児童には，班で話し合わせたり，教師が個別に助言したりして援助する。
	4・5・6	・友達と2人組や班で質問し合い，考えを明確にする。	・考えた道具についての説明を隣や班で質問し合うことで，深めさせる。 ・質問に対する答えはメモに残しておかせる。
3	7・8	・発表会を開く。 ・発表をし合って，感想を伝え合う。 ・学習を振り返る。	・発表会の時には「たいせつ」に書かれている大事なことを確認しながら行う。

〈どうしても思いつかない児童へのヒントとして〉
・絶対に道に迷わない「ナビ帽子」　　　　　　・人魚みたいに泳げる「人魚スイムウェア」
・本当に飛び出す「なんでも3Dテレビ」　　　・羽をつければ何でも飛ぶ「自由のはね」
・水の上を歩ける「アメンボシューズ」　　　　・好きなものに変身できる「変身箱」
・1時間だけ○年生になれる「未来服」

本時の目標

「あったらいいな」と思う物（道具）を考え，発表会を開く，という学習課題と，発表までの学習の流れや手順を確かめる。

授業のポイント

興味，期待をもたせる。本時では，ゲーム等で何があったらいいと思うか出し合い，大まかに何をするのかが分かればよい。

本時の評価

「あったらいいな」と思うものを発表するまでにどんな順序で何をするのか，大まかな見通しをもつことができている。

〈想像力〉「あったらいいな」と思うものはたくさんあるはずです。想像力のスイッチを入れて，

板書例

（がくしゅうのすすめ方）

1 あったらいいなと思うものを、絵にかく。

2 くわしく考えるためにするしつもんを、たしかめる。

3 しつもんをしあって、くわしく考える。

4 はっぴょうし、かんそうをつたえあう。

◇「こんなものが あったらいいな」を考えよう

- ねている間におよげるようになるまくら
- 空をじゆうにとべるようになるマント
- 力がつよくなる手ぶくろ
- はやくはしれるくつ

※教科書 P87 の挿絵，または，ドラえもんの道具のイラストなどを貼る。

---

1 出し合う 対話する

質問ゲームで，自分が困っていること，やってみたいことを出し合おう。

「今からゲームをします。『質問ゲーム』です。」

・何について質問するのかな。

授業の導入として，質問ゲームで，「今，自分が困っていること，苦手なこと」をどんどん出させる。

質問ゲームのルールとしては

1，2人1組でおこなう。

2，2分間，相手に質問し続ける。

3，テーマは，①困っていること・苦手なこと，②やってみたいなと思うこと，に絞る。

今，困っていることとか，苦手なことか，ある？

体育のプールの授業がイヤなんだよね。泳ぐのが苦手だから。

互いに質問し合えたら，発表させる。

2 出し合う 交流する

課題を解決できそうな「あったらいいな」と思うものを考えてみよう。

このような困ったことを解決してくれたり，やってみたいことを叶えてくれたりする道具を何か考えられますか。

空を自由に飛び回れるマントがほしいなあ。

寝ている間に泳げるようになる枕！

あまり反応がよくない場合は，ドラえもんを例に「ドラえもんの道具でどんなものがあるかな」「どんな使い方があるのかな」と発問し，出し合わせるのもよい。

「さあ，何か思いついたものはありますか。『こんなものがあったらいいな』と思うものですよ。」

・力が強くなる手袋。お使いの荷物を持つのに便利だよ。

・速く走れて高くジャンプできる靴。1等になれる。

できれば使い道も発表させる。動機づけなので荒唐無稽なものも自由に出させるが，話は長引かせない。

思いつくことを多く出し合いましょう。

（板書 縦書き）

あったらいいな、こんなもの

め 「あったらいいな」と思うものを考え、がくしゅうすることを知ろう

〈今、こまっていること、にが手なこと〉
・およぐこと（にが手）
・さんすうのけいさん（にが手）
・ピーマン（たべられない）

〈やってみたいなと思うこと〉
・水の上をはしりたい
・空をとびたい
・うちゅうりょこうしてみたい

┌╌╌╌┐ ┌╌╌╌┐
※   ※

※児童の発表を板書する。

🔍 主体的・対話的で深い学び

・今自分が何に困っているか，苦手だと思っているか，2年生ではなかなか自分では考えられない児童が多いだろう。ゲーム形式で質問し合うことで楽しみながら自分自身を振り返り，自分の困りごとや苦手なこと，またはやってみたいことが見つかるようにする。

準備物

・ドラえもんの動画やイラスト
（タケコプター，どこでもドア，スモールライトなど）

・教科書 P86の挿絵の拡大コピー

---

3 対話する　「あったらいいな」と思うものをグループで話し合おう。

「では，グループで『こんなのがあったらいいな』と思うものを考えます。自分が困っていることや，やってみたいことを質問し合って，それぞれにどんな道具があればよさそうか，いろいろ話し合ってみましょう。」

話し合いでは，身振り手振りや笑顔やうなずきなど非言語に関する児童の様子も取り上げてほめる。コミュニケーションの基本で大切なポイントである。

---

4 めあてつかむ　学習の進め方を確認しよう。

「教科書86ページを見ましょう。『今はないけれど，…』から後を読みましょう。」

　　教科書を読んで全体像をつかませ，具体的に何をするのか説明する。

「うまく説明できるようになるには発表会までに何をすればいいのかな。教科書 P86 の『学習の進め方』を読んでみましょう。①，②，③，④と 4つの学習のかたまりがありますね。ノートにも写しておきましょう。」

　　家でも，考えたり尋ねたりしておくよう促し，時間があればアイデアをメモさせる。

あったらいいな，こんなもの

第 2,3 時 （2,3/8）

本時の目標
「あったらいいな」と思うものをいくつか考え出し，その中から発表するものを1つ決めることができる。

授業のポイント
自分なりの独創的なものを考えるのが難しい児童もいる。その場合，既出の道具を少し変える工夫の仕方を助言するとよい。

本時の評価
「あったらいいな」と思うものをいくつか考え出している。その中から1つ選んで，おおまかな説明を書いている。

板書例

〈目的〉全体で出し合った悩みは，みんなの悩みです。その悩みを解決する役割を担うことは，人

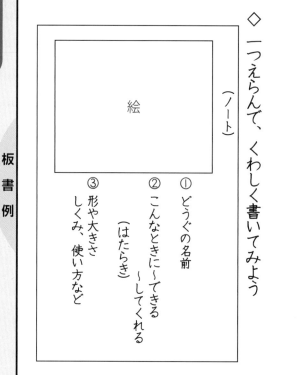

◇一つえらんで，くわしく書いてみよう

（ノート）

① どうぐの名前

② こんなときに〜できる
　　〜してくれる
　　（はたらき）

③ 形や大きさ
　　しくみ、使い方など

・こまったときに、たすけてくれるもの
・あると、べんりなもの
・たのしくなるもの

・およぎがにが手
　　　↓ 水の中でもいきができて、
　　　　じどうで前にすすめる

---

1 めあて 出し合う
課題を確かめ，アイデアを出し合おう。

今日は，前の時間に出し合った「あったらいいな」と思うものを絵に描く時間です。

空を自由に飛べる羽がいいな。

自動で着替えができる機械があればいいな。

「まず，『こんな時に（場面で），こんなことができたらいいな』と思うものを出し合いましょう。」
・ぼくは，なんでもカレーに変えてくれる道具。
・速く走りたいときに足が速くなるもの，かな。
・苦手な野菜を全部違う味に変えてくれる道具。
　　家でも考えてきたものもあればそれを出し合わせる。思いつきにくい児童もいるので，まずは班で話し合うと「そんなものなら…」と発想が広がる。

「困った時に助けてくれるもの，あると便利なもの，楽しくなるものといろいろありますね。」

---

2 書く
「あったらいいな」と思うものをノートに書こう。

みんなでいろいろな道具が出し合えましたね。今度は自分がよいと思うものをノートに書きましょう。

世界中の言葉が話せるアメがいいな。

つけているうちに筋肉モリモリになる腕輪。

「自分が『あったらいいな』と思うものを書きます。1つだけではなく，思いつくものをどんどん書いていきましょう。友達のものと似ていてもいいですよ。3つぐらい書けるとそこから選べますね。」

　「こんな時」という場面とあわせて，「あったらいいな」を考えさせる。個人差もあるので，思いつきにくい児童には個別に聞き，助言していく。

　「よくないことには使えないもの」などの，条件を付けておくとよい。

の役に立つことであると学びの目的を共有しましょう。

・いざ，あったらいいな，と思うものを考えようとしてもなかなかアイデアが出にくい児童や，どうしてもドラえもんなどの既出の道具の真似をしてしまう児童がいる。そんな児童のためにも，グループで話し合う時間をたくさんとりたい。友達と楽しく話し合いながら，たくさんのアイデアを出し合わせたい。

準備物

・ドラえもんの動画やイラストなど，ヒントになるもの

あったらいいな，こんなもの

め「あったらいいな」と思うものを
考えて書こう

こんなとき → ……が，できる どうぐ

こんなとき
・わすれたとき → 思い出せる
・ものがこわれたとき → なおしてくれる
・やさいなどを切りたい → じどうで切ってくれる
・たのしいゆめが見たい → 見られる

---

3 決める 「あったらいいな」と思うものを1つ選ぼう。

「ノートに書いた中から，『これは友達に聞いてほしい，伝えたい』というものを1つ選んでみましょう。」

たくさんあるけど，あんまりみんなが考えないようなものがいいな。忍者のようになれるマスクとか…。

寝ている間になんでも覚えることができる枕なんていうのがいいかな。

・押すとなんでも好きなジュースが出てくるポット
・どれだけ入れてもいっぱいにならないランドセル。

「未来や過去に行ける」「空を飛べる」のような特殊な能力が出せるものが多くなるだろう。独創的なものはそう思いつくものではない。ドラえもんやアンパンマンなどにすでに出ているような道具であっても，その児童なりに思いついたもので，少し工夫が加えられていればよしとする。

---

4 描く・書く 「あったらいいな」と思ったものをくわしく考え，絵にも描こう。

1つ選んだ「あったらいいな」について，「こんなものだよ」と，友達にも分かるような説明を考えて書きましょう。

くわしく説明することをまず考えてから，絵をかこう。みんなに分かってもらうには…。

次のようなことを考えて，ノートの上半分にラフスケッチ，下半分に短い言葉でメモをかかせる。
○簡単な図解，絵（スケッチ）
○楽しい名前（名称）
○こんなときに○○する道具（使う場面）
○こんなことができる（はたらき・機能）
○形や大きさ，しくみ，使い方などの説明（形態）

・名前は，「とびきりフォーク」にしようかな。
・落し物を見つけてくれるふでばこ。使い方は…。

次時の話し合いまでに各自で書きまとめさせる。

あったらいいな, こんなもの

第 4,5,6 時 (4,5,6/8)

本時の目標
友達と話し合い，「あったらいいな」と思うものについて考えたことを明確にする。

授業のポイント
考えた道具についてたくさんの人から意見を聞きながら，自分の考えをより明確にしていく。

本時の評価
話し手が知らせたいことや自分が聞きたいことを落とさないように集中して聞き，話の内容を捉えて感想をもっている。

板書例

◇ 話し合いをして、考えたことを書き足そう

- 名前
- こんな形に
- あたらしい　つかい方

はっぴょう、しつもん　3分　くりかえす
かきたし（メモ）　2分

（た）
- どうして、あったらいいと思ったの？（わけ）
- それは、どんなことができるの？（はたらき）
- どんな形をしているの？（形）
- どれくらいの大きさ？（大きさ）
- どんなふうにつかうの？（つかい方）
- 名前は？（名前）
- いいね、それ。
- こうすると、もっといいよ。

---

1 めあて つかむ

「質問をし合って，くわしく考えよう」という課題を知り，その方法を確かめよう。

自分が考えた「あったらいいな」をたくさんの人に聞いてもらって尋ね合います。もっとくわしく素晴らしいものになりますよ。

たくさんの人に聞いてもらいたいな。

どんどんよくしていきたい。

聞き合いと質問を通して，説明のぬけているところや付け足すところに気づき，よりよい発表にしていくことを伝える。

「説明を聞いた後は，どんなことを尋ねたらいいのでしょう。やり方を教科書で見てみましょう。」
　教科書 P88 〜 89 の 3 を読む。（CD やインターネットの教科書連動サイトの動画で確かめてもよい）

「尋ねる中心は『あったらいいなと思うわけ』『できること』『形や大きさ』になりますね。」
　板書で「尋ね方」をまとめて示す。

2 対話・交流 (繰り返す)

「あったらいいな」と思うものについて質問し合おう。

「教科書 89 ページの『たいせつ』を読んで，質問するときに大切なことを確かめておきましょう。」
・大事なことは何かを考えて質問するんだね。
・丁寧な言い方と普通の言い方，よい方を考えて使う。

では，まずは隣どうしで発表し，質問し合いましょう。

その道具の大きさはどのくらいですか。

じゃあ，ぼくから言うね。ぼくの考えたのは…。

質問は，列単位，または班で交代し合いながらできるだけ沢山の人と交流する。できれば，全員と質問し合えるようにしたい。交流するときは，ノート（または大きめの付箋紙）に毎回メモをとるようにさせる。

1回の交流で，（発表3分→メモ2分）として，交流を繰り返していく。合図はベルなどではっきりと知らせる。

内容のレベルアップを図るようにします。

```
あったらいいな、こんなもの

め　友だちとたずねあって「あったらいいな」と
　　思うものをくわしく考え、書きなおそう

◇　しつもんを　しあおう
（た）　たずねる人　〈しつもんする人〉
（こ）　せつめいして、こたえる人

（言い方のれい）
（こ）　ぼく（わたし）が「あったらいいな」と
　　思ったのは、～です。
```

主体的・対話的で深い学び

・自分の考えを深めていくことは自分ひとりではなかなかできない。そこに友達からのアドバイスがあり，それを聞き入れて変えていける心が必要である。ここでは相手をどんどん変えながら，多くの人からアドバイスをもらう活動となる。この対話の中でとらえたことから自分の考えがより明確になれば，「あったらいいな」と思うものを，より具体的で分かりやすく表現できるようになるだろう。

準備物

・指導書付録 CD，または PC
・ストップウォッチ（時間を計るためのもの）
・ベル（チェンジタイムを知らせるためのもの）
・大きめの付箋紙

---

3 書き足す（繰り返す）　質問をし合って，より詳しく考えられたことを付け足して書こう。

> ○○さんと話をしていたら，もっといい名前を思いついた。書き直そう！

> 大きさを聞かれてはっきり答えられなかったから，ちゃんと考えて書こう。

　付け足しや書き直しを書き終えたら，2人組の相手を交代する。話し合いがうまく進んでいる組をとりあげ，どんな質問でどんなことが詳しくなったのか，みんなに紹介し，質問や答え方の要領をつかませる。

「初めよりも詳しく分かりやすくなった，という人は手を挙げてください。」
　内容がそんなに詳しくなっていないペアもいるだろう。それでも，質問し合って対話を通したことを評価したい。

「では，相手を変えて，次の交流をしましょう。」
　展開2と展開3を繰り返して改善させていく。

---

4 書き直す振り返る　自分の「あったらいいな」と思うものを書き直そう。

> 質問されて，答えて，「あったらいいな」は詳しくなったでしょうか。絵と文をよりよいものに変えましょう。

> たくさん書きかえたよ。

> 形を変えたから，絵もちょっと直しました。

　話し合いを通して，詳しく考えられた自分の「あったらいいな」と思うものを練り直させる。
　友達からもらったヒントで，とり入れたいものを選ばせ，自分のアイデアに加えさせるとよい。

「どんなことが詳しくなったのか，発表しましょう。」
　・「空飛ぶ羽」をただ背中につけるのではなくて，Tシャツから羽が出てくるようにしました。
　・「自動鉛筆」をペンやマジック，クレヨンや色鉛筆にもなるようにしました。

「次の時間は，これをもとにして発表会をしましょう。」

あったらいいな, こんなもの

第 7,8 時 (7,8/8)

本時の目標
話す順序や, 声の出し方に気をつけて説明できる。
発表を聞き, 質問や感想を交流し合うことができる。

授業のポイント
質問タイムをとるだけでなく, 発表者のよかったところをみんなで伝える時間を必ずとるようにする。

本時の評価
自分の考えを説明したり, 説明を聞いて質問や感想を述べたりする。伝えたいことについて, 話す事柄や順序を考えて発表している。

〈show&tell〉人に伝える場合, 資料や実物を示しながら話すと, 相手に伝わりやすくなります。

板書例

☆ ポイント
① ていねいな言い方で (話し方)
② 聞いている人は,
　よかったところをたくさんみつける

はっぴょう会までをふりかえって
・なかなか考えられなかった
・アドバイスでくわしく考えられた

言われてうれしかったこと
・おもしろい
・絵が分かりやすかった
・くわしく考えている
・こえがはっきりしていて聞きやすかった

---

1 めあて つかむ　発表会の流れを知ろう。

> 発表会を始める前に, 司会者を決めます。順に交代して司会者になります。発表の順番は, ··· という順番です。(表やプログラムを見せる)

> 司会ってどうするのかな。

> ドキドキするね。

　司会や発表の順番は, 教師が児童の実態にも配慮して決めておく。はじめの司会は教師がやって見せ, 見本としてもよい。

　他に, 話す時間や質問の数など約束事も話しておく。発表は2分以内とする。質問や感想も入れて, 長くても1人当たり5分以内。長引かないように時間制限を設ける。質問が途絶えれば, すぐ次 (よかったところを伝える) へと進めさせる。

2 発表する 交流する　発表会を始めよう。

> 発表会を始めましょう。司会者, 発表者は前に出てください。聞く人は聞く姿勢です。では, 司会者, 始めてください。

> (司会) これから「あったらいいな, こんなもの」の発表会をします。初めの発表は, ··· です。

　司会の言葉・流れを見えるところに掲げておくか, 司会者用の台本を作って司会席に置いておく。

　みんなの前でものを言うのは苦手, という児童もいる。別の機会を設けるなど配慮する。また, ふだんの朝の会などでも人前で話す機会を作り, 発表を日常化しておくのも効果がある。

　全員が発表するのではなく, 3人くらいずつ「朝の会」などで発表を続けるやり方もできる。

あったらいいな、こんなもの

め じょうずに話そう
じょうずに聞いて、よさを見つけよう

〈はっぴょう会〉
1 発表する　一人二分まで
2 しつもんする（三つまで）
3 よかったところをつたえる

主体的・対話的で深い学び

・発表会といっても，ただ，発表し合うだけになってしまってはいけない。話す相手のことをしっかり意識して発表させれば，そこにほめ合えるポイントがあるはずである。それを互いに見つけ合い，ほめ合うことを評価することで，温かい雰囲気の発表会にしたい。
・教科書では，「グループで発表」となっているが，ここではクラス全体での発表会としている。クラスの実態に応じて，グループ発表にすることも考えられる。

準備物

・発表の順番の表（席順で発表しない場合）

3 発表する　交流する
発表を聞いたら，質問や感想も出し合おう。

（司）発表を聞いて，質問はありませんか？質問のある人は手を挙げてください。（あてられた人が質問する）
（司）では発表者のにしさん，質問に答えてください。
（司）他に質問はありませんか。

　1つの発表が終われば質問タイムをとる。時間も考えて発言者数を決めておく。同様に感想でよかったところも出し合う。また，発言者が片寄らないようにして，教師も一言よいところを指摘すると発表の励みになる。

「発表会が終わって，『いいな』と思った『あったらいいな』の発表はどれでしたか。そのわけも言って下さい。」

みなみくんの「あったらいいな」は、くわしくてよく分かったし、すごく面白かったです。

ひがしさんの発表がよかったです。話し方がとってもていねいで分かりやすかったです。

4 振り返る
振り返って，学習のまとめをしよう。

今日まで「あったらいいな」を考えて、お互いに質問し合って、発表しました。振り返ってみましょう。

友達から言われて、たくさん書き直して、うまくかけました。

発表で、工夫して考えたことをいいねと言ってもらえてよかったです。

　これまで取り組んできたことを，簡単に振り返り，教師からも評価し，ほめる。どんな力がついたのか，児童にも自覚させることが力になる。

「できるようになった，うまくできた，うれしかったというところを，思い返して書いてみましょう。」
・練習して，だんだんメモを見なくても言えるようになりました。大きな声も出せました。
・ぼくの発表をみんなが「すごくいいね。面白い。」とほめてくれてうれしかったです。
　長文の必要はなく，教師が指摘してもよい。

夏が　いっぱい

◉ 指導目標 ◉

・言葉には，事物の内容を表す働きがあることに気づくことができる。

・経験したことや想像したことから書くことを見つけることができる。

・積極的に言葉の働きに気づき，学習課題に沿って経験を文章に表そうとすることができる。

◉ 指導にあたって ◉

①　教材について

　　夏は，生き物が最も活動的になる季節です。児童にとってうれしい夏休みもあります。かぶとむし，せみ，夏野菜など，自然にかかわる「夏のことば」も，児童のくらしの中に多く見つけることができる季節です。本単元は「春がいっぱい」に続いて，「自然にかかわる夏のことば」を見つけ，知り合う学習です。谷川俊太郎の「みんみん」も，夏のことばが多く出てきます。楽しく音読にふさわしい夏の詩です。

　　また，体験したことをもとに「夏のことば」を使って文章に書き表し (表現)，みんなで読み合います。言葉は実物とつないでとらえることが大切です。その点，「生活科」での夏の草花や生き物など，自然の学習と関わらせて横断的に進めると効果的です。

②　主体的・対話的で深い学びのために

　　きゅうりやなすが夏の野菜だということを知らない児童は，高学年でも多くいます。スーパーには，かぼちゃやなすなどいろんな夏野菜が並んでいますが，今日，それらが畑で育っている様子を見る機会はあまりないのでしょう。また，その意識がなければ見えないものです。季節とつないで，なすやきゅうりという言葉を知ると，その季節らしさや周りの自然にも，主体的に目を向けるようになります。とくに，低学年では実体験と結びつけて言葉をとらえておくことが，今後の読み書きを始め，主体的に言葉を使いこなしていける力となります。

　　また，児童が体験にもとづいた夏の言葉を見つけ，それを文に書くこと自体が，個性的で主体的な活動だといえます。同じ「とうもろこし」でも，「食べたこと」，「見たこと」，「育てたこと」など，それに関わる体験は児童により様々です。そして，そのそれぞれに価値があります。だからこそ，そのことを文に書いて，だれが何にどのように目を向けたのかを語り合い（対話），言葉とそれに伴う体験を知り合うことに価値があるのです。教科書や友だちとの対話，交流を通して，「へえ，あそこにつゆ草があったのか」「○○さんは，トマトを育てていたのか」などと，お互いを知り合い言葉の中身を深め広げるようにします。

知識 及び 技能	言葉には，事物の内容を表す働きがあることに気づいている。
思考力，判断力，表現力等	「書くこと」において，経験したことや想像したことから書くことを見つけている。
主体的に学習に取り組む態度	積極的に言葉の働きに気づき，学習課題に沿って経験を文章に表そうとしている。

◉ 学 習 指 導 計 画　全 2 時 間 ◉

次	時	学習活動	指導上の留意点
1	1	・児童の経験や教科書をもとにして，夏の自然にかかわる言葉を出し合う。 ・夏の詩「みんみん」を，夏の言葉を意識してみんなで音読する。	・できれば，生活科の活動ともつないで，「夏のことば」を見つけさせる。 ・虫や草花，夏野菜など，実物を持ち込むと，言葉見つけのきっかけとすることができる。 ・「みんみん」は，音読を通してそのリズムを感じとらせ，できれば暗唱させる。
	2	・「夏の自然のことば」を使って，体験したことをもとに短い文章を書く。 ・書いたものを読み合い，質問や感想を出し合い（対話），交流する。	・「いつ」「どこで」など，実体験を通した具体的な事実を文章化させる。 ・だれかに知らせる「夏のおたより」（葉書など）の形で書かせるのもよい。

📀収録（画像，児童用ワークシート見本）

夏が いっぱい

第 1 時 （1/2）

本時の目標
夏野菜や草花、虫など、夏の自然にかかわる言葉が多くあることに気づく。

授業のポイント
夏の言葉に関わる発表は、単語ではなく、文で語らせたい。「みんみん」は、音読を通して「夏」を感じとらせる。

本時の評価
夏に関わる言葉、夏を感じる言葉を見つけ、発表することができている。

板書例

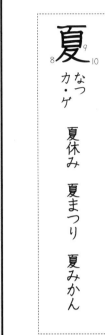

〈音読〉斉読のあとも、ペアや列ごとに人数を変えたりして何度も読み、『せみ、あみ、うみ、なみ』

そのほか
ぼんおどり　夏休み　やきゅう
プール　うみ　夏やすみ

みんみん　　たにかわ　しゅんたろう

みんみん
みんみん

そ・・・ち・・あ・み
は・・・む・・う・み
き・・・か・・な・み
な・・・・・・せ・み

よ・・・き・・み・み
い・・・な・・き・み
と・・・い・・か・み
ま・・・み・・ぐ・み

夏
なつ
カ・ゲ
8 9 10

夏休み　夏まつり　夏みかん

---

1 出し合う つかむ
夏野菜の名前を挙げてみよう。本時のめあてをとらえよう。

　　ここでは、「夏野菜」で導入するが、草花や虫などで児童を引きつけるのもよい。夏野菜を知らない児童もいるので、できれば実物を見せると効果的。

夏野菜って聞いたことがありますか。（トマトなどを見せて）トマトやキュウリは夏にとれる野菜です。ですから、夏野菜と呼んでいます。他に、夏野菜を知っていますか。

知っています。今、カボチャが畑にできています。

トウモロコシもそうかな。ぼくは大好きです。

「ピーマンやナスも夏野菜です。いろいろありますね。今日は、このような夏の言葉を集めましょう。」
白菜や大根は「夏野菜」ではないことも伝える。

「『なつ』を漢字でも書けるようになりましょう。」
　　「一、ノ、目…」と書き順を教え、空書きしてノートにも『夏』を書かせる。

2 書く 発表する
思いうかべた「夏」の言葉を書き出して発表しよう。

「先生は、『夏』と聞くとトマトのような夏野菜やスイカが目に浮かびました。みなさんは、『夏』と聞けば、どんなものが思い浮かびますか。浮かんだ夏の言葉をノートに書きましょう。」（あとで発表）

　　「どんなものを見たとき『夏だな』と思いましたか。」という問い方でもよい。

入道雲を見ました。

学級園のヒマワリがもうすぐさきます。

今、かぶと虫を育てています。

夏休みにせみ取りをします。

「夏に咲く花は他に知っていますか。」
　　『夏』の連想ゲームのように出させ、「生き物」「草花」「やさい」などに、分類して板書でまとめていく。

「こんなことをした、というお話ができるかな?」
・昨日の朝、お母さんと庭のキュウリをとりました。

の韻を踏むおもしろさや，4・4・2のリズムを体感させましょう。

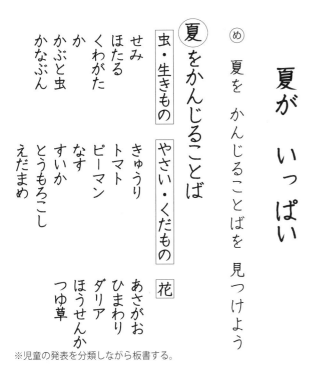

夏が いっぱい

め 夏を かんじることばを 見つけよう

夏をかんじることば

虫・生きもの
せみ
ほたる
くわがた
かぶと虫
かなぶん

やさい・くだもの
きゅうり
トマト
ピーマン
なす
すいか
とうもろこし
えだまめ

花
あさがお
ひまわり
ダリア
ほうせんか
つゆ草

※児童の発表を分類しながら板書する。

主体的・対話的で深い学び

・「きのう，ベランダのあさがおの花が，はじめてさきました。」に出ている「あさがお」は，その児童の発見に支えられた「その子の」言葉だと言える。「聞いたことがある」「知っている」だけの言葉ではなく，このような「その子の」夏の言葉を掘り起こさせたい。それが，それぞれの児童にとっての主体的な言語活動になる。

・また，ここでは友だちのお話をよく聞いている児童をほめる。対話，コミュニケーションは，聞くことで深まるからである。

準備物

・（準備できれば）夏の野菜や果物，草花，生き物などの実物や写真。

・画像 DVD 収録【2_18_01〜2_18_07】
（アサガオの花，アブラゼミ，クマゼミ，クマゼミのぬけがら，トウモロコシ，ナス，ピーマン）

---

3 広げる　教科書を見て，夏を感じる言葉を調べよう。

ここで教科書を見て，つゆ草など児童が目を向けていないような夏の草花や生きものに気づかせる。

「教科書を見て，夏の言葉を読み上げましょう。」
・せみ，つゆ草，あさがお…。
・えだまめ，ピーマン…，ふーん，枝豆も夏にできるのか。

「つゆ草ってどれかな？　挿絵を指してごらん。」
・つゆ草は，公園の隅にもあったよ。青い花だった。
　つゆ草やえだまめなどは挿絵を押さえさせ，絵と言葉をつながせる。実物も見せると盛り上がる。

こんな夏の言葉から，お話できることはありませんか。

隣の畑にトウモロコシができていました。

昨日，えだまめを食べました。おいしかった。

児童のつぶやきも拾い上げるようにする。

---

4 音読する　夏の詩「みんみん」を楽しく音読しよう。

詩も出ています。『みんみん』って何でしょう？　夏らしい言葉は出ているでしょうか。

うみとか，なみも，夏らしい言葉です。海水浴ができそう…。

みんみんは，「みーんみん」と鳴くせみの声だと思います。

「声に出して読んでみましょう。」（各自，1人読み）
「みんなで声をそろえて読めるかな。」（斉読）
　　斉読のあとも，ペアや，列ごとに人数を変えたりして何度も読み，『せみ，あみ，うみ，なみ，』の韻を踏むおもしろさや，4，4，2のリズムを体感させる。
・『せみ，あみ…』と全部『み』のつく言葉で終わっています。面白いなあ。

「読むと，どんな様子，景色が目に浮かびましたか。」

「1文字残した黒板を見て読めるかな。」（板書参照）
　　時間に応じて詩の暗唱や視写をさせるとよい。

夏が いっぱい

第 2 時 （2/2）

本時の目標
夏を感じたことや夏になってしたことを，夏の言葉を使って文章に書くこと（表現）ができる。

授業のポイント
各題材も児童の実体験をもとにさせる。虫捕りなど，体を使った経験がよい。
読み合い，交流は，良いところを見つけ合わせる。

本時の評価
夏の言葉を使って，夏に体験したことを簡単な文章に書くことができている。

板書例

文に書いてみよう

○あそんだ
○たべた
○せわを した

○だい
○見たこと
○したこと
○思ったことも

夏のことば
（いつ
どこ（だれと）
なにを

きゅうりとり
きのう、おじいちゃんのいえできゅうりとりをしました。大きいきゅうりを十五本もとりました。とれたてのきゅうりはおいしかったです。
なまえ（　）

だい
いつ・どこ
したこと
（思ったこと）

---

1 体験を話す
夏の草花や生き物のことを話し合おう。

> 花や野菜，虫の名前など，たくさんの夏の言葉が見つけられました。それらを見つけたことや何かしたことをお話してください。

> 昨日，東山公園でせみ取りをしました。おしっこをかけられました。

「東山公園という名前が入っているのがいいですよ。」
　などと，具体的な言葉をほめる。『知っていること』を話すのではなく，その児童の実体験を聞き合い，何を話すのかをつかませる。（書く助走とする）

　夏の自然を言葉でとらえ，夏の自然と関わった体験を文章化することが本時のめあてになる。

「他にも，夏になってこんなものを見たこんなことをしたよ，ということを隣どうしでお話しましょう。」
　・ベランダのミニトマトが赤くなってきました。
　・７月になってわたしのアサガオの花が咲きました。

2 体験を書く
夏に見たこと，したことをノートに，書こう。

「教科書にも，『夏だなあ』と感じたことを書いたカードが出ています。読んでみましょう。」（斉読）
　・ほたるとキュウリのことを書いている。

> こんなふうに，ぼくは，わたしは，夏にこんなものを見つけた，こんなことをした，ということを，ノートに書いてみましょう。

> おじいちゃんの家できゅうりとりをしました。大きいきゅうりを 15 本もとりました。

　実際に経験した自然との関わりが書く材料になる。『見つけた』『捕った』『遊んだ』『食べた』『世話をした』など，関わりを表す言葉を例示するのもよい。

「お家の人やおじいちゃんなど，他の人に教えてあげるように書いてもいいですね。」
　『だれかに知らせる』という形（手紙風）に書かせてもよい。
　体験を書くときの文末は『ました』など過去形になる。
　書けた児童には２つ目を書かせる。

を出し合わせ，児童どうしをつなぐとよいでしょう。

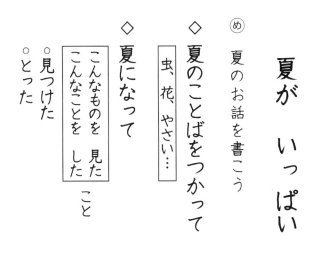

夏が　いっぱい

め　夏のお話を書こう

◇　夏のことばをつかって
　　虫、花、やさい…

◇　夏になって
　　こんなものを　見た
　　こんなことを　した　こと
　　○　見つけた
　　○　とった

主体的・対話的で深い学び

- 「自分の言葉で」語る，書く…ということがよく言われる。借り物ではない言葉や文のことだが，それは，低学年では「事実をよく思い出して，具体的に書く」ということになる。そこに主体性が生まれ，児童の個性も表現される。
- 「読み合い」も対話の1つの形である。よんで「いいなあ」と思ったところを出し合わせ，児童どうしをつなぐようにする。

準備物

- カード
（児童用ワークシート見本 **DVD** 収録【2_18_08】）

---

3 話し合う 清書する
書き方を確かめ，カードにきれいに書こう。

「今度はカードに書いて，後で読み合いましょう。」

　　例文をもとに『何を，どう書くか』を指導する。

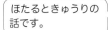

まず教科書に出ているカードを読んで，文の書き方を見てみましょう。題をつけて書いていますね。題は何でしょうか。

ほたるときゅうりの話です。

どちらも，夏に見たりしたりしたことです。

「そうですね。書くときはまず題をつけましょう。」
　　例文をもとにして次のようなことを確かめ合う。
　　○　『ほたる』のような『夏の言葉』の題をつける。
　　○　見たことやしたことを書く。文は2，3文程度。
　　○　思ったことも，付け加えてよい。

「では，書きたいことを1つ選んで，カードに書きましょう。絵も入れるといいですね。」（絵は省略も可）

---

4 読み合う 聞き合う
書いた「夏のお話」カードを読み合い，聞き合おう。

「お友だちは，どんな夏を見つけたのでしょう？」
　　書いたカードは，まずグループで読み合う。

『近くの林でくわがたを三匹とりました。　ゼリーをやって飼っています。』

3匹も捕ったの？すごいね。

どこの林？

ゼリーしか食べないの？

「回し読みして，質問や感想も出し合いましょう。」
　　『日曜日に，公園で弟とせみをとりました。…』などというカードを読み，質問などする。
- 捕れたせみは，何ぜみですか。
- くまぜみが2匹，油ぜみが3匹，網で捕ったよ。
- 捕るのがうまいなあ。今も生きているの？

　　時間に応じて，グループの代表にみんなの前で読ませ，交流する。カードは綴じて冊子にするか掲示板に貼ってみんなが読み合えるようにすると広がる。

お気に入りの本をしょうかいしよう／ミリーのすてきなぼうし

全授業時間 6 時間

◎ 指導目標 ◎

・読書に親しみ，いろいろな本があることを知ることができる。

・文章を読んで感じたことや分かったことを共有することができる。

・進んで読書に親しみ，学習課題に沿ってお気に入りの本を紹介しようとすることができる。

◎ 指導にあたって ◎

① 教材について

　　これまで読んできた本や，図書館で見つけた本の中から「お気に入りの本」を選んでメモを書き，友だちに紹介するという活動をします。これまで「たんぽぽのちえ」の学習のあとには，春や自然にかかわる本，「スイミー」のあとは，作者のレオ・レオニの絵本というふうに，学んだことに関わる本を知り，読んできています。読書の記録も，初めの「ふきのとう」以来続けてきています。これらの記録も振り返り，「お気に入りの本の紹介」に生かすようにします。

　　人に紹介するには，題名と「おもしろかった」だけでは伝わりません。「どんな本なのか」「どこがお気に入りなのか」など，その本のことを分かってもらう必要があります。そのため，人に紹介する上で大切な事がらは何かを確かめ，それをメモにして話すようにします。「ミリーのすてきなぼうし」は，紹介するための1つの本として取り上げます。みんなで読んで紹介メモを書くための教材とします。そのあと，それぞれ自分の「お気に入りの本」についてのメモを書き，友達と紹介し合います。

② 主体的・対話的で深い学びのために

　　教材にする「ミリーのすてきなぼうし」は，現実にはありえないお話です。全て，ミリーの心の中で創り出された世界です。けれども，「○○ごっこ」のように，小さい子どもが空想の世界に入りこみ，そこでの出来事を楽しむことはよくあることです。また，そんなミリーの空想を共にする店長さんやお母さんの姿にも心ひかれます。

　　「ミリーのすてきなぼうし」は，紹介のメモを書くための教材ですが，おもしろいと思う児童も多いでしょう。印象に残ったこと，共感したことなど感想を話しあい（対話），それを紹介するときのメモにも生かします。

　　一方，「お気に入りの本」を紹介するには，紹介する本を決めなければなりません。つまり，いろんな本を読んでいないと選ぶことはできません。今回の本の紹介をきっかけに，ふだんから主体的に読書に向かうよう，図書館にも親しむよう働きかけます。

◉ 評価規準 ◉

知識 及び 技能	読書に親しみ，いろいろな本があることを知っている。
思考力，判断力，表現力等	「読むこと」において，文章を読んで感じたことや分かったことを共有している。
主体的に学習に取り組む態度	進んで読書に親しみ，学習課題に沿ってお気に入りの本を紹介しようとしている。

◉ 学習指導計画　全 6 時間 ◉

次	時	学習活動	指導上の留意点
1	1	○学習の見通しを持つ。 ・学習課題をとらえ，すすめ方を聞く。 ・これまでの，読書記録を読み返す。	・「お気に入りの本を，しょうかいしよう」を学習課題とする。 ・「ふきのとう」からの読書記録を振り返る。
	2	・紹介したい本を選ぶ。	・図書室や町の図書館へ行き，多くの本を見たり読んだりして選ぶ。（教科書 P94 参照）
ここに，児童がいろんな本を読む期間を設け，紹介したい本に出会えるようにしてもよい。			
2	3	・紹介メモの書き方を調べる。 ・「ミリーのすてきなぼうし」を読む。	・教科書のメモの例を参考に「作者」「登場人物」など，メモに必要なことを話し合う。 ・「ミリー…」を読んで，メモを書くための大まかなあらすじをとらえる。
	4	・「ミリーのすてきなぼうし」を読む。 ・「ミリー…」を紹介するメモを書き，友達と読み合う。	・「ミリー…」の感想も話し合う。 ・メモは，自分の「お気に入りの本」の紹介のときに生かすようにさせる。
3	5	・自分が選んだ「お気に入りの本」を紹介するメモを書く。	・メモに書くことを確かめさせる。 ・概要だけでなく「読んでよかったところ」など，思ったことを書かせる。
	6	・自分の「お気に入りの本」を友達と紹介し合い，感想を伝え合う。 ・学習の振り返りをする。	・紹介を聞いて，お気に入りの本のことがよく分かったところを伝え合う。

◇ 少し前から「お気に入りの本をさがしておこう」などと，呼びかけをしておくとよいでしょう。

◇『ミリーのすてきなぼうし』をていねいに読みすすめるなら，3時間目を2時間扱いにするなど，そのための時間を増やして，全7時間の指導計画にするとよいでしょう。

DVD 収録（児童用ワークシート見本）※本書 P207「準備物」欄に掲載しています。

お気に入りの本を しょうかいしよう

第 **1,2** 時 （1,2/6）

本時の目標（1時目）
「お気に入りの本をしょうかいしよう」という学習課題について話し合い，学習の進め方を，確かめることができる。

授業のポイント
本を選ぶのが難しい児童もいる。教科書に出ている本をいくつか準備しておき，選ぶ参考にさせる。

本時の評価（1時目）
『本を紹介する』という学習課題について話し合い，学習のすすめ方を確かめることができる。

〈場所〉 2時目は，図書室や図書館へ行って，紹介したい本を選ぶという活動になります。

板書例

（第2時）
め　図書かんで，しょうかいしたい本をえらぼう

そのために
〈学しゅうのすすめ方〉
１　読んだ本を，ふりかえる（きろく）
２　しょうかいする本をえらぶ ←「ミリーのすてきなぼうし」を読む
３　本を読んで，しょうかいメモを書く
４　本をしょうかいする

（第1時）

1 出し合う　どんな本を読んできたのか発表しよう。

「これまで，いろんな本を読んできたと思います。読んだ本を教えてください。」
・スイミーの勉強のあと，レオ・レオニの『アレクサンダとぜんまいねずみ』の本を読みました。
・「たんぽぽのちえ」のあと，○○を読みました。

読んできた本の題名を，簡単に発表し合う。

読んできた本の中には，「友達にも読んでほしいな。」という本もあったでしょう。先生は，最近読んだこの『つゆくさ』は，みなさんにも読んでほしいな，と思いました。

つゆくさ

きれいな絵，何が書いてあるのかなあ？

「この『つゆくさ』の本は，『先生のお気に入りの本』の1つです。」
　　　教師が紹介するのは，どんな本でもよい。

2 めあてつかむ　学習課題をとらえよう。学習のすすめ方を確かめよう。

「みなさんにも，『お気に入りの本』，友達にも読んでほしいと思う本は，ありますか。」
・はーい。『きょうりゅう』の本。『恐竜図鑑』もです。
・『ちびっこカムのぼうけん』です。
・『くまの子，ウーフ』の本も，です。

「どれもおもしろそうな本ですね。読んでみたいね。」

これからの勉強は，そんな，みんなの『お気に入りの本を，しょうかいしよう』という勉強です。今発表したような本を，みんなに上手く紹介するのです。

上手に紹介できるかなあ。

「本を紹介するためには，まず『お気に入りの本』を選んで決めなければなりませんね。そのために，『学習のすすめ方』も確かめましょう。」
　　　教科書P92下を読む。

本は友だち

（第1時）

め これまで読んだ本をふりかえり、学しゅうの見とおしをもとう

◎ これまで読んできた本
その中で
（お気に入りの本は？
　すすめたい本は？）
←

お気に入りの本を
しょうかいしよう
＝みんなに教える　つたえる

> おもしろい
> やくにたつ
> よくわかる

主体的・対話的で深い学び

・読むこと以上に「読みたい」という意欲が主体性を培う。読書によって，児童は知らない世界を体験したり，知識を広げたりする。それは，本の中の世界との対話でもある。

・1，2年生の頃は，本に興味を持ち本好きになる時期の1つであり，この時期を逃さずに読書好きになるよう励ましたい。読書の習慣は，学力の大きな土台であると同時に，今後の宝物ともなる。図書室や図書館に親しむのも，習慣作りの1つの手だてとなる。

準備物

・これまで書いてきた，それぞれの児童の読書記録

・見本となるような，教師が紹介したい本（何でもよい）

・教科書 P94に紹介されている本，何冊か
「本の世界を広げよう」（教科書 P141-143）に記載の本，何冊か

---

3 対話する　これまで読んできた本を振り返ろう。

「学習のはじめには，何をしますか。」
・はじめは，『①読んだ本を振り返る』です。
・②は，『紹介する本をえらぶ』です。

> では，これまで書いてきた『読書のきろく』を出して，振り返りましょう。どんな本を読んできたのか，読み返して思い出しましょう。

> 読んだ日と，題名，作者を書いてきました。思い出せます。

> 感想の印（◎，○，△）もつけました。

「『お気に入りの本』『友だちに紹介したい本』は，ありましたか。見つかりましたか。」
・はい，3つあります。どれがいいかなあ。
「その本の名前を，ノートに書いておきましょう。」

「次の時間は図書館（室）へ行って選んでみましょう。」

（第2時）

4 【図書館で】選ぶ・読む　図書館へ行って，本を選ぼう。

「教科書にも，本が紹介されています。（P94,P141）図書館にもあるかな？　探して読んでみましょう。」

図書室か町の図書館へ行き，多くの本に触れながら，読みながら，本を選ぶところに意味がある。下見のときに，教科書 P94 の本など，選びにくい児童にすすめる本を何冊か調べておく。

【図書館で】

> （指して）このあたりに，教科書に出ていた2年生向きの物語の本があります。向こうには生き物の本があります。『お気に入りの本』を見つけてみましょう。」（本の分類を説明）

> あ，昔話の本もたくさんある。

> 工作の本もあった！

気に入った本を読み，続きは借りて読むようにさせる。選べない児童には，個別にすすめるなど援助する。
ここで選んだ本も「紹介」の候補の1つとする。

本時の目標

「紹介メモ」の書き方を知る。
「ミリー…」を読み，3つの場面に分けて，帽子屋などの場面での出来事を読み取る。

授業のポイント

ミリーが買ったのは『想像の帽子』であることに気づかせる。このことが分かりにくい児童もいる。時間的にも，教師が語句の説明もしながら読み進める。

本時の評価

紹介メモの書き方が分かっている。
『ミリー…』を読み，帽子屋などの場面での出来事を読み取っている。

〈時間の配分〉『ミリーのすてきなぼうし』をていねいに読み，ゆっくり話し合うには2時間扱い

板書例

```
「ミリーのすてきなぼうし」
　　　　　　　　きたむら　さとし

ミリーは、さんぽのとちゅう

三つのばめん（どこで）

(1) ぼうしやさんで … 店長さんと
　　そうぞうしだいて
　　とくべつなぼうし
　　　　　　　　→ どんな
　　　　　　　　　ぼうしにもなる

(2) ぼうしやを出てから（クジャクに）
　・お店の前で（ケーキに）
　　　　　　　（花に）
　・公園で　（ふん水に）
　　　　　（みんなちがったぼうし）
　　　　　（水たまりに）

◎ ミリーのぼうしは、
　〔　　　　　　　〕ぼうし※

(3) いえにもどってから
```

※児童に〔　〕内にあてはまる言葉を考えさせる。

---

1 めあて 調べる　「紹介メモ」の書き方を調べよう。

「『お気に入りの本』は，見つかりましたか。今日は，その本を紹介するための『メモ』の書き方を，教科書で調べてみましょう。」

　　　『すすめ方』の「③本を読んで紹介メモを書こう」（教科書 P95）の学習をすることを伝える。

「『ミリーのすてきなぼうし』を紹介するときのメモの例が，95ページに出ています。見てみましょう。」

『何を』話すとうまく紹介できるのか，メモには，何を書いておくとよいのかが書いてあります。どんなことをメモに書いていますか。

はじめは，『題名』で，それから，書いた人です。どちらも大切です。

だれが出てくるのか，登場人物です。

・他に『どんなお話か』『好きなところ』もあります。
　教科書のメモの例に沿って，メモに書くことや大切なことを，みんなで確かめる。

2 読む　「ミリーのすてきなぼうし」の範読を聞き，みんなで読もう。

「このメモで紹介している『ミリーのすてきなぼうし』のお話が載っています。どんなお話か，メモの例と比べて読んでみましょう。」

「まず先生が通して読みます。だれが出てきてどんなことをするのでしょう？」（範読で読み聞かせ）

出てきた人は，だれでしたか。

ミリー。主人公です。

お母さん。

帽子屋の店長さん

おばあさんも，です。

思ったことも，簡単に話し合う。
・ミリーは，4つ（歳）くらいかな，と思いました。
・ミリーの帽子は，何にでもなるおもしろいぼうし。

「では，正しく読めるようになりましょう。」
　各自で1人読み。その後，全員で音読する。

にするとよいでしょう。

お気に入りの本をしょうかいしよう

め 「ミリーのすてきなぼうし」を読んで、
しょうかいメモの書き方を知ろう

〈しょうかいメモ〉

だいめい		
書いた人		
とうじょうじんぶつ		
どんなお話か		
すきなところ		

○ だいめい
○ 書いた人
○ とうじょうじんぶつ
○ どんなお話か
○ すきなところ

🔍 主体的・対話的で 深い学び

・「対話」には，児童対児童と，教師対児童の対話がある。児童どうしが「ぼくはこう思う」などと互いに考えを述べ合う対話もあれば，教師が「ここはこう読むのだよ。」「この言葉が大切です。それは…」などと教える対話もある。ここでは，「紹介メモ」とつなぐ形で「ミリーのすてきなぼうし」を読むが，2年生には難しい言葉も多い。主題をつかみにくい児童もいるだろう。だから，ここは教師対児童の対話を中心に進めるが，それは深い学びでもある。もちろん，それは児童の主体性を損なうことにはならない。

準備物

・『ミリーのすてきなぼうし』の絵本

---

3 読む 対話する　帽子屋で，ミリーがしたことは何かを読もう。

「お話を，3つの場面（場所）で分けてみます。」
　(1) 帽子屋さん（P97-101）
　(2) お店を出て（P102-107）
　(3) お家に帰って（P108-109）

「(1)の帽子屋さんの場面から読んでいきましょう。」
　教師が，語句の説明もしながら音読していく。ウインドー，店長，かしこまりました，―（ダッシュの意味）自由自在，そうぞう，しんちょうなどの意味を説明し，下のような問いかけをして読み進める。

・ミリーが散歩しているのはどんなところかな。
・はじめから，帽子を買おうと思って行ったのでしょうか。
・店長さんが持ってきたのは，本物の帽子でしたか。
・『とくべつなぼうし』とは，どこが特別なのですか。
・店を出たミリーの頭を見ると，何が載っていますか。
・店長さんは，どんな人だと思いましたか。

---

4 読む 対話する　店を出たミリーに見えた帽子は，どんな帽子なのかを読もう。

「(2)のミリーが店を出た後の場面を読みましょう。」
　音読し，ここも教師が語句の説明もしながら進める。

店を出たミリーが行ったところは，どこだったでしょう？

それから花屋さん，そして，公園です。

そこでそれぞれいろんな帽子に変わりました。

行ったところは，ケーキ屋さんの前。

　ミリーに見えた帽子を順にまとめてもよい。
「そのとき，ミリーには帽子は見えていましたか。」
　・いいえ，見えていません。頭にも何ものっていない。
「では，『ミリーの帽子』とは，『どんな帽子』と言えますか。」
　・ミリーが見たもの，思い浮かべたものが，帽子になっていく，すてきな帽子，かな。
　・みんなが持っている，想像の帽子。

　本時に読み進めた(1)と(2)の場面の感想を話し合う。

本時の目標

『ミリー…』の大まかな内容を捉え、「紹介メモ」を書くことができる。

授業のポイント

『ミリーの…』のメモは，あまりかたく考えないで，それぞれのとらえを率直に書かせる。メモを書くこと自体が負担にならないよう，配慮する。

本時の評価

『ミリー…』の大まかな内容をとらえて、「紹介メモ」を書くことができている。

板書例

〈書く〉メモは，話すために用意します。文章ではなく，短く簡単に書くようにします。教師が例

（ふりかえって）→
○○ どんなお話
○○ すきなところ

〈しょうかいメモ〉
○ だいめい … ミリーのすてきなぼうし
○ 書いた人 … きたむら さとし
○ とうじょう … ミリー、店長さん、
　じんぶつ　　公園の人、おばあさん、ママ

◇ メモを見て、しょうかいしてみよう
① しょうかいする本の
　だいめいは〔　　　　〕です。
② 書いた人は〔　　　　〕です。
③ とうじょうじんぶつは〔　　　　〕です。
④ どんなお話かというと、〔　　　　〕です。
⑤ すきなところは、〔　　　　〕です。

---

1 振り返る 読む　公園での場面を振り返り、(3)の場面（お家でのミリー）を読もう。

「公園へ行ったときのミリーの帽子はどんな帽子ですか。挿絵からミリーを見つけてみましょう。」（指す）
・ミリーはこの子。帽子にいっぱい載っている。
「（挿絵から）カンガルーや船の帽子もあります。」
・その人の考えていることが帽子になっている。
・ミリーには、それが見えるのかなあ。
　ミリーの願いや思いも帽子になっている。

「(3)のお家に帰ったミリーの様子を読みましょう。」
・（音読）『そうしてミリーは、いえにもどり…』
　下のような問いかけで、(3)の場面を読みすすめる。

・『まあ、すてきね』と言ったママには、帽子は見えていましたか。（見えていない）
・見えていないのに、『まあすてきね。・・・ママもほしいわ。』と言ったママを見て、どう思いましたか。
・『ママだって持ってるのよ、ほんとうは。』という言葉と、挿絵の帽子から、何か気づいたことはありますか。

2 対話する　『ミリー…』の内容を振り返り、好きなところを話し合おう。

「『ミリー…』のお話を振り返って、どんなお話だったと言えばよいでしょうか。」
　　『あらすじ』というよりも、『ひとことで言えば、こんなお話』という内容をまとめて話し合う。
・ミリーが、本当はかぶっていないのに、想像でいろんなものを帽子にしてしまうお話です。
・ミリーが思ったことや願ったことも、想像でぜんぶ帽子にしてしまうお話です。

では、このお話で好きなところ、気に入ったところはどんなところでしたか。

公園で見かけた人もママも、みんながその人らしいぼうしを持っているところ。

店長さんがミリーに合わせて、想像の帽子をくれるところがおもしろい。

わたしの帽子なら、どんな帽子かな、と思った。

示し，メモの書き方の共通理解を図ります。

お気に入りの本をしょうかいしよう

め 「ミリーのすてきなぼうし」を読み、
しょうかいメモを書いてみよう

「ミリーのすてきなぼうし」
ミリーは、

(2) 公園で　…　どの子？
みんなちがったぼうし

(3) いえにもどって
ママ「まあ、すてきね」
ミリー「ママだってもってるのよ」

主体的・対話的で深い学び

・同じ『ミリー…』の本を読んでも，メモは違ってくる。『どんなお話か』というとらえ方や『好きなところ（気に入ったところ）』は，児童によって異なる。メモを読み合い（対話），「○○さんは，そこがおもしろいと思ったのか」など，その違いに気づくことが対話であり，深い学びにもなる。

・『本の紹介』の本来のねらいは，『本は友だち』のとおり，『本』そのものに心を向けさせることにある。だから，『メモ』を 書くことが重荷にならないよう配慮し，助言もする。

準備物

・紹介メモを書く用紙（児童数）
（児童用ワークシート見本
DVD 収録【2_19_01】

---

3 書く　話し合いをもとに，『ミリー…』の「紹介メモ」を書こう。

「今，話しあったことももとにして，『ミリー…』のお話を紹介するメモを書いてみましょう。」

『紹介メモ』を書く用紙を配布する。書き方は既習。

「教科書（P 95）のメモの形に合わせて書いてみましょう。『題名』と『書いた人（作者）』をまず書きます。教科書と同じですね。登場人物も書きます。」
「次は，『どんなお話か』『好きなところ』を書きます。ここは教科書と違って（違った方が）いいですね。」

> どんなところを紹介するのかは，自分で考えて，自分が紹介したいように書きましょう。

> 『小さい女の子のミリーが，お店の前や公園で想像しながらいろんな帽子をかぶるお話』かな。

書く分量は，教科書程度で簡単に。短くてよい。

---

4 発表する 対話する　書いた『紹介メモ』をグループで読み合おう。

「書いた『紹介メモ』をグループで読み合ってみましょう。メモの通り読まなくていいのです。メモを見ながら，『こんなお話ですよ。』と，紹介するようにお話するといいのです。」

グループでなくてもよい。また見せ合うのもよい。

「はじめに，みんなの前で読んでもらいましょう。」

1人か2人，『こんなふうに…』という見本を示す。

> 読んだ本の題名は，『ミリーのすてきなぼうし』です。作者は，きたむらさとしさんです。登場人物は・・・です。どんなお話かというと，ミリーが帽子屋さんで，何にでもなる想像の帽子を買って，・・・。

紹介のあと，紹介のよいところを簡単に話し合う。

お気に入りの本をしょうかいしよう

第 5,6 時 （5,6/6）

本時の目標
自分の『お気に入りの本』の紹介メモを書き，紹介し合うことができる。
学習の振り返りができる。

授業のポイント
全員が『お気に入りの本』を決めていることが前提になる。教師も援助して準備させておく。

本時の評価
『お気に入りの本』の紹介メモを書き，友達と紹介し合うことができている。
学習の振り返りができている。

板書例

〈紹介〉人前で話すことが苦手な児童はメモを見ながら，得意な児童はなるべく見ずに紹介するよ

〈しょうかいのしかた〉
① ぼく（わたし）のお気に入りの本は（　）です。
② 書いた人は（　）です。
③ おもなとうじょうじんぶつは（　）です。
④ どんなお話かというと（　）
⑤ ぼく（わたし）のお気に入りのところは（　）です。
　（すきなところ）

◇ しょうかいを聞いたかんそうをつたえよう
・よくわかったところ
・聞いて思ったこと
・読んでみたいと思った本

◇ ふりかえろう

（第5時）

1 聞く 対話する
本時のめあてを聞き，「お気に入りの本」を話し合おう。

「『ミリー…』を読んで，それを『紹介するメモ』を実際に書いてみました。それを聞いた人が，『読んでみたいな』と思ってくれたらいいですね。」

「今日は，これまでみなさんが読んできた本の中から『お気に入りの本』を選んで，友だちに紹介するメモを書きます。」

「お気に入りの本，おすすめの本は，決まりましたか。持ってきた人は見せてください。」

ぼくはレオ・レオニの絵本です。『コーネリアス』です。

『日本の昔話・夢見小僧』です。

わたしは，『かいけつゾロリ』おもしろかったです。

よい本を選んでいますね。よい紹介メモが書けそうです。

2 書く
「お気に入りの本」の紹介メモを書こう。

「『紹介メモ』の書き方は，『ミリー…』で書いたのと同じです。紹介のはじめに書くことは何でしたか？」
　・本の題名と，書いた人の名前です。
「では，その2つをまず書きましょう。」（用紙を配布）
「次は，登場人物です。」（多いときは，おもな人物）
　　　生き物の本や工作の本では，略することもある。
「次が大切なところでした。『どんなお話か』と『すきなところ』を書きましょう。お気に入りになったことやところを書くといいですね。」

『どんなお話か』というと…これで分かるかなあ。

『ミミズの本』の『よかったところ』は，…です。ミミズがとても役にたっていることが分かって…。

書きにくい児童を，個別に援助する。（P154 参照）

「次の時間に，紹介し合いましょう。」

うにします。

お気に入りの本をしょうかいしよう

め　えらんだお気に入りの本を
しょうかいしよう

(1)　しょうかいメモを書く

(2)　メモを見て、本をしょうかいしあう
（お話しするように）

〈えらんだお気に入りの本〉
ものがたり、しぜんの本、工作、むかし話※

※児童の発言を板書する。

主体的・対話的で深い学び

・『話す』ということは，簡単なように見えて難しい。教科書 P96 のように，ここではメモを書き，それを見ずに話ように『紹介』することになっている。もちろんそのようにできる児童もいるが，うまくできない児童もいる。その場合は，そのままメモを読むことも認める。対話は多様な形であってよい。

・メモをお話するような文章に書き変えさせるのも１つの手だてになる。むしろ，その方が対話の練習としては実際的なものになり，深い学びとなる。

準備物

・紹介メモの用紙（児童数）（第4時で使用したもの）

・児童それぞれのお気に入りの本を，準備しておくように伝えておく。

（第6時）

3　読む　対話する　書いた「紹介メモ」を読み合おう。

「前の時間に書いたメモを見て，今日は『お気に入りの本』の紹介をします。」

「できたらメモはそのまま読まずに，本のことをお話するように紹介しましょう。教科書96ページにも出ています。メモと比べて，読んでみましょう。」

・メモに，いろんなことを足して紹介しています。

　メモに付け加えてもよいことを伝える。時間に応じて，話す文章に書き直させてもよい。また，次のような話し方の形を教えるのも一つの方法である。

話し方は，次のようにするとよいでしょう。

1．ぼく（わたし）のお気に入りの本は・・・です。
2．書いた人は，・・・です。
3．おもな登場人物は，・・・です。
4．どんなお話かというと・・・
5．ぼくのお気に入りの（すきな）ところは・・・

お話を苦手とする児童には，話型を使うことも勧める。

4　交流する　振り返る　『紹介』の感想を話し合い，学習を振り返ろう。

「聞いた人は，よく分かったところや感想を言ってあげましょう。」

髙木さんの『エルマーとりゅう』の紹介を聞いて，エルマーが好きになりました。読んでみたいです。

「これまでの学習を振り返ります。友達の本の紹介を聞いて，読んでみたい本は見つかりましたか。」

・はーい。向井さんの『世界の恐竜』の本です。

「教科書96ページに本を紹介するときに大切なことが載っています。できたことに○をつけましょう。」

・本の紹介のしかたが分かった。

雨のうた

● 指導目標 ●

・語のまとまりや言葉の響きなどに気をつけて，音読することができる。
・文章を読んで感じたことや分かったことを共有することができる。
・粘り強く語のまとまりや言葉の響きに気をつけ，学習課題に沿って詩のよさが伝わるように音読しようとすることができる。

● 指導にあたって ●

① 教材について

　　児童が楽しく読める詩です。落ちてきた雨粒がたてる音や様子が「うた」です。雨粒は，落ちてきて，何かに当たったときに音をたてます。つまり，雨音には相手があります。このことが，「あめは　ひとりじゃ　うたえない」「きっと　だれかと　いっしょだよ」と表現されています。そして，やね，つち，川，花…と，相手によって，とんとん，ぴちぴち，つんつんなど，雨はそれぞれ違った言葉（オノマトペ）で表されています。（※『つんつん』や『しとしと』などは，音というよりもオノマトペ（擬声・擬態語）と言った方がよいでしょう。）

　　なお，「雨」がテーマですが，暗さはなく明るさを感じる詩です。それは，「いっしょだよ」「だれとも　なかよしで…」といった言葉の響きによるものです。

　　「ひとりじゃ　うたえない」とはどういうこと？「だれかと　いっしょ」のだれかとは？などは，みんなで考え合います。詩には繰り返しやリズムがあり，音読によって体感できます。音読を楽しみ，好きなところや感じたことを交流します。

② 主体的・対話的で深い学びのために

　　詩の内容は，難しくありません。ただ，「ひとりじゃ　うたえない」とは，どういうことなのかなど，基本的なことは話し合っておきます。そして，詩の内容をつかんだうえで，詩のリズムを生かした読み方を工夫し，聞き合うことが深い学びとなります。

　　七音，五音…七音，五音…の言葉は，雨の降っている様子とも重なり，音読するとそのリズムが感じとれます。言葉の繰り返しや，1連と2連の呼応にも気づくはずです。それらの効果についても話し合います。そのことを生かして，主体的に音読を工夫することによって，いろんなところに降っている雨，降り続く雨がイメージできるでしょう。また，やね，つち，かわ，はな…の他に降る雨を広げた想像もできます。

　　なお，友だちの音読について話し合ったりするのもいいのですが，「どう読めばいいのか」などとあまり難しく考えずに，まずは楽しく読むことを目指します。

◉ 評価規準 ◉

知識 及び 技能	語のまとまりや言葉の響きなどに気をつけて，音読している。
思考力，判断力，表現力等	「読むこと」において，文章を読んで，感じたことや分かったことを共有している。
主体的に学習に取り組む態度	粘り強く語のまとまりや言葉の響きに気をつけ，学習課題に沿って詩のよさが伝わるように音読しようとしている。

◉ 学習指導計画　全2時間 ◉

次	時	学習活動	指導上の留意点
1	1	・体験した雨の様子や音について交流する。 ・『雨のうた』を音読する。 　（斉読，1人読み，など多様な読み方で） ・『雨のうた』の『うた』や『ひとりじゃ歌えない』の意味について，話し合う。 ・好きなところを発表し，音読する。	・雨についての体験を話し合わせる。 ・いろいろな読み方を通して，まずは正しく読めることを目指させる。 ・『うた』とは何かなど，基本的な意味と読み方をみんなで確かめ合う。 ・読み取ったことをふまえて，音読に生かすようにする。
	2	・1連と2連を読み比べて，同じ言葉や違いを見つける。 ・詩を視写する。 ・詩の「好きなところ」「いいところ」について発表し，話し合う。 ・音読を聞き合い，感想を述べ合う。	・詩の形や繰り返し（反復）に気づかせる。 ・視写を通して，詩のリズムや「繰り返し」をとらえさせる。 ・詩の特徴のひとつ『つんつん』などの言葉のおもしろさにも気づかせたい。 ・できれば，みんなで暗唱させる。

雨のうた

第 **1** 時 （1/2）

本時の目標
「うた」の意味に気づき，雨が歌っている様子を思い浮かべて，音読することができる。

授業のポイント
やね，つち，かわ，はなと，それぞれ相手によってうたが変わるおもしろさを，音読で感じとらせる。

本時の評価
「うた」の意味が分かり，雨が歌っている様子を思い浮かべて音読することができている。

板書例

あめは どんな うた でも
だれ とも なかよしで ・・・・・
⇒ だれ うた ⇐

雨の〈うた〉

とんとん やねのうた
ぴちぴち つちの・・・
つんつん かわの・・・
しとしと はなの・・・

いろんな ところに ふる 雨
いっしょに うたう
いろんな おと、ようす

おもいうかべて ⇐
おんどくしよう

---

1 話し合う　知っている雨や雨音のことを話し合おう。

「みなさんは，雨を知っていますね？　では，雨の音は聞いたことがありますか？　どこで，<u>どんな音を聞いたのか，その様子や音を発表してください。</u>」

傘の上に雨つぶが落ちてきて，そのときパラパラという音がしました。

帰り道，雨が降ってきて，そのとき，ザーザーとすごい音がしました。ちょっとこわかったです。

他にも，雨の体験やイメージ，音を出し合う。

「雨にもいろんな音がありそうです。『雨のうた』という詩があります。ここにも雨が出てきます。どんな様子なのか，音なのか，読んでみましょう。」
　・『雨のうた…』　　（各自１人読み）

2 音読する　『雨のうた』を音読しよう。

「はじめに先生が読みます。『雨のうた…』」（範読）
「今度は，みなさんも後について読みましょう。」
「『雨のうた』」（１行ずつ読んでいく＝追い読み）
　・『雨のうた』（児童も音読）
「『あめはひとりじゃうたえない』」
　・『あめはひとりじゃ…』（児童も繰り返し音読）

「今度は，みんなで読んでみましょう。」（斉読）

雨のうた，つるみまさお，あめは ひとりじゃ うたえない，きっと だれかと いっしょだよ。やねと いっしょに…

「今度は，１行ずつ列ごとに交代して読みましょう。」

　　他，いろんな形態，パターンで詩を音読する。

「１人で読みたい人は？」（指名して音読）

できるとよいでしょう。

主体的・対話的で深い学び

- 音読は，形だけの音読にならないようにすることが深い学びとなる。「雨のうた」の「うた」とは何か，基本的な読みをふまえた上で，「とんとん」「ぴちぴち」など，いろんなところに降る雨をイメージして読むことが，その児童の主体的な音読につながる。
- 雨が，屋根や土などの『だれか』と『いっしょ』にうたい，それぞれ相手によって，違った音や感じを出している（うたっている）ことを対話によって交流させる。

準備物

雨のうた　　つるみ　まさお

め　雨のようすを　おもいうかべて
　　おんどくしよう

あめは　ひとりじゃ　うたえない
きっと　だれか と　いっしょだよ ←

雨は
〈どこに？〉やねと　いっしょに
　　　つちと
　　　かわ（川）と
　　　はな（花）と

---

3 話し合う　『雨のうた』の『うた』とは何なのか考えよう。

「この『雨のうた』の雨は，どんなところに降っていましたか。」
　・『やね』です。
「それは，どの文から分かりますか。」
　・『やねといっしょに…』と書いてあるからです。
　・『つちのうえにも…』とあるから，土の上も降っています。
　・かわ（川）とか，はな（花）の上にも降っています。
　・いろんなところに降っているみたい…。

では，『やねと　いっしょに　やねのうた』の『うた』とは何のことなのですか。

『つちのうた』は『ぴちぴち』。

『やねで　とんとん　やねのうた』だから，『とんとん』という音が『うた』。

※『つんつん』や『しとしと』は擬態語でもある。

---

4 想像する 音読する　『雨』の音や様子を思い浮かべて音読しよう。

『あめは　ひとりじゃ　うたえない』『きっと　だれかと　いっしょだよ』の『だれか』さんとは，だれでしょう？

『やね』とか『つち』といっしょに歌う。

やねに当たって『とんとん』と聞こえる音が，『うた』だから…。

「雨は，いろんなところに降って，降ったところで，違ったうた（音・様子）をうたっているのですね。」
「屋根とか，土とか，川とか…いろんなところで雨が歌っている様子を思い浮かべて，音読しましょう。」
　　1連，2連をクラス半分ずつ，分けて読んだり，2人で分けて読んだりと，何回か音読する。

「この詩を読んで，思ったことを発表しましょう。」
　・『ぴちぴち』とか『つんつん』とか，なんだか楽しそう。雨でもいろんな音があるんだなあ。（交流）

「みんなでもう一度，音読しましょう。」（斉読）

雨のうた

第 2 時 （2/2）

本時の目標
詩には言葉の繰り返しやリズムがあることが分かり，それをふまえて音読し，感想を交流することができる。

授業のポイント
内容だけでなく，「繰り返し」（反復）など，詩の表現法にも気づかせ，音読に生かせるようにする。

本時の評価
詩のリズムや，言葉の繰り返しをふまえて音読し，感じたことを交流することができている。

板書例

〈視写〉正しく文章を写したり書いたりできる力は今後の言語力の基礎となります。1時間の授業のどこ

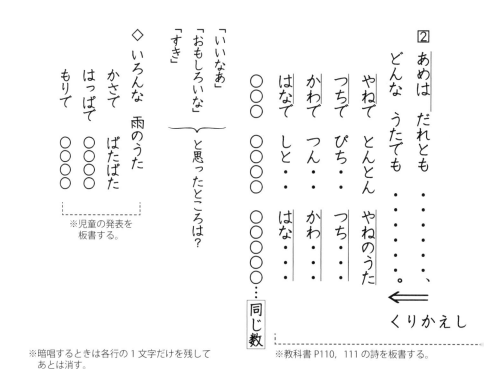

```
② あめは  だれとも  ・・・・・・、
   どんな  うたでも  ・・・・・・。
   やねで  とんとん  やねのうた
   つちで  ぴち・・  つち・・
   かわで  つん・・  かわ・・
   はなで  しと・・  はな・・
   ○○○       ○○○
   ○○○       ○○○
   ○○○       ○○○
   ○○○○      ○○○○
   ○○○○      ○○○○・・・同じ数
```

← くりかえし

※教科書 P110，111 の詩を板書する。

```
「いいなあ」
「おもしろいな」  と思ったところは？
「すき」
```

```
◇ いろんな 雨のうた
   かさで    ぱたぱた
   はっぱで   ○○○
   もりて    ○○○
```

※児童の発表を板書する。

※暗唱するときは各行の１文字だけを残してあとは消す。

---

1 音読する 対話する — 音読して，同じ言葉を見つけよう。

「『雨のうた』を，みんなで読みましょう。」（斉読）
「この詩は，いくつのかたまりでできているでしょうか。今度はひとりで読んでみましょう。」（一人読み）
　・２つです。（『連』という言葉を教えてもよい）

１つ目（１連目）と２つ目（２連目）を読み比べて，気がついたことはありませんか。同じ言葉とか…。

同じ言葉が出ています。やね，つち，かわ，はなが出てきます。

でも，違うところもあります。

「同じ言葉が繰り返されていますね。そのところに線を引きましょう。」
　　　線を引かせながら，児童のつぶやきをとらえる。
　・『やねのうた』とか『つちのうた』は同じだな。
　・でも『やねと』と『やねで』は，少し違ってる…。

「見つけた同じ言葉を発表しましょう。」

---

2 書き写す — 言葉の繰り返しと違いに気をつけて，『雨のうた』を視写しよう。

「同じ言葉とちょっと違うところも見つけられました。他に見つけた（気づいた）ことはありませんか。」
　・言葉も似ていて（音数も同じ），音楽の歌詞の１番と２番みたいでした。だから調子よく読めました。

「では，同じ言葉，違う言葉に気をつけて，この『雨のうた』を，ノート（または用紙）に写しましょう。先生は，黒板に書きますよ。」（板書略）

※改行や分かち書き，仮名文字も正しく書かせる。

　筆写を通して，１連と２連の言葉の繰り返しやリズムなど，詩の形や表現に気づかせる。

「写したノートの『雨のうた』を見て音読しましょう。」

かで，書くことや視写といった活動をとり入れましょう。

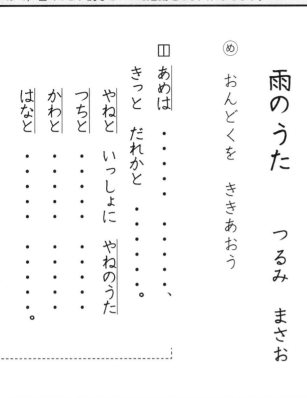

雨のうた　　つるみ　まさお

め
　おんどくを　ききあおう

①
あめは　・・・・・・・・
きっと　だれかと　・・・・・、
やねと　いっしょに　やねのうた
つちと　・・・・・・・・
かわと　・・・・・・・・
はなと　・・・・・・・・。

主体的・対話的で深い学び

・話し合いや発表だけでなく，詩や文章の視写も，個々の児童の主体的で実質的な学習活動と言える。遅くなく，また正しく文章を写したり書いたりできる力は今後の言語力の基礎ともなる。話し合いだけでなく，1時間の授業のどこかで，書くことや視写といった活動をとり入れたい。

・音読の発表や聞き合いも表現であり，ひとつの対話と言える。批評ではなく，「よいところ見つけ」や「ほめあい」をさせる。

準備物

・（必要に応じて）視写用ワークシート

3 発表する 対話する　好きなところを発表し，聞き合おう。

「読んで，『いいなあ』『おもしろいな』と思ったところ，好きなところはどこでしょうか。できたら，そう思ったわけも簡単に書いてみましょう。」

　　いきなり発表ではなく，まず書かせ，そして発表。

『かわで　つんつん　雨のうた…』の『つんつん』がおもしろい。川に降っている本物の雨と同じだからです。

『雨は　だれとも　なかよしで…』のところです。『なかよし』が好きです。

　　児童からは，ほぼ全行が発表されるだろう。「好きなところ」なので，すべてを受けとめるようにする。

「どんな『雨のうた』がありましたか。」
　・『とんとん』『ぴちぴち』『つんつん』『しとしと』

「みなさんなら，どんな『雨のうた』を聞くかな？」
　・『かさで　ぱたぱた　かさのうた』（など，自由に）

4 音読発表 聞き合う　友だちの音読を聞き合い，よかったところを伝えよう。

雨がいろんなところに降っている様子を思い浮かべながら，前で音読しましょう。聞く人はいいところ，上手なところを見つけましょう。

『……やねといっしょにやねのうたつちといっしょにつちのうた…』

　　全体で1，2回読んだ後は，音読発表会的にみんなの前で音読させると，緊張感も出る。クラスに応じて，1人または2人，あるいはグループで…などと形は自由に工夫する。

「よかった（上手な）ところを，言いましょう。」
　・雨が楽しそうに降っているように聞こえました。
　・『とんとん』とか『つんつん』を強く読んでいて，おもしろそうでした。

「もう覚えたでしょうか，暗唱してみましょう。」
　　黒板の初めの文字をみて，みんなで暗唱してもよい。

ことばでみちあんない

◉ 指導目標 ◉

・相手に伝わるように，話す事柄の順序を考えることができる。

・共通，相違，事柄の順序など情報と情報との関係について理解することができる。

・話し手が知らせたいことや自分が聞きたいことを落とさないように集中して聞くことができる。

・話す事柄の順序を粘り強く考え，学習課題に沿って道案内をし合おうとすることができる。

◉ 指導にあたって ◉

① 教材について

「対話の練習」では，児童の想像がふくらむ楽しい話題をもとに，学校生活に役立つ対話スキルを学びます。身近な課題に取り組み，対話することの価値を実感することで，日常生活にいきるコミュニケーション能力を伸ばすことを目指します。

本教材では，待ち合わせ場所までの「道案内」という楽しい状況設定の中で，友達と対話をしながら伝えるべき内容をたどっていく学習です。

② 主体的・対話的で深い学びのために

伝えるべき項目や内容をおさえるのはもちろんですが，相手に伝わるような話し方も重要となってきます。話す事柄の順序，相手が聞きたいことを落とさないように話す，身振り手振りなど，様々な工夫が考えられます。大切なことは何なのか，実際に友達どうしで道案内をし合いながら気づくことでしょう。

また，待ち合わせ場所を伝える道案内だけでなく，宝の地図から宝のありかを教えるなど，児童の想像がふくらむ，楽しく興味のある内容にすることで，より積極的に取り組ませることができるでしょう。

知識 及び 技能	共通，相違，事柄の順序など情報と情報との関係について理解している。
思考力，判断力，表現力等	・「話すこと・聞くこと」において，相手に伝わるように，話す事柄の順序を考えている。 ・「話すこと・聞くこと」において，話し手が知らせたいことや自分が聞きたいことを落とさないように集中して聞いている。
主体的に学習に取り組む態度	話す事柄の順序を粘り強く考え，学習課題に沿って道案内をし合おうとしている。

◉ 学 習 指 導 計 画　　全 3 時 間 ◉

次	時	学習活動	指導上の留意点
1	1	・教科書 P112 のみどりさんの道案内を聞く。 ・みどりさんの道案内が分かりやすいかどうかを話し合う。 ・道案内を正しく伝えるためのポイントを整理する。	・「伝言ゲーム」で導入し，言葉で伝える難しさを実感させる。 ・みどりさんの道案内では待ち合わせ場所に行けないことを確かめさせる。
	2・3	・宝の地図を自作する。 ・自作の宝の地図で，宝までの道案内について書かせる。 ・友達と，宝のありかまでの道案内をし合う。 ・感想を交流し，振り返る。	・宝のありかを，前時で学習したポイントを意識しながら言葉で説明し，宝まで案内するように指導する。 ・友達に案内されたとおりに行けるか確認し，分かりやすい順序で話したり，大事なことを落とさず聞いたりできたかをお互いに確かめる。

📀収録（児童用ワークシート見本 , 資料）

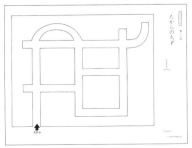
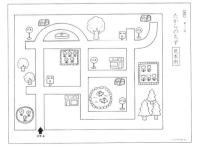

本時の目標
道案内の仕方を考え，正しく伝えるためのポイントを整理することができる。

授業のポイント
教科書のみどりさんの道案内の例から，分かりやすいかどうかを話し合い，どのような点を注意するべきか出し合わせる。

本時の評価
相手に伝わるように話す順序について考えている。

板書例

〈伝え方〉相手に伝わる話し方のポイントは，①文を短くする，②順序だてる，③方向や数字を使う，

《まちあわせのばしょ》

※教科書 P112 の挿絵

みどりさん ← てんわ ← はるかさん

「公園の入り口を・・・、まっすぐ行ったらバラ園が・・・。しばらく行ったら右に・・・。そこ・・・ベンチで・・・・・・。」

※教科書 P112 の文を板書する。

あえる　○人 → ○人
あえない　○人 → ぜんいん

〔たいせつ〕
・はじめに、あんないするばしょを言う
・通るみちのじゅんに　せつめい
・（まがるところやほうこう　目じるしになるもの）　はっきりと

1　対話する　交流する
楽しいゲームを通して，言葉で伝える難しさを実感しよう。

今から『早口伝言ゲーム』をします。これは，早口でどれだけ正確に前の人に話を伝えられるか競うゲームです。

後ろの人から聞いた言葉を前の人に伝えたらいいんだね。

簡単だね！

導入で，ゲームを楽しみながら，言葉で伝えることの難しさを実感させる。ゲームは，以下の流れで行う。
1．列単位で行う。（できれば，5人〜8人）
2．話す内容は，教師が一番後ろの人に伝える。各列の後ろの人から，自分の前の人に順番に伝言する。
3．一番前に伝言が届いたら全員が終わるまで待ち，グループごとに発表させる。

お題は，「浦島太郎と金太郎がろくろっくびとロックを歌った」，「○○先生と○○先生と○○先生が校長室でラインダンスをおどった」など，まぎらわしい言葉が2〜3個入ったものがよい。

2　めあて　つかむ
日記を書いた経験を出し合おう。学習課題を確かめよう。

「ゲームはどうでしたか。」
・簡単なようで，すごく難しかったです。
・途中で言葉が変わってしまいました。
「話をして伝えたり，言われたことを落とさず聞いたりすることは，難しいことですね。」

「今日は，相手に伝わるような話し方の勉強です。」
教科書 P112 を開かせ，範読する。

電話で連絡を受けたはるかさんは，みどりさんに会えるでしょうか。

会えないと思います。

たぶん…会える，かな。でもちょっと分かりにくいかも…

「会える」を選んだ人数と，「会えない」を選んだ人数を確認して黒板に書いておく。

などです。活動を通して，ポイントを押さえます。

〈板書例〉

ことばでみちあんない

⊕ ことばでみちあんないするときに
たいせつなことを　考えよう

〈早口でんごんゲーム〉
① れつって　たいけつ
② れつの　さいごの人に
　先生が「おだい」をつたえる
③ れつの　いちばんまえの人が
　きいた「おだい」をはっぴょうする

🔍 **主体的・対話的で深い学び**

・道案内をした経験を聞いても，おそらくほとんどの児童がないと考えられる。教科書を見ながら，みどりさんの道案内（説明）で確実に目的地に行けるのか，行けないのであれば何が足らないのか，話し合わせる。

準備物
・教科書P112の挿絵の拡大コピー

---

3 調べる　対話する　みどりさんの説明を検証し，何が問題なのか話し合おう。

「では，みどりさんの言うとおりに行けば，待ち合わせ場所に間違いなくたどり着けるかどうかやってみましょう。教科書の公園の地図（挿絵）を使います。」
　消しゴムなどをコマとして動かしてやらせてみる。

「案内の仕方で分かりにくいところがありましたか。」
・「しばらく行ったら」がどこまでなのか分からない。
・曲がってすぐなのか，もうちょっと行くのかが分かりにくかったです。ベンチはいくつもあるし…。
　再度「会える」「会えない」で挙手させる。

では，みどりさんは，どう伝えればよかったのでしょう。

何番目の道で曲がるのか言った方がいい。

何番目もいいけど，曲がり角にあるものを言うといい。トイレとか，切り株とか。

ベンチのそばにある目印になるものを付け足す。

待ち合わせの場所の特定から話し合わせてもよい。

---

4 交流する　まとめ　道案内のポイントを出し合い，まとめよう。

みどりさんは，道案内でどのように説明すれば分かりやすかったのでしょうか。

ベンチがたくさんあったので，どのベンチなのか最初に伝えておくと，聞く方が分かりやすい。

どの道を行くのか，周りに何があるのか伝えて説明するとよかった。

　みどりさんの説明の改善点について班ごとに出し合った意見を発表させ，正しく伝えるためのポイントをまとめる。教科書P113左下の解説でも確かめる。

「これからは，『道案内』を言葉で話すだけで説明することができそうですか。」
・一度，ためしにやってみたい！

　時間があれば，P113の②（地図で待ち合わせの場所を決めて，班の友達に道案内をする），③（聞いた人は，案内通りに行けるか），に取り組ませる。

ことばで みちあんない

本時の目標

友達と進んで対話し，よりよく伝えようとしながら道案内で大切なことを考えることができる。聞くときは，相手が伝えたいことを注意して聞くことができる。

授業のポイント

宝の地図を描き，そこに至る案内の言葉を考えることで，より意欲的にこの学習に取り組ませる。

本時の評価

相手に伝わるように話す順序について考えている。
相手が伝えたいことを落とさないように注意して聞いている。

板書例

〈聞く〉大事なことを落とさずに聞くことが大切です。曲がるところ，方向，目印などに注意して

〈たからのちずのかき方〉
① ワークシートのどこかに、たからマークをかく
② たからマークは 三つまで（本ものは 一つ）
③ 目じるしとなる絵をかく
④ みちあんないのことばを書く

〔たいせつ〕
・はじめに、あんないするばしょを言う
・通るみちのじゅんに せつめい ｝はっきりと

◇ みちあんないしてみよう
○ ・グループで
　・まがるところやほうこう
○ じゆうにペアになって
　目じるしになるもの

---

1 めあて つかむ 「宝の地図」をつくり道案内を考えるという課題を知ろう。

「みんなは『宝の地図』を知っていますか？宝のありかが地図のどこかに描かれているものです。今日は，みんなに『宝の地図』を描いてもらいます。そしてそこまでの道案内をしてもらいます。」

> お宝のある場所も、お宝までの行き方も、それぞれ自由に考えてもらいます。

> 面白そう！

> 早くやってみたい！！

『宝の地図』という言葉で児童の興味を引き付け，ワークシートを配る。「自由に考える」といっても，『宝の地図』のかき方の基本ルールをしっかりと押さえておきたい。まずは，教師が自作した『宝の地図』の見本（DVD収録の見本参照）を示し，その地図で「道案内」を作らせてみてもよい。

2 描く 書く 「宝の地図」をつくり，道案内の言葉を考えよう。

「作り方を説明します。作り方は，①〜④の通りです。同じ目印のものがいくつかあってもいいですね。同じ目印は，色違いにしてもいいですね。」

①ワークシートの道のどこかに宝マークを描く。
②宝マークは3つ（本物は1つ）描く。
③目印となるものを描く。（木，池，ポストなど，動かないもの）
④道案内の言葉を考える。

> 宝の地図がかけたら，自分が考えた宝の置き場所までの道案内を箇条書きでノートに書きましょう。

> いっぱい目印を描いたから、説明しやすいかな。

> この道案内で、本当に宝にたどり着けるか試してみよう。

各自で描いた「宝の地図」の道案内を書かせ，自分の考えた道案内で行けるかどうか見直しもさせる。

聞くようにします。

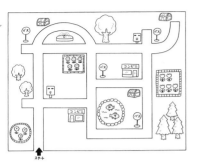

たからの地図でたからまでのみちを
あんないしよう

ことばでみちあんない

※宝の地図の見本を掲示する。クラスの実態によって，見本は初めに見せるだけにしてもよい。

主体的・対話的で深い学び

・「道案内」は，児童にとって興味がわきにくい教材かもしれない。「宝のありかまでの道案内」という楽しい状況設定の中で，友達と対話をしながら伝えるべき内容を積極的にたどっていく学習とできる。

準備物

・黒板掲示用「宝の地図」

・ワークシート「宝の地図」（児童数）
（児童用ワークシート見本 **DVD** 収録【2_21_01】）

・黒板掲示用「宝の地図（見本例）」
（資料 **DVD** 収録【2_21_02】）

3 話す 聞く　それぞれの「宝の地図」の道案内で宝のありかを見つけよう。

「では，グループになって，1人ずつ自分が描いた宝の地図をみんなの前において案内しましょう。みんなは耳で説明を聞きながら，目で道を進んでいきましょう。目的地のお宝にたどりつけるでしょうか。みんなで宝ものを山分けしましょう。」

「説明を聞き終えたら，みなでいっせいに『せーの』でその宝を指さししましょう。」

宝のありかを言います。スタートからまっすぐ行って，ポストのある角を右に…，目の前に大きな岩が見えるところです。

正解！宝物はそこにあります。

じゃあ,せーの！

説明が分かりやすかったね。

全員無事に同じお宝にたどりつけたら，拍手やハイタッチで盛り上がってもよい。また，時間があれば，立ち歩いてペアになって地図を交換し合うのもよい。

4 交流する 振り返る　「宝の地図」の道案内をした感想を交流し，学習を振り返ろう。

「自分でつくった『宝の地図』の道案内はうまくできましたか。友達の道案内はどうでしたか。感想を言いましょう。」

すごく楽しかったです。自分で工夫して描いた「宝の地図」の道案内で，みんな，宝を見つけてくれました。

○○さんの地図は，同じ目印がいくつもあって，最初難しそうだと思いました。でも，説明が上手だったのでちゃんとお宝を見つけられました。

感想交流のときは，みんなで拍手をしてよい雰囲気づくりをする。また，感想の中に，前時に学習したポイントが出ていた場合は取り上げてほめるようにする。

「道案内のポイントを使って本当にみんなが楽しく案内できていました。聞く人もしっかり聞いて案内された場所にたどりつけましたね。」

かん字の　ひろば　2

◉ 指導目標 ◉

・第 1 学年に配当されている漢字を書き，文や文章の中で使うことができる。

・語と語との続き方に注意することができる。

・今までの学習をいかして，進んで第 1 学年に配当されている漢字を使って文を書こうとすることができる。

◉ 指導にあたって ◉

① 教材について

　「かん字のひろば」は，2 年ではこれで 2 回目となります。基本的な進め方は前回と同様にすれば，児童も見通しをもって取り組めるでしょう。

　「かん字のひろば」のねらいの中心は，前学年の既習漢字の定着です。ただ，それが単調な漢字練習にならないような工夫も必要です。「ひろば」の場面に応じて想像を広げ，話し合う活動をとり入れているのもその工夫の 1 つです。「かん字のひろば 2」では，「一週間のできごと」を題材としています。まず，「曜日」を表す言葉と，絵の中の「虫とり」や「雨」などの「一週間のできごと」に関わる漢字の読み書きを確かなものにします。次に，それらの漢字を使った，日記に書くような文作りを通して，文の中で漢字を使いこなす学習活動に広げます。

② 主体的・対話的で深い学びのために

　「一週間のできごと」を振り返ると，児童によっては習い事や塾などさまざまな活動をしています。ここでは「ある一週間」という場面が提示されているので，児童も自分と引き比べながら文を作るでしょう。さらに，本教材の実施時期が 9 月予定であることを利用して，できれば夏休み明けすぐに扱うとよいでしょう。夏休みの間の身近なできごとや自分自身の活動などを材料にしたりすることで，意欲的に取り組めるでしょう。

　また，「日記を書くように」という課題設定になっているため，各できごとの場面にあった，自分の気持ちを表す言葉を主体的に考えて書き表せるようになることも目指します。

◎ 評 価 規 準 ◎

知識 及び 技能	第1学年に配当されている漢字を書き，文や文章の中で使っている。
思考力，判断力，表現力等	「書くこと」において，語と語との続き方に注意している。
主体的に学習に取り組む態度	今までの学習をいかして，進んで第1学年に配当されている漢字を使って文を書こうとしている。

◎ 学 習 指 導 計 画　　全 2 時 間 ◎

次	時	学習活動	指導上の留意点
1	1	・ゲームをすることで絵の中にある漢字の読みを確かめる。 ・「一週間のできごと」の絵を見て，それぞれの人物が何をしているか，出来事を話し合う。	・最後に書く時間を十分取り，漢字が正しく書けているかどうかを見て回る。 ・絵から想像したことも話し合わせ，次時の文作りの素地とする。
	2	・絵の中の言葉を組み合わせて，月曜日から日曜日までの出来事を，日記を書くように文にして書く。 ・書いた文を友達と読み合う。	・早くできた児童には発表させて文例とするなど，文作りの要領がどの児童にも理解できるよう配慮する。 ・同じ漢字を使っていても，異なる文ができることに気づかせる。

DVD 収録（漢字カード，イラスト）※本書 P228, 229 に掲載しています。

本時の目標

絵にかかれた一週間のできごとについて話し合い，1年生で習った漢字を正しく読み書きすることができる。

授業のポイント

復習のための取り組みである。ゲーム形式を取り入れながらしっかりと読み書きをさせたい。

本時の評価

教科書に出てくる漢字を正しく読み，書いている。

板書例

〈漢字カードの使い方〉まず，イラストの上に漢字カードを貼り，読み方を確かめます。次に，カード

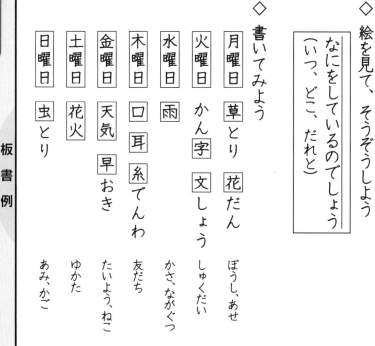

〈ゆびさし早読みゲーム〉
① ペアになる
② 「せーの」で，かん字をゆびさす
③ 早く読めた人が，一ポイント
④ ポイントが多い人が　かち

◇ 絵を見て，そうぞうしよう

なにをしているのでしょう
（いつ、どこ、だれと）

◇ 書いてみよう

月曜日	草とり	花だん	ぼうし、あせ
火曜日	かん字	文しょう	しゅくだい
水曜日	雨		かさ、ながぐつ
木曜日	口耳糸	でんわ	友だち
金曜日	天気	早おき	たいよう、ねこ
土曜日	花火		ゆかた
日曜日	虫とり		あみ、かご

※イラストの上の漢字カードを移動する。

1 読む 確かめる

指さし早読みゲームで，漢字の読みの習熟を楽しく確かめよう。

「教科書114ページを見ましょう。『漢字の広場』の2回目です。まずは読み方を覚えているか確かめましょう。」

今度は2人組になって，「指さし、早読みゲーム2」をします。指さした漢字を早く読めた人にポイントが入ります。

今度は2人で競争だ！せーの！

かだん！わたしのポイントね。

まず，ゲームで楽しく読み合い，読み方を確かめる。

① 2人1組になる。
② お互いに「せーの」で，教科書の漢字を指さす。
③ 早く読めたら1ポイント獲得。
④ ポイントが多い人が勝ち。

クラスの実態によっては，教科書の漢字を「月曜日」から順に指で押さえさせながら声に出して読み上げ，クラス全体で丁寧に進めるのもよい。

2 見る 出し合う

教科書の絵を見て、気がついたことを話し合おう。

最初の絵をよく見ましょう。どんなことをしていますか。

花だんで草とりをしています。

月曜日のことです。

絵を見て気づいたことを発表させる。

「他の絵はどうですか。」

・水曜日は，傘をさしています。
・長靴も履いてる。雨が降ったんだね。
・かたつむりもいるよ。
・日曜日の絵は，虫取り網と虫かごを持っています。
・虫は，セミじゃないかな。

「絵や漢字を見ると，一週間，何をしたのかよく分かりますね。」

想像しやすいように，細かい点までおさえておく。

を黒板の左に移し，板書として使います。

※イラストの上に漢字カードを貼る。

- 絵を見て想像したことを出し合うと，対話が活発になり盛り上がる。また，友達の話を聞き合うことで，言葉の使い方や言い方などの表現に広がりが出てくるようなることを期待したい。
- グループで話し合った内容をクラスで聞き合う際には，その都度拍手をして発表グループの活動結果を認め合いたい。
- 話し合いや発表の場では，身振り手振りや笑顔，うなずきなどの児童の行動を取り上げてほめるとよい。

準備物

- 漢字カード DVD 収録【2_22_01】

- 教科書 P62の挿絵の拡大コピー
  （黒板掲示用イラスト DVD 収録【2_22_02】）

3 対話する 交流する
一週間のできごとの様子から想像したことを話し合い，全体で交流しよう。

「絵を見ながら，想像したことを話し合いましょう。思いついたことは何でもいいですよ。」

「どんなことが想像できましたか。」
- 金曜日は早起きしてベランダに出ています。
- 朝早く6時くらいだと思いました。
- 早起きしてとても気持ちよさそうです。
　　その他の曜日の出来事も，話し合って想像したことを発表し合い，互いに拍手で認め合う。

「みんなで想像したことを，たくさん発表できましたね。」

4 書く
教科書の漢字をノートに書こう。

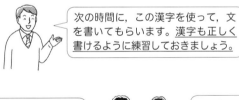

　「かん字のひろば」は2年生では5回出てくる。基本的な進め方を同じにすることで児童に見通しがつき，自主的な取り組みにつながる。今回は2回目なので，すでに文を考えている児童もいるかもしれない。おおいに認めて，他の児童にも広げていくようにしたい。

　机間巡視などで，漢字を正しく書いているか必ずチェックする。漢字が苦手な児童は，教科書を見ても自分では間違いが分からない場合もある。必要であれば個別指導をする。

本時の目標

月曜日から金曜日までのイラストから想像し、提示された漢字を使って文を作ることができる。

授業のポイント

文章を作る際には、見つけにくい漢字の書き間違いや送り仮名の間違いを、グループで活動させることによって見つけ合わせる。

本時の評価

黒板に提示された曜日ごとの漢字をできるだけたくさん使って文を書いている。

板書例

〈漢字カードの使い方〉まず，イラストの上に漢字カードを貼っておきます。児童が使用したカード

〈ゆびさし かんたん文づくりゲーム〉
① 四人グループ
② 一人が 曜日を ゆびさす
③ その曜日に書いてある かん字を つかって かんたんな文が 早く作れた人に ―ポイント
④ いちばんポイントが多い人が かち

◇ 絵を見て、文をつくろう
☆ 日記を書くように

(れい)

・月曜日は、花だんの草とりをしました。
あつくて、とてもたいへんでした。

・火曜日は、いえでかん字をつかって
文しょうをつくりました。
すこしむずかしかったです。

・水曜日は、雨がふっていたので、
かさをさしてかえりました。
あたらしいかさをさして、
うれしいきもちになりました。

※児童が作った文を板書する。
※児童が使用した漢字のカードを移動する。

---

1 読む 練習する　絵の中の漢字を使って，簡単な言葉を作るゲームをしよう。

「教科書の漢字は，もう読めますか。みんなで確認しましょう。」

順に全員で読む，列指名で読ませる，などいろいろ変化をつけて，何度か読ませる。

曜日ごとの絵に書かれている漢字を使って簡単な文を作りましょう。例えば、月曜日の絵を指さしたとき、「花だんに行きました。」

じゃあ，草とりが大変です。

花だんは広いです。

時間内で教科書にある言葉1つを使って簡単な文章を作るゲームをする。

ここでは教師がまず例を挙げて，どのような言葉を考えればよいのか簡単に見本を示す。前時に絵から想像したことを思い出して考えさせる。

2 めあて つかむ　「れい」の文を読んで，文の作り方を確かめよう。

「『れい』の最初の一文を読みましょう。」
　・月曜日は、花だんの草とりをしました。

「この文には，『月曜日』『花だん』『草とり』が使われていますね。まず，このように教科書の漢字を入れた文を作ります。もう1つ文がありましたね。読みましょう。」
　・あつくて、とてもたいへんでした。

「草とりして感じたことや思ったことです。2つ目の文は，絵を見て気持ちを想像して日記のように書きましょう。」

「では，別の曜日で考えられた人，言ってみてください。」

火曜日は、いえでかん字を使って文しょうをつくりました。すこしむずかしかったです。

よくできました。1文目でちゃんと曜日と他の漢字が使えています。2文目はそのときの気持ちを想像して言えました。みんなも分かったかな。

全員が理解するまで何人かに発表させてもよい。

を移動させると，使用していない残りの漢字がすぐに分かります。

主体的・対話的で 深い学び

・想像したことを書いて互いに読み合うときに，ノートを見せ合うことで，漢字の書き間違い等に気づくことができる。教師から教えられるだけでなく，同じ仲間からの指摘，学び合いは漢字習得への意欲となり，クラス全体の漢字習熟率のアップに繋がることが期待できる。

準備物

・漢字カード（第1時使用のもの）

・黒板掲示用イラスト（第1時使用のもの）

かん字の ひろば 2

め 絵の中の ことばをつかって、日記のような 文をつくろう

一週間

月曜日
火曜日
水曜日
木曜日
金曜日
土曜日
日曜日

草とり
花だん
かん字
文しょう
雨
口
耳
虫とり
糸でんわ
天気
早おき
花火

※イラストの上に漢字カードを貼る。

---

3 作文書く　絵の中の漢字を使って，文を作ろう。

では，日記のような文をノートに書いてみましょう。

木曜日は，糸でんわであそんで面白そう。「おもしろかったです。」と書こう。

全部の漢字が使えるかな。

「使った漢字は，○で囲んでおきましょう。教科書の漢字が全部使えて1週間の日記のように書けたらすごいです。考えた文は，箇条書きでノートに書きましょう。」

文の始まりは中点（・）で書き始めさせ，箇条書きにさせる。

ここがメインの活動となる。遅い児童もいるので15分は時間を取りたい。ただし，気持ちを書くことが難しい児童は，できごとについての文だけでもよいことにする。早い児童には2回目を考えさせたり，黒板に書かせたりして時間調整をする。

---

4 対話して広げる　書いた文を発表したり，読み合ったりして，自分の文と比べよう。

「できた文を読み合いましょう。聞いた人は拍手を忘れないようにしましょう。」

言います。「土曜日はかぞくでおまつりにいって花火を見ました。とてもきれいでした。」

すごい！気持ちも書けているね。

1文目が同じ！2文目は「とても楽しかったです。」にしたよ。

「花火」と「見る」という漢字を使っているね。

グループで発表し合った後，ノートを回したり，黒板を全面使って8人程度ずつ前に出て書かせたり，と様々な方法で発表させる。同じ漢字や場面の絵でも，人によって違う文を作っていることに気づかせたい。

「では，火曜日のことでは，どんな文が作れましたか。発表しましょう。」

曜日ごとに読ませたり，書かせたりして確かめる。

草	花	字	口	耳
文	雨	糸	虫	早

月曜日	火曜日	水曜日	木曜日	金曜日

土曜日	日曜日	天気	花火

どうぶつ園の　じゅうい

全授業時間 12 時間

◉ 指導目標 ◉

・文章の内容と自分の経験とを結びつけて，感想を持つことができるようにする。
・共通，相違，事柄の順序など，情報と情報との関係について理解することができる。
・時間的な順序や事柄の順序などを考えながら，内容の大体を捉えることができる。
・進んで文章と経験とを結び付けて感想をもち，学習の見通しをもって考えたことを話そうとすることができる。

◉ 指導にあたって ◉

①　教材について

　　児童は動物園が大好きです。しかし，見えないところで動物園を支えている人たちがいることは，あまり知りません。そんな動物園の獣医という仕事の様子が，『獣医のある一日』をとり出す形で述べられています。書いているのも獣医本人です。臨場感があり，読み手にも分かりやすい書き方です。そして，獣医さんといっしょに一日を過ごすつもりで読んでいくと，動物の命と健康を守っている獣医さんの仕事ぶりと考え方が読み取れます。ですから，読むときには『いつ（時間）』を表す言葉に着目させます。

　　また，説明文は読者の知らないことをとり上げて，気づかせようとするものです。児童にも『へえ，こんなことは初めて知った』ということが出てきているはずです。自分の体験や知識とも比べながら，心ひかれたところについて感じたこと，考えたことを文章に書いて話し合います。

　　説明文の学習では，内容とともに説明の仕方も学ぶことができます。ここでも『事実と，そのわけ（…からです。）』という形で，仕事の意味が説明されています。これも，説明文ではよく使われる形のひとつですが，作文などにも使える書き方です。

②　主体的・対話的で深い学びのために

　　説明文には『知らなかったことが分かる』という面白さがあります。いわば，世界が広がるという楽しさです。『へえ』『そうか』『なるほど』などと，児童もそれまでの知識や体験とも照らし合わせて読んでいるはずです。これは，心の中での主体的な読みであり，対話ともいえます。それを文章にして話し合う（対話）ことで，そのような読みも確かなものとなり，深くなります。そして，仕事にはいろいろあっても「動物の命と健康を守る」という獣医の仕事の本質にも気づいてくるでしょう。

　　なお，獣医の目を通して書かれているので，2年生には文章からだけでは分かりにくい箇所もあります。そこは説明で補いますが，これも読みを深める手だてのひとつです。

◉ 評価規準 ◉

知識 及び 技能	共通，相違，時間の順序など情報と情報との関係について理解している。
思考力，判断力，表現力等	・「読むこと」において，時間的な順序や事柄の順序などを考えながら，内容の大体を捉えている。 ・「読むこと」において，文章の内容と自分の経験とを結び付けて，感想をもっている。
主体的に学習に取り組む態度	進んで文章と経験とを結び付けて感想をもち，学習の見通しをもって考えたことを話そうとしている。

◉ 学習指導計画　全 12 時間 ◉

次	時	学習活動	指導上の留意点
1	1	・題名から，動物園の獣医の仕事が書かれていることを予想し話し合う。全文を読み通す。 ・学習課題（単元のめあて）をとらえる。	・書いた人を筆者ということを教え，獣医が筆者であることにも気づかせる。 ・課題は『読んで考えたことを話そう』
1	2	・全文を読み，文のまとまり(段落)に番号をつける。また，初めの感想を書いて聞き合う。	・『いつ』を表す言葉に着目させ，時間の順に書かれていることに気づかせる。
2	3	・2段落を読み，獣医さんは，朝に見回りをしていることと，そのわけを読み取る。	○各段落を読んでいく上で，次のようなことに配慮する。
2	4	・3段落を読み，いのししを診察する獣医さんの仕事の様子を読み取る。	・『いつ』(時間)を表している言葉に着目し，仕事の場面(段落)ごとに，『いつ』『したこと』を表にまとめていく。
2	5	・4段落を読み，にほんざるに薬を飲ませる獣医さんの仕事の様子と，工夫を読み取る。	・仕事の内容に応じて，そうするわけをていねいに読み取らせる。
2	6	・5，6段落を読み，獣医さんがワラビーやペンギンを治療した様子や気持ちを読み取る。	・動物を診たり治療したりする上での，工夫や苦労も読み取らせる。
2	7	・7，8段落を読み，獣医さんの，毎日の仕事としての日記，入浴と，そのわけを読み取る。	・獣医の仕事には，『動物が元気でくらせるように』する保健的な毎日する仕事と，その日だけの『診察』や『治療』の2つがあることに気づかせる。
2	8	・獣医さんの仕事を，『毎日すること』と『この日だけしたこと』の2つに分ける。	
3	9・10	・獣医の仕事を知って，驚いたことや考えたことなど，自分の体験ともつないで文章に書く。	・9段落から獣医の気持ちも考えさせる。 ・教科書の文例も参考に書き方も教える。
3	11・12	・書いた文章を読み，感想を話し合う。 ・学習を振り返り，まとめをする。	・体験や知識とつないでいる部分を評価する。 ・関連する読み物も紹介し，読書につなぐ。

🔵 収録（児童用ワークシート見本）※本書 P237「準備物」欄に掲載しています。

本時の目標

『どうぶつ園のじゅうい』は，動物園で働く獣医本人が書いた文章であることが分かり，全文を読み通すことができる。

授業のポイント

児童にとって，動物園の獣医はあまりなじみがない。まず，はじめの5行を読み，その仕事に興味関心を持たせる。

本時の評価

『どうぶつ園のじゅうい』は，動物園の獣医が書いたものであることが分かり，全文を読み通すことができている。

〈感想〉展開4で全文を読み通した後に，それぞれの感想を交流するとよいでしょう。初めて知っ

板書例

（じゅうい）
わたしの
しごと は、（二つ）

① どうぶつ（たち）が
元気にくらせるように
すること

② どうぶつ（たち）の
びょうきやけがのちりょうを
すること

※教科書 P117 の動物園の挿絵

ある日の
（じゅうい）
わたしの しごとのことを
書いてみましょう ←

〈めあて〉
〈このあとに書いてある こと〉を
読んで考えたことを話そう ←

---

1 題名読み 対話する　新しいお話の題名を読み，動物園について話し合おう。

「今日から，新しいお話を勉強します。まず，題名を読んでみましょう。」
・（全員）『どうぶつ園のじゅうい』

『どうぶつ園』は…分かりますね。では『じゅうい』って何でしょうか。

はい，動物のお医者さんです。

動物の病気やけがを治す人です。

・うちのポチも，動物病院の獣医さんに診てもらった。
「動物園の動物も，病気になったりケガをしたりします。そんなとき手当てをするのが獣医さんです。」

「動物園で獣医さんを見た人はいますか？」
・動物園に獣医さんがいるなんて知らなかった…。
　『じゅうい（獣医）』という言葉の意味も教える。また，動物園へ行った経験など，話し合ってもよい。

---

2 読む 対話する　動物園の獣医が，書いた人（筆者）であることを確かめよう。

「『どうぶつ園のじゅうい』とは，どんな（何を書いた）お話なのか，教科書115ページの見出しの4行に書いてあります。読んでみましょう。」（斉読）
・動物園の獣医さんの仕事のことが書いてあるみたい。
「116ページの初め5行を読んでみましょう。」（斉読）

初めの『わたしは，…』の『わたし』とは，誰のことでしょうか。

この文章を書いた人（筆者）です。

『うえだみや』さんです。

「書いた人の仕事は，何だと書いてありますか。」
・『どうぶつ園で働いているじゅうい』と書いてある。
「そうです。この文章は，動物園の獣医さん（うえだみやさん）自身が，自分はどんな仕事をしているのかを説明するために書いたものなのです。」
　説明文では，書いた人は『筆者』ということ，ここでは，筆者＝獣医さんであることをまずつかませる。

たこと，心に残ったところを中心に交流します。

どうぶつ園の じゅうい

うえだみや　文
（ひっしゃ）＝書いた人
＝どうぶつのおいしゃさん

め　じゅういのしごとを知り、
　　お話を読もう

（ひっしゃ）
わたし
↓
わたし　は、どうぶつ園ではたらいている
↓
じゅうい　です。

主体的・対話的で深い学び

・動物園に行ったことのある児童は多い。しかし，その裏側，いわゆるバックヤードを知っている児童はほとんどいない。本教材は，そんな獣医という動物園を支えている仕事の1つを説明している。「へえ，そんな人がいたのか…」「どんなことをするのだろう？」という興味や関心を持たせて，主体的な読みに入らせたい。獣医本人が書いた文章だということも，読み進めていく前提としてとらえさせておく。

準備物

・教科書P117の挿絵の拡大コピー（黒板掲示用）

・（あれば）動物園の写真など（導入で用いるとよい）

・出てくるそれぞれの動物の絵か写真（黒板掲示用）

---

3 読む 対話する　獣医の仕事とは何かを読み，書いてあることを予想しよう。

「獣医とは，『わたし』のことだと分かりましたね。」

初めの5行（1段落）には，獣医さんの仕事とは，何をすることだと書いてありますか。線を引き，発表しましょう。

動物たちが元気でくらせるようにすることです。

動物が病気やけがをしたとき，治療をすることです。

「動物も病気になるのですね。4行目に『ある日のわたしの仕事のことを書いてみましょう。』とあります。すると，このあと何が書いてあると思いますか。」
・動物はどんな病気やけがをするのか。
・治療ってどんなことをするのか，が書いてある。
・『ある日』に，どんな仕事があったのかが書いてあると思います。
　　続きを予想させ，新出漢字が読めるように教える。

---

4 聞く 音読する　範読を聞き，全文を読み通そう。

「この動物園には，どんな動物がいるのでしょう？」
　　教科書P117の絵図を見ながら簡単に話し合う。

では，初めに全部の文章を先生が読みます。どんな動物が出てくるのでしょう。はい，聞く姿勢ですよ。

ゾウかな，ライオンかな。

どんな病気になるのかな？

「今度はみんなで読んでみましょう。読む姿勢です。」
　　音読後，簡単に感想を話し合ってもよい。
　・ペンギンがボールペンを飲むなんて驚きました。

「お話がよかった人は，手を挙げて。」（多数挙手）
「どこがよかったのか，読んで考えたことや思ったことを，これからも話し合っていきましょう。」
　　『読んで考えたことを話そう』という単元のめあて（学習課題）を伝える。

どうぶつ園の じゅうい
第 2 時（2/12）

本時の目標

全文を読み，初めて知ったことや思ったことなど，初めの感想を書くことができる。

授業のポイント

まず ① 段落を読み，この説明文では，獣医の仕事が時間の順序にそって書かれていることに気づかせておく。

本時の評価

全文を音読でき，初めの感想を書くことができている。

板書例

② （朝） わたしのしごとは、
③ （見回りがおわるころ） いのしし
④ （お昼前に） にほんざる
⑤ （お昼すぎには） ワラビー
⑥ （夕方） ペンギン
⑦ （一日のしごとのおわりには）
⑧ （どうぶつ園を出る前には）
⑨ これで、

〈読んで思ったこと〉
わかった
おどろいた
よかった ←
「わたしがはじめて知ったことは、・・・です。
それは、・・・・・・。」

※教科書 P117 の動物園の挿絵

---

1 聞く つかむ　範読を聞き，文章のまとまり（段落）に番号をつけよう。

文のまとまりを示す段落について復習する。

「初めの 5 行を読みます。『わたしは，どうぶつ園で…書いてみましょう。』まで，ここが 1 段落目ですね。」

「4 行目の，『ある日のわたしのしごとのことを…』の文に線を引きましょう（引かせる）。この『ある日のわたしのしごと』のことは，どこに書いてあるのですか。」

・そのあとの文です。『朝，わたしのしごとは，…』から，仕事のことが書いてあります。

そうです。獣医さんの仕事のことが，2 段落目の『朝，わたしのしごとは…』から後に書いてあるのです。どんな仕事をするのでしょうね。先生が読みますから，段落に番号をつけながら読んでいきましょう。

段落ごとに立ち止まり，番号をつけさせる。また，『朝』などの時間を表す言葉は強調して読み，意識させる。

2 音読する 対話する　音読し，時間の順序に沿って読んでいくことを話し合おう。

「今度は，段落の順にみんなで読んでみましょう。」
　斉読，また，段落ごとの交代読みなどですすめる。

「どんな動物が出てきましたか。順に言うと…」
・いのしし，にほんざる，ワラビー，それから…。
「獣医さんの仕事は，分かったでしょうか。」
・見て回ることとか，動物の治療もしています。

獣医さんのしたこと（仕事）はどんな順番で書かれていましたか。

『ある日』の 1 日の始まりから，時間の順です。

『朝』から始まって…『お昼前』…『…出る前』と，1 日が過ぎていく順番に書いてありました。

「『たんぽぽのちえ』でも，花から綿毛ができていく様子が時間の順番に書かれていましたね。」
　ここでも 1 日の時間の順序に沿って書かれていることを話し合う。

どうぶつ園の じゅうい

- （め）時間のじゅんじょに気をつけて
  じゅういさんのしごとを読もう

文のまとまり（だんらく）

① わたしは、どうぶつ園で … じゅういです。
　わたしのしごとは、…

ある日 の わたしのしごとのこと を書いて
一日 の （いつ）時
＝（いつ）時

② からあとに

主体的・対話的で深い学び

- 本時は，初めの感想を書き，その交流（対話）が中心となる。疑問も含めて自由に書かせることが主体的な活動になる。ただ，『思ったことを自由に…』は，児童にとっては案外書きにくいものでもある。その点，書き方の文型を示すのもよい。そのほうがかえって書きやすいと思う児童は多い。
- 感想の交流は，対話的な学びとなる。初発の感想を通して，多様な気づきを教師が認める姿勢を児童に示す。そのことが，今後の対話的な学びにも生きてくる。

準備物

- 教科書 P117 の挿絵の拡大コピー（黒板掲示用）
- （あれば）動物の絵か写真（黒板掲示用）

---

3 書く　　初めの感想を書こう。

「獣医さんの１日の仕事を読んで，<u>初めて知ったことはありましたか。</u>」
・１日にたくさんの仕事があるので，驚きました。

獣医さんはこんなことをするのか，また，大変だなあと思ったことやよかったなと思ったことなどを書いてみましょう。

病気を治すだけかと思っていたけど…獣医さんは，見回りもしているなんて知らなかったな。

　初めの感想なので，書き方は自由でもよいが，『わたしがはじめて知ったことは…です。それは…』のように『わたしが（驚いたこと）は…です。それは…』などの形を教えてもよい。書きにくい児童には書き方の参考になる。

　書いたものを見て回り，助言や評価（ほめる）をする。発表させる（指名する）児童も考えておく。

---

4 交流する　まとめ　　感想を発表し，聞き合おう。　まとめの音読をしよう。

「書いた感想を発表しましょう。」（挙手・指名）

ぼくが感心したのは，にほんざるに薬を飲ませるところです。それは…からです。

ほかにも，にほんざるのことを書いた人はいませんか。

はーい

わたしも大変だなと思いました。

<u>同じ場面の感想を，続けて発表させるのもよい。</u>
「また，ここがよかった，驚いた，初めて知った，分からなかったという感想はありましたか。」
・驚いたのはペンギンがボールペンを飲み込んだところです。どうしてボールペンがあったのかな。
・獣医さんが見回りをするわけが分かりました。
　発表を通して，児童の考えや疑問の傾向をつかむ。

「終わりに，獣医さんの仕事を確かめながら音読しましょう。」

　１文交代（リレー）読み，斉読など，多様な形式で読む。

どうぶつ園の じゅうい

第 ❸ 時（3/12）

本時の目標
2段落を読み，獣医さんは朝見回りをすることと，そのわけを読み取り，仕事とそのわけで説明されていることに気づく。

授業のポイント
仕事とその理由を分けて読み取らせる。また，「なぜかというと …」などのわけの書き方にも着目させる。

本時の評価
朝に獣医がすることとそのわけを読み取り，表にまとめている。また，見回りのわけが書かれている文に気づいている。

〈読取の範囲〉本時は，2段落を読み，獣医さんは，朝（毎朝）見回りをしていることと，そのわ

板書例

◇ しごとのようすを知って思ったことを書こう

朝（毎朝）	いつ
どうぶつ園を見て回る	どうぶつの名前　ひっしゃのしごと

朝の見回りは〈毎日〉〈この日だけ〉するしごと → 元気にくらせるように

2
朝、……どうぶつ園の中を見回ることから（いつ）（しごと）

わけ「なぜかというと、……からです。」
① 元気なときのようすを見ておくと びょうきに気づくことができる
② 顔を見せてなれてもらう あんしんしてかくさず 声も「おはよう」

わけ「また、……というりゆうもあります。」

---

1 振り返る 対話する　1段落を音読して獣医の仕事を確かめよう。

「①の段落を，音読しましょう。」

（吹き出し）
- ①に書いてあった獣医さんの仕事は，いくつありましたか。
- 『動物たちが元気でくらせるようにすること』です。
- 『… 病気やけがをしたときには，治療をすること』です。
- 2つあると思いました。

教科書 P116 の①段落の『わたしのしごとは』の文から，健康観察と治療の2つがあることに気づかせる。『治療』の意味も，保健室での経験などを出し合い，分からせる。

「分からないことは，なかったでしょうか。」
- 『元気でくらせるようにする』って，何をするのかな。
- どんな『治療』をするのかなあ。

「では，続きを読んでみましょう。2段落を先生といっしょに読んでいきましょう。」

2 対話する 読み取る　朝，獣医さんがすることを確かめよう。

「2段落のはじめの2行（1文）を読みましょう。」
- 『朝，わたしのしごとは，…』（斉読）

「獣医さんは，『ある日』のしごとについて，『いつ』『何を』すると書いてありましたか。」
- 『いつ』とは『朝』です。朝にすることです。
- することは，動物園の中を見回ることです。

「これは，獣医さんがすることですね。することが，1つ分かりました。次の文を読みましょう。」
- 『なぜかというと，元気なときの …』（斉読）

（吹き出し）
- この文は，何を書いていますか。することですか？
- 初めに『なぜかというと …』と書いてあるから，見回るわけです。
- どうして見回るのか，そのわけだと思います。

『… からです』も，わけ(理由)を述べるときに使う言葉だと話し合い，傍線を引かせておく。

236

どうぶつ園の じゅうい

め じゅういさんのしごとと
そのわけを読もう

1
わたし（じゅうい）のしごととは、…（二つ）
①どうぶつたちが元気でくらせるように する
②どうぶつが、びょうきや けがをしたときちりょうを する

ある日の わたしのしごと

※教科書 P117 の動物園の挿絵

主体的・対話的で深い学び

・『朝の見回り』は，普通の獣医にはない動物園の獣医に特有の仕事だといえる。「へえ，こんなことをしているのか」という気持ちを持たせて読ませたい。説明文は，新しいことを知っていくところに主体的な読みの姿勢が生まれ，深い学びにもなる。

・本時の終わりには，まとめとして簡単にでも，初めて知ったことなどを交流する対話的な学習場面を作る。

準備物

・教科書 P117の挿絵の拡大コピー（黒板掲示用）

・プリント「筆者の仕事まとめ」（児童数）
（児童用ワークシート見本
DVD 収録【2_23_01】）

---

3 対話する 読み取る 朝，見回るわけを読み取ろう。

「では，見回るわけは，どんなことでしょうか。」
・元気なときの動物の様子を見ておくためです。
・見回ると，病気に気づくことができるからです。

「そうです。そして，『また』と書かれていて，もう一つわけがあります。先生が読みます。わけが書かれているところに線を引きましょう。」（範読）

『 ・・・ 大切なりゆうもあります。』と強調して読み，傍線も引かせる。

では，もう一つの見回るわけは，何ですか。

声も覚えてもらうようにします。

顔を見せて，慣れてもらうためです。

「どうして慣れてもらうようにするのでしょうか。」
該当部分『どうぶつたちは，よく知らない人には ・・・ かくします』『安心して見せてくれるように ・・・』を確かめる。この理由は難しいので，説明で補うとよい。

---

4 書く まとめ 朝にする仕事とそのわけを表にまとめよう。

「この朝の見回りは，この日だけのことですか。また，獣医さんのどんな仕事だといえるでしょうか。」
・次の日も，毎日することです。『どうぶつたちが元気でくらせるように』という仕事だと思います。

見回るわけも，２つ分かりました。2の段落を読んで分かった獣医さんの仕事を，表にまとめましょう。

いつ，どうぶつの名前，筆者の仕事を書くんだね。

教科書 P124の表をノートに書かせるか，ワークシートを配布する。はじめなので，板書を写させてもよい。

「この朝の見回りを知って，『へえ，そうか』などと，思ったことを書いてみましょう。」（発表・交流）

本時の目標

いのししを診る（診察する）獣医さんのしごとの様子と工夫を読み取る。

授業のポイント

診察の方法や機械のことなど，児童には分かりにくいところもあるので，説明で補うようにする。

本時の評価

獣医さんが，いのししを診察する仕事ぶりと，その工夫が読み取れている。

板書例

〈読取の範囲〉獣医さんが，いのししのおなかを診察する様子を読み取ります。効率よく進めるな

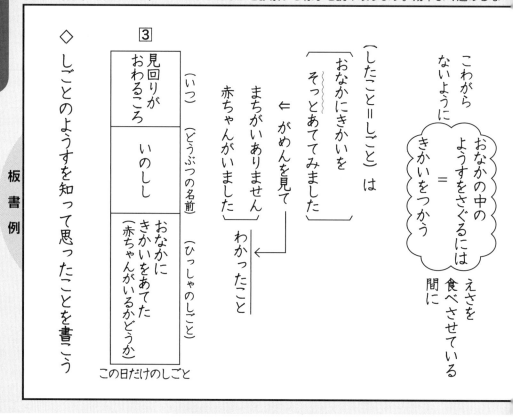

◇ しごとのようすを知って思ったことを書こう

③
- 見回りがおわるころ ｜ いのしし ｜ おなかにきかいをあてた（赤ちゃんがいるかどうか）
- （いつ） ｜ （どうぶつの名前） ｜ （ひっしゃのしごと）

この日だけのしごと

（したこと＝しごと）は
「おなかにきかいをそっとあててみました」
「赤ちゃんがいました」
← がめんを見て
まちがいありません → わかったこと

おなかの中のようすをさぐるには
＝
きかいをつかう

こわがらないように
えさを食べさせている間に

---

1 読む・対話する

③段落を読み，いつ，何があったのかを話し合おう。

「獣医さんは，朝の見回りの他にどんな仕事をするのか，③段落を読んでみましょう。」

「どんな動物が出てくるのでしょうか。」
- いのししが出てくるよ。病気かな。

③段落をまず児童が斉読。その後教師が範読。

いつ，何があったと書いてありましたか。

『見回りが終わるころ』です。まだ，朝だと思います。

飼育員さんに呼ばれました。

ここでも，『いつ』を表す言葉（『見回りが終わるころ』）をみんなで確かめ合う。

「飼育員さんに呼ばれたのは，どうしてですか。」
- いのししのおなかに赤ちゃんがいるか，診てほしいので呼ばれました。

2 対話する・読み取る

獣医さんのしたことを読み，話し合おう。

飼育員の仕事内容や，獣医との違いは説明する。

「読んで，何か分からないことはありましたか。」
- おなかの中をさぐるってどうするのですか。
- 機械って，どんな機械ですか。

『さぐる』の意味を話し合い，説明をする。この場合の『さぐる』は，診察するということでもある。

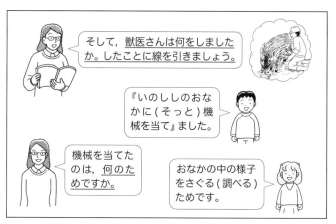

そして，獣医さんは何をしましたか。したことに線を引きましょう。

『いのししのおなかに（そっと）機械を当て』ました。

機械を当てたのは，何のためですか。

おなかの中の様子をさぐる（調べる）ためです。

「赤ちゃんはいたのでしょうか。」
- はい，いました。

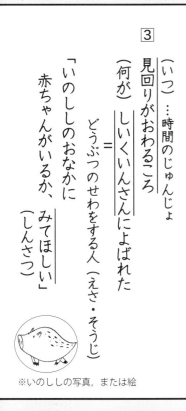

どうぶつ園の じゅうい

め
じゅういさんのしごとのようすを
読みとろう

③
（いつ）…時間のじゅんじょ
見回りがおわるころ

（何が）＝
しいくいんさんによばれた
　　どうぶつのせわをする人（えさ・そうじ）

「いのししのおなかに
赤ちゃんがいるか、
みてほしい」
（しんさつ）

※いのししの写真，または絵

主体的・対話的で深い学び

・説明文では，やはりその分野での専門的なことがらや言葉が出てくることもある。本時では，『機械とは何か』などがそれに当たる。その場合，「それは，こういうことだよ」などと，教師が場面に応じて補いの説明をするとよい。そのことによってイメージが作られ，納得のともなった読みになり理解も深まる。説明することは，児童の主体性を損なうことにはならない。

準備物

・「筆者の仕事まとめ」表プリント（第３時で使用したもの）

・（あれば）イノシシの絵か写真

---

３ 対話する 読み取る　文から，獣医さんのしたことや工夫を読み取り，話し合おう。

おなかに赤ちゃんがいたことは，どの文から分かったのですか。

『まちがいありません。赤ちゃんがいました。』と書いてあるので，いたことが分かります。

・機械を当てると，どうして分かるのかなあ？
　『機械』の説明をし，エコーの画像を見て判断したことを説明する。

「機械でおなかを診るのに工夫しているのは，どんなところですか。」
・いのししが怖がらないように，（飼育員さんが）餌を食べさせて，（そのすきに）機械を当てました。
・獣医さんは，機械を『そっと』当てています。驚かさないようにしていて，やさしいです。

４ 書く まとめ　『いつ』と『したこと』で，獣医さんの仕事をまとめよう。

「前（②段落）のように，時間（いつ）を表す言葉がありました。どんな言葉でしたか。」
・『見回りがおわるころ』でした。
「獣医さんが『したこと』は，何でしたか。」
・いのししのおなかに機械を当てました。
・いのししのおなかに赤ちゃんがいるか，調べました。

おなかの中を調べるために，機械を当てたのですね。では，③段落での仕事を表にまとめましょう。

「いつ」は見回りが終わるころ。「どうぶつの名前」はいのしし。…

「機械を使って，いのししの『診察』をしたのですね。この仕事は，見回りのように毎日することですか？」
・いいえ，この日だけの仕事だと思います。

「では，もう一度音読して，感想を書きましょう。」
　仕事ぶりや工夫など，思ったことを書き発表し合う。

〈読取の範囲〉本時は，④段落を読み，獣医さんがにほんざるに薬を飲ませて，治療する様子を読

本時の目標

にほんざるに薬を飲ませている獣医さんの仕事の様子と，その工夫を読み取る。

授業のポイント

獣医さんのとった3つの手だてを，ていねいに文から読み取り話し合う。そこから人間相手の治療とは異なる大変さに気づかせる。

本時の評価

獣医さんが，にほんざるに薬を飲ませている様子と，工夫を読み取っている。

板書例

◇ しごとのようすを知って思ったことを書こう

④
お昼前	にほんざる	（けがをなおす） くすりをのませた
（いつ）	（どうぶつの名前）	（ひっしゃのしごと）

〈したこと〉じゅういさんは…

にほんざるにくすりを なんとかしてのませた

けがをなおすために

│ちりょう│ この日だけ

にほんざる に

①えさの中にくすりを入れて （×）
②くすりをこなにしてバナナに （×）
③こなをはちみつにまぜたら （○） やっと のみこんで

---

1 読む／対話する

④段落を読み，いつ，どこで，どんなことがあったのか話し合おう。

「④段落を読みましょう。どんな動物が出てくるのでしょうか。」

・にほんざるです。山でも見たことがあります。

「では，まずみんなで音読しましょう。」（斉読）

『いつ』のことが書いてあったのでしょうか。また，場所はどこでのことですか。

場所は『動物園の中にある病院』です。

『お昼前に』と書いてあるから『お昼前』です。12 時前。

「そこにいたのは，だれでしたか。」

・けがをした，にほんざるでした。
・飼育員さんもいました。

「どんなことがあったのですか。」

・にほんざるが薬を飲みません，と困っていました。

2 対話する／読み取る

獣医さんが，にほんざるにしたことを読み，話し合おう。

「この飲ませる薬は，何のための薬ですか。」

・きっと，けがを治すための薬だと思います。

「にほんざるが，薬を飲まないのはどうしてですか。」

・『にほんざるは，にがい味が大きらい』だからです。
・きっと，この薬もにがいのだと思います。

それで，獣医さんがしたことは，どんなことでしょうか。したことが書いてあるところに，線を引きましょう。1 つ目にしたことは，何でしたか。

えさの中に薬を入れて飲ませようとしました。

「そのやり方（作戦）は，うまくいきましたか。」

・失敗です，だめでした。飲みませんでした。
・にほんざるが薬が入っているのに気づいたからです。
・さるは，薬を見分けるんだなあ…賢いのかな。

※にほんざるの
写真、または絵

どうぶつ園の　じゅうい

め じゅういさんのしごとのようすやくふうを
読みとろう

4

（いつ）
お昼前に、……びょういんに
（どこ）

しいくいんさん
「にほんざるが くすりをのまない」

にほんざるが けがをなおすくすり
にがいあじ
＝
大きらい

主体的・対話的で深い学び

・けがをしたにほんざるに対して，うまくいかなかったことも含めて，まず獣医さんがしたことを一つひとつ本文から読み取り，対話を通して確かめていく。その工夫や努力を踏まえて，相手が人間とは違う大変さや，獣医さんの願いについても話し合わせ，気づかせる。そのことが深い学びにつながる。

準備物

・「筆者の仕事まとめ」表プリント（第3・4時で使用したもの）

・（あれば）にほんざるの絵か写真

---

3 対話する／読み取る　薬を飲ませるために，獣医さんがしたことと，その結果を話し合おう。

「次に，獣医さんがしたことは，どんなことでしたか。また，それはうまくいきましたか。」
・薬を粉にしました。気づかれにくくしたのかな。
・それを半分に切ったバナナにはさんで渡しました。
・でも，にほんざるは薬だけよけて食べました。

　同様に，3つ目の，薬を蜂蜜に混ぜるやり方で，やっとうまくいったことを話し合う。
・やっと飲ませることができて（飲んでくれて）よかったです。たいへんだなと思いました。

獣医さんは，何のために，こんなことをしたのでしょうか。まとめていうと，何をしたかったのでしょうか。

なんとかして，薬を飲ませたかった。

にほんざるのけがを治すためです。治してやりたかったからです。

「この場面（4段落）を，振り返って読みましょう。」

---

4 書く・まとめ／対話する　表にまとめ，思ったことを書いて交流しよう。

「では，『いつ』と獣医さんが『したこと』を，表に書いてまとめましょう。」
　難しければ話し合いながら教師が板書し，写させる。
「ここで，にほんざるにしたことは，何でしょうか。」
・薬を飲ませたことは，けがの治療だと思います。

獣医さんがしたような動物の治療は，いつもしている仕事でしょうか。それとも，この日だけの仕事なのでしょうか。

いつもではないと思います。動物がけがをしたときだけです。

動物が元気なときはしないけれど，病気の時にはします。

「ここを読んで，初めて知ったことや，思ったことを書きましょう。」（書いた後，発表，交流する）
・いろんなやり方をしなければならないので，動物に薬を飲ませるのは難しいな，と思いました。

「振り返り，4段落をみんなで音読しましょう。」

本時の目標

獣医さんが，ワラビーやペンギンの治療をする様子と，そのときの工夫や苦労を読み取る。

授業のポイント

動物の命を預かる獣医さんの気持ちも，文から想像させる。獣医さんのしたことは，音読でも確かめ合う。

本時の評価

ワラビーやペンギンを治療する獣医さんの様子や工夫を読み取り，感想を書いている。

〈読取の範囲〉本時は，⑤と⑥の段落を読み，獣医さんがワラビーとペンギンの治療をする様子や，

板書例

しごとのようすを知って思ったことを書こう

◇

	⑥	⑤	
（いつ）	夕方	お昼すぎ	
（どうぶつの名前）	ペンギン	ワラビー	
（ひっしゃのしごと）	ボールペンをのみこんだペンギンにくすりをのませてではかせた	はれているはぐきのちりょうをした	

⑥
（いつ）夕方、ペンギンの家へ
（どこ）── いそいで
※ペンギンの写真、または絵

〈したこと〉は ちりょう

ペンギンがボールペンをのみこんで

いのちにかかわる たいへんな

大いそぎでくすりをのませて（ボールペンを）はかせた

元気にひとあんしん

よかった ほっと

P117 の挿絵

1 音読する 対話する
⑤，⑥段落を音読し，『いつ』とワラビーの治療の様子を読み取ろう。

「今日は，⑤と⑥の段落を読み，獣医さんがした仕事を読んでいきましょう。」

指名読みの後，斉読。出てきた動物を確かめる。

⑤の段落では，『いつ』『どこで』『どんなこと』があったのでしょうか。ワラビーに何があったのですか。

場所は『ワラビーの家』です。

『お昼過ぎ』のことです。

ワラビーの歯ぐきがはれていました。

「ワラビーの家で，獣医さんがしたことは何でしたか。書いてあるところに線を引きましょう。」

『治療』の具体的な様子は書かれていないが，病気の様子と，3人もの飼育員さんに押さえてもらって治療したことを，音読も交えて話し合う。治療の大変さにも気づかせ，その感想を出し合う。

2 音読する 対話する
⑥段落を読み，『いつ』『どんなこと』が起こったのかを読み取ろう。

「6段落を読みましょう。ここでは，獣医さんはどんなことをするのでしょう？」（斉読）

『いつ』『どこ』でのことですか。動物に何があったのですか。

ペンギンの家だと思います。

『夕方』です。

ペンギンがボールペンを飲み込みました。

「このとき，獣医さんはどこにいたのでしょうか。」
・動物園の病院に戻っていたと思います。

「そして，ペンギンのところへ（診に）行ったのですね。」
P117 の挿絵で，建物とペンギンの園舎を押さえさせ，位置関係と道筋を板書の図でも示すとよい。

「獣医さんが行って，したことに線を引きましょう。」
・大急ぎで薬を飲ませました。
・（ボールペンを）吐かせました。

そのときの気持ちを読み取ります。

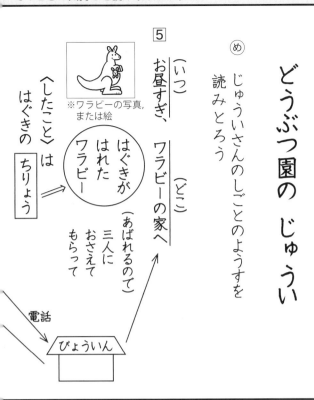

どうぶつ園の じゅうい

め じゅういさんのしごとのようすを
読みとろう

5 お昼すぎ、ワラビーの家へ

（いつ）　（どこ）

（めあて）
はぐきが
はれた
ワラビー

（あばれるので）
三人に
おさえて
もらって

※ワラビーの写真、
または絵

（したこと）は
はぐきの ちりょう

電話

びょういん

🔍 主体的・対話的で 深い学び

・思ったことをそのまま書いたり話し合ったりしても，ばらばらな思いを述べ合うだけになり，主体的な読みにはなりにくい。話し合うには，共通の土台として基本的な事実の読み取りが必要になる。まずは獣医さんがしたことを，音読も交えてどう書いてあるのかを確かめ合う。その上で，獣医さんの行動や思いについて，それぞれどう思ったのかを書いて話し合うことが，主体的な読みになり，対話も通い合うものになる。

準備物

・「筆者の仕事まとめ」表プリント（第3〜5時で使用したもの）

・（あれば）ワラビーやペンギンの絵か写真

---

3 対話する 読み取る　獣医さんのしたことと，気持ちの表れを読み取ろう。

「飲ませた薬は，どんな（何をする）薬ですか。」
・何か（ボールペン）を，吐かせる薬です。
「吐かせないとペンギンはどうなるのですか。」
・『命に関わる，たいへんなこと』だから・・・
・死んでしまうかもしれない。

ペンギンは，どうなりましたか。そのことが書いてあるところを読みましょう。

『（吐かせると）ボールペンが出てきました。』

『（ペンギンは）その後，すぐに元気になりました。』

「このときの獣医さんの気持ちが出ている文はありますか。どこでしょうか。そこを読んでみましょう。」
・『命に関わるたいへんなことです。』『大急ぎで』慌てているみたいです。たいへん，という気持ちです。
・『ひとあんしんです。』も，です。ほっとしています。

---

4 まとめ 書く　獣医さんのしたことをまとめ，仕事について思ったことを書こう。

・でも，どうしてボールペンなんてあったのかなあ。
・見に来た人が投げ入れたのかなあ。こわいなあ。
　このような『事故』について，話し合うのもよい。

ペンギンは元気になりました。獣医さんのしたことは，まとめていうと，『何を』した，といえるでしょうか。

『ちりょう』だと思います。

ワラビーの歯ぐきも，『ちりょう』しました。

①段落にあった『治療』だということを話し合う。
「では，ワラビーとペンギンを治療したことを，表に書き入れてまとめましょう。」（見て回る）

「今日勉強した場面で，獣医さんをみてどう思ったのか，書きましょう。書けた人は発表しましょう。」
・こんなことがあるなんて驚きました。獣医さんも，ペンギンが元気になってやっと安心したのだと思います。

どうぶつ園の じゅうい

第 ⑦ 時 （7/12）

本時の目標

獣医さんは，毎日の仕事として，日記（記録）を書き，お風呂に入ることとそのわけを読み取ることができる。

授業のポイント

ここでの『日記』は児童が書く日記とは違って記録のようなものだと気づかせる。『よりよい治療ができる』理由も説明や具体例で補うとよい。

本時の評価

獣医さんは，1日の終わりには日記を書き，お風呂に入ることとそのわけを読み取っている。

板書例

◇ しごとのようすを知って思ったことを書こう

⑦	⑧
一日のしごとのおわり	どうぶつ園を出る前に
（いつ）	（いつ）
（ひっしゃのしごと）その日のできごとや気がついたことを日記に書く	おふろに入って体をあらう

⑧
どうぶつ園を出る前に
（すること）は
「おふろに入ります
（体）をあらう」

（わけ）
びょう気のもとになるものをもち出さない
（びょう気を外へひろげないように）

⑧
（いつ）夜？
どうぶつ園を出る前に

（日記に）きろくしておくと…
「つぎに
よりよいちりょうを
することができる」
のです。
（わけ）

---

1 読む・対話する

⑦段落を読み，1日の終わりに日記をつけていることを読み取ろう。

「⑦段落の初めに，『1日の仕事の終わりには』とあります。最後に何をするのかを読んでいきましょう。」
- 『・・・仕事の終わり』って，もう夕方なのかな。
  ⑦段落を音読（斉読）する。

『1日の仕事の終わり』のときに，獣医さんは何をするのか，することが書いてあるところに線を引きましょう。そこを読んでください。

『今日あった出来事や，・・・日記に書きます。』

へえ，獣医さんも日記を書くんだ。

黙読で線を引かせてから，発表させる。

「では，日記に書くのはどんなことですか。」
- 『きょうあったできごと』です。ペンギンのことかな。
- 『動物を見て，気がついたこと』です。
「日記を書くわけに波線をつけましょう。」
- 『毎日記録を・・・できるの（から）です。』のところだ。

---

2 調べる・対話する

獣医さんの日記には，どんなことが書いてあるのだろうか。

すると，この日の終わりには，日記にどんなことを書いたと思いますか。

いのししの赤ちゃんのこと。

朝の見回りで気がついたことです。

ワラビーやペンギンを治療したことも・・・かな。

「この日の獣医さんの日記が，教科書122ページにも出ていますね。見てみましょう。」（見て話し合う）
    見にくければ拡大コピーして，配布か掲示する。
- 上に『オグロワラビー』って書いてあります。
- 月と日も書いてある。この日は6月17日です。
- 顔の絵と，歯茎の病気のところに印をつけています。
- 16日の日記を見て，この日（17日）に治療したんだ。
「そう。前の日の日記が17日に役に立ったのです。」

　　　記録の『麻酔』『歯周病』などは，説明する。なお，この『日記』は記録やカルテのようなものといえる。

たりしていることと，そのわけを読み取ります。

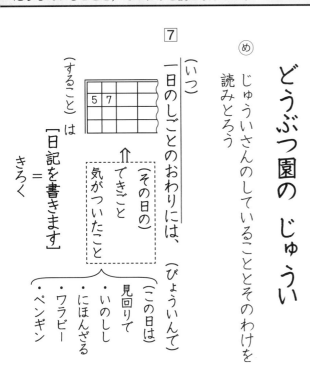

（縦書き 板書例）

どうぶつ園の じゅうい

⑦

（め）じゅういさんのしていることとそのわけを
読みとろう

一日のしごとのおわりには、（びょういんで）
一日のしごとのおわりを
読みとろう

（いつ）

| | | 5 | 7 | | |

↑（その日の）
できごと
気がついたこと

（この日は）
見回りて
・いのしし
・にほんざる
・ワラビー
・ペンギン

（すること）は【日記を書きます】
＝きろく

主体的・対話的で深い学び

・説明文では，理解を助けるために挿絵や写真もよく使われる。動物園の全体図や動物の写真もあり，ここでも実物の『日記』が載っているので，どんな『日記』なのかがイメージできる。本文と照らし合わせたり具体的な内容を読み取ったりするなど，対話のよい材料になるので活用したい。

・なお，日記を書いたりお風呂に入ったりするわけは，２年生には難しいところもある。補いの説明で理解も深まる。

準備物

・教科書 P122の日記の拡大コピー（黒板掲示用）
（配布するならコピープリント）

・「筆者の仕事まとめ」表プリント（第３～６時で使用したもの）

3 読む 対話する ⑧段落を読み，お風呂に入ることとそのわけを読み取ろう。

「１日の終わりにすることが，もう一つあります。何なのか，⑧段落を読みましょう。」（斉読）

・『必ずおふろに入』ることです。
・『いつ』なのかは，『動物園を出る前』です。

『かならず』おふろに入るわけは，何でしょうか。書いてあるところに，波線をつけましょう。そこを，読んでください。

『どうぶつの体には・・・だから，動物に・・・洗わなければいけないのです。』のところです。

「もし，おふろに入らないで，外に出たら？」

・うーん，動物の病気が外へ広がるのかなあ。
わけの説明の『病気のもとになるもの』（ウイルス，雑菌，寄生虫等）や『持ち出さない』という表現は，２年生には分かりにくい。説明でも補う。

「もう一度，⑦，⑧段落を読みましょう。」
音読して振り返る。

4 まとめ 対話する １日の終わりに獣医さんがすることをまとめる。

「では，日記とおふろのことを，表に書き入れて，他の仕事とも比べてみましょう。」

・ここには，動物の名前は出てきていません。

では，日記を書く，風呂に入る，これはいつもすることでしょうか。それとも，この日だけしたことですか。

日記を書くのは，いつもしていることだと思います。

おふろも『必ず』だから，いつも入ります。

『毎日』と書いてあるから，いつもです。

「日記を書くのはいつも（毎日）していることですね。これは，獣医さんの仕事でしょうか。」
意見を交換させ，仕事だと気づかせる。

「獣医さんが日記を書いたり，おふろに入ったりしていることをどう思ったのか，書きましょう。」

・こんなこともしているなんて，初めて知りました。
・日記が治療に役立っていることが分かりました。

本時の目標

全文を振り返り，獣医の仕事には毎日することと，この日だけしたこととがあることに気づく。

授業のポイント

習慣的，法則的なことは現在形で書く。このことは，教師からの説明も必要。また，展開4の『獣医の仕事とは？』は，児童の言葉で自由に発言させる。

本時の評価

獣医の仕事を分け，仕事には毎日することと，この日だけしたことがあることに気づいている。

〈読取〉本時では，獣医さんの仕事には，毎日することと，その日だけの仕事の2つ（の種類）が

板書例

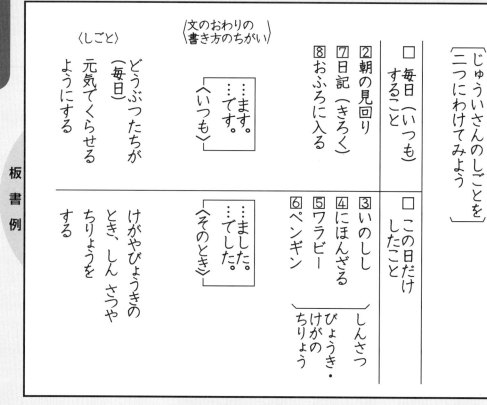

表を見て「じゅういさんのしごとを二つにわけてみよう」

□ 毎日（いつも）すること	□ この日だけしたこと
②朝の見回り ⑦日記（きろく） ⑧おふろに入る	③いのしし ④にほんざる ⑤ワラビー ⑥ペンギン　}けがのちりょう びょうき・しんさつ

〈文のおわりの書き方のちがい〉

〈いつも〉
```
…ます。
…です。
```

〈そのとき〉
```
…ました。
…でした。
```

〈しごと〉（毎日）

どうぶつたちが元気でくらせるようにする

けがやびょうきのとき，しんさつやちりょうをする

---

1 読む・振り返る

⑨段落を読み，振り返るために全文を読み返そう。

「最後の1行，9段落を読みましょう。」
　斉読。『ようやく』『長い一日』に着目させる。

「獣医さんは，今どんな気持ちでいると思いますか。」
　・治療とかいろいろあったなあ，と思っています。
　・それで『ようやく終わった』よかったと思っている。

『長い一日』って，何かなあ。

一日，いろいろな仕事をしましたね。いろんなことがあると，一日は長く感じます。このことを『長い（長く思った）一日』と，書いているのです。

「では，獣医さんといっしょに過ごした今日の一日を，振り返るために初めからもう一度読みましょう。」

　　①の段落から音読。斉読，一人読みなど多様に読ませる。

2 対話する

毎日することと，この日だけした仕事を考えよう。

「日記を書くことは毎日する仕事でした。まとめた表を見ると，獣医さんがいつも（毎日）していることと，この日だけしたことがありますね。例えば，『朝の見回り』はどちらでしょう？」
　・朝の見回りは，いつも（毎日）していることです。
　・明日も，あさってもすると思います。

では，表を見て，獣医さんのしたことで，毎日（いつも）することには（毎日），この日だけした仕事には（この日）と，赤で書き入れましょう。

ペンギンの治療は，（この日）だな。

うん，治ったからもう明日はしないね。

　『いつ』を表す言葉も振り返らせる。

「（毎日）はどれでしたか。他にもありましたか。」
　・日記とお風呂も，毎日（いつも）することです。

　　治療と，見回りなどの2種類の仕事に気づかせる。

あることに気づかせます。

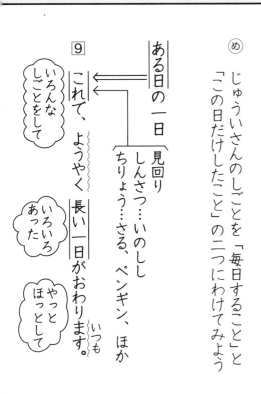

どうぶつ園の　じゅうい

め
じゅういさんのしごとを「毎日すること」と
「この日だけしたこと」の二つにわけてみよう

⑨

ある日の一日　見回り
　　　　　　しんさつ…いのしし
　　　　　　ちりょう…さる、ペンギン、ほか

これで、ようやく　長い一日がおわります。
　　　　　　　　　（いつも）

（いろんな しごとを して）
（いろいろ あった）
（やっと ほっとして）

主体的・対話的で深い学び

・対話には，児童どうしの話し合いもあるが，教師と児童の間でなされる対話もある。大切なのは対話という形ではなく，児童の思考がはたらく会話になっているかどうかである。

・本時では，獣医さんの仕事には毎日することと，その日だけの仕事があることに気づかせるための問いかけがカギになる。そして，その問いかけ方（発問）を考えるのが，教師の大きな役割になる。よい発問や説明が中身のある会話を成り立たせ，深い学びもそこから生まれる。

準備物

・これまで書いてきた表（ノートかワークシート）を準備させておく。

3 読む 調べる　毎日する仕事のことを書いた文の終わりの言葉を調べよう。

日記を書くこと，お風呂に入ることは（毎日）でした。この⑦，⑧段落の文の終わりは，どんな言葉ですか。『… 書きます。』か，それとも『書き … ました。』ですか。（音読）

（音読して）『… 日記に書きます。』… です。『ます』になっています。

日記に書きます。

「⑦，⑧段落の，他の文の終わり（文末）も読んでみましょう。線を引きましょう。」（一人読み，あと斉読）

・『できるのです。』『おふろに入ります。』みんな，『ます』か『です（のです）』になっています。

「このように，いつもすることが書いてある文の終わりは，『です』や『ます』（現在形）になるのです。」

　　⑥段落の『電話がかかってきました。』など，この日だけのことを書いた文末は『ました』などになる。比べさせて習慣的なことや決まっていることを書いた文末は，現在形になっていることにも気づかせる。

4 まとめ 対話する　獣医さんの仕事をまとめよう。

『朝の見回り』や『日記を書く』など，毎日（いつも）している仕事は，まとめていうとどんな仕事だといえますか。書いてみましょう。ヒントは，1段落を見てみると …。

『動物たちが，元気にくらせるように …』という仕事かな。

動物が病気になっていなくても，する仕事 … かな。

「もう一つは，どんな仕事だといえますか。」

・『この日』だけの仕事です。にほんざるとか，ワラビーとか，病気の動物を診て，治す仕事です。

・（まとめて）診察とか治療をする仕事です。

・（1段落の）『病気やけがをしたときには治療をします。』という仕事です。お医者さんと同じです。

「このように，獣医さんは動物の体や命を守る仕事をしています。一日のことしか書いていなかったのに『こんな仕事』だということが分かりましたね。」

「次の時間は，読んだ感想を書きましょう。」

どうぶつ園の じゅうい

第 9,10 時 (9,10/12)

本時の目標
獣医の仕事を知って，心に残ったことや考えたことなどを，文章に書くことができる。

授業のポイント
書くテーマは，動物ではなく『獣医さんの仕事』であることを意識させる。また，必要に応じて読み返すなど，振り返りのための『読み』の活動を入れる。

本時の評価
獣医の仕事について，心に残ったことや考えたことなど，感想を書くことができている。

板書例

〈対話〉『読んで考えたことを話そう』という課題に沿って，獣医さんの仕事で心に残ったことを

〈考えたことを書く〉

ぼく
わたし ｝ の（ している こと
　　　　　　　 知っている こと ）とくらべて

① おどろいたところは、……です

② それは（なぜなら）……

③ しごとのようす

④ 考えたこと・かんじたこと
　↑

◇ 書いてみよう ⇑ じゅういさんの
　　　　　　　　しごとを知って

メモをもとに

│文しょう│ に書いて
↑
話そう

---

1 振り返る 対話する　　今，心に残っていることを話し合おう。

「『獣医さんの一日』から，獣医さんの仕事と様子が分かりましたね。どんなことが心に残っていますか。」

感想を書くとすれば，どんなところを書きたいですか。

ペンギンの体からボールペンを取り出したところです。獣医さんも必死だったと思ったからです。

ぼくも虫歯になりました。ワラビーも歯ぐきの病気になるなんて初めて知りました。獣医さんは，歯医者さんの仕事もしていると分かりました。歯を抜いたのかな。

「他に，『あれ』とか『へえ』『そうか』などと思ったことはなかったでしょうか。」
　・にほんざるやワラビーの治療は，人間とは違って，たいへんなのだなあ，と思いました。
　・動物と仲よくなるのも，仕事だと分かりました。

　これまで作ってきた表も見て，参考にさせる。

2 読む 調べる　　感想文の書き方を調べよう。

「獣医さんの仕事のことについて，今，思っていることや考えたこと，気づいたことを書いて話し合います。」

「もう一度，読み返してみましょう。」（全文斉読など）

感想文には，どんなこと（何）を書くのか，教科書 125 ページを見てみましょう。

『初めて知って，驚いたこと』です。

『もっと知りたいこと』です。

「125 ページ下の感想文を読んでみましょう。この文は，どんなことを書いていますか。」
　・あいさつのことを『初めて知って』，『驚いた』ことです。驚いたわけも書いています。
　・自分のことも比べて書いています。

　文例から，『心に残ったところ』と，そこから自分が『考えたこと』を書いていることに気づかせる。

話し合い，文章にします。次時に話し合います。

どうぶつ園の　じゅうい

め
じゅういさんのしごととそのようすを
知って、考えたことを書いてみよう

〈心にのこったこと〉
○朝の見回りのたいせつさ
○どうぶつたちのちりょうのようす
　・ちりょうはたいへん
　・くふう
　・どうぶつにやさしく
○日記　…これからのために

主体的・対話的で深い学び

・同じ文章を読んでも，心を寄せる箇所や思いは，児童によって異なってくる。それは，児童それぞれの，それまでの知識や経験が違うからであり，感想文にもその児童らしさが，また主体性が表れる。だから，『読んで考えたことを話そう』というときには，自分の経験（実体験）とつないで話す（書く）ことが，主体性の表現でもあり，お互いの違った見方，考え方を知り合い，学び合うことのできる対話となる。

準備物

・文章を書くのはノートでよいが，原稿用紙などを配るのもよい。

3 確かめる 知る　何を，どう書くのかを確かめよう。

【書き方のひとつの形】
①『おどろいた，（初めて知った，など）ところは…です。』などと，心に残ったところや疑問を，まず書く。
②『それは，…』『なぜなら』と，そのわけを書く。
③獣医さんの仕事のようすや願いも書くとよい。
④そこから，自分が思ったこと，考えたことを書く。

「感想文に書くことが分かりましたね。この他にも，『よかったな』『なるほど』『どうして』など，思ったことや，自分がこれまでしたことや知っていることも入れて書くとよいのです。」

「まず，獣医さんのことで，いちばん心に残ったこと（ところ）はどこかを考えましょう。それをもとに，メモを作ると書きやすいですよ。」

書く前に，何のことを書きたいのか，話し合ってもよいが，後で文を読み合うので簡単に済ませる。

4 書く　読んで考えたことをメモして 話すための文章を書こう。

動物のことに目が行く児童もいるが，『獣医さんの仕事』『仕事ぶり』『願い』に目を向けさせる。

「まず，簡単にメモしてみましょう。」
　①，②，③，④を，各1行ずつメモさせる。
　文章にする前にメモを見て回り，『こんなことも入れたら…』などと，指導する。

では，例の文章のような，話すための文章（感想文）を書きましょう。

初めて知ったことは…
獣医さんは，
にほんざるが薬が
きらいなことを
よく知っている
ことでした。…

文章は，200〜300文字程度が目安。随時，何人かの文章（部分でよい）を読み上げ，参考にさせる。

「次の時間に，書いた文章を読み合いましょう。」

本時の目標

書いた『読んで考えたこと』を
読み合ったり聞き合ったりする
ことができる。
学習のまとめをする。

授業のポイント

人数など，クラスの実情に応じ
て，発表の（話す）やり方を考
える。グループ内だけでなく，
全体の場でもみんなが聞く場面
を作る。

本時の評価

『読んで考えたこと』を読み合っ
たり聞き合ったりすることがで
きている。
学習のまとめができている。

板書例

〈感想〉第１時に書いた感想と読み比べ，自らの読みの変容を見つけます。また，学習を通してで

② 考えたこと
　じぶんとくらべて

まとめ できたこと
　　　　たいせつなこと

◇ ふりかえろう
◇ じかんのじゅんじょをあらわすことば
　・朝　・見回りがおわるころ…　・夕方
◇ じぶんのこととくらべて読む
◇ 友だちの考えを聞いて知る、くらべる
　・同じところは？　ちがうところは？
　・同じところは？　ちがうところは？

たいせつ

読んでみよう
　生きもののせわをするしごとに
　ついて書かれた本

---

1 交流する　『読んで考えたこと』を話し，聞き合おう。

「今日は，前に書いた『どうぶつ園のじゅういを読んで，考
　えたこと』を，読み合います。」

　まず何人かに，前で読ませると全体が集中しやすい。

　3人に，書いたものを発表してもらい
　ましょう。初めは鈴木さんです。どんな
　ところが心に残ったのでしょうね。

　わたしが初めて知ったのは，
　獣医さんが毎日，日記をつけて
　いることでした。わたしが病院
　で診てもらったときも…

「鈴木さんの『読んで考えたこと』を聞いて，同じところや
　違うところはありましたか。」
　・ぼくも，日記のことは初めて知りました。ぼくの書いて
　　いる日記とは違うなあと思いました。
「他にも，日記のことを書いた人はいますか。」

　それぞれの発表について，簡単に話し合う。

---

2 読み合う 交流する　書いた『読んで考えたこと』を読み合おう。

　発表後，書いた文章はいろいろなやり方で交流し，互いの
見方の違いも含めて知り合わせる。
　クラスの人数などによって，交流のやり方を考える。
　○小グループに分かれて話す（読む）。（人数が多いとき）
　○前で読み，発表し合う。（感想文発表会など）
　○『文集』などの形にして，みんなで聞き合う。
　○『感想文博覧会』などとして，ノートを開けて机上に並
　　べる。それをみんなが歩いて読んで回る。など
　時間に応じて，付箋や小カードに，感想文を読んでの『ひ
とこと』を書いて貼り，交換するのもよい。

　高橋さんは，ペンギンのことから
　本で知った，カバがボールを飲みこむ
　できごとがあったことを書いている。
　おどろいたなあ。

　小川さんは動物
　園にある病院を
　見てみたい，と
　書いているよ。

きるようになったことも振り返るとよいでしょう。

どうぶつ園の じゅうい

め
「読んで 考えた こと」を
聞き合おう

〈読んで考えたこと〉
① 心にのこったところ
「はじめて知った」
「おどろいた」
「あれ?」「どうして?」
「なるほど」「わかった」

（グループで
話す・聞きあう）

主体的・対話的で深い学び

・『読んで考えたこと』の発表（話す）では，その発表について『ここは，ぼくと同じ』など，児童からの感想も出るようにする。対話的な学びとなり，そのことで見方，考え方も広がる。

・また，児童には気づかないこともある。特に，自分の経験や知っていることと比べて書いているところなどは，教師（大人）の目で見つけて，『ここがいいね』などと評価してやりたい。教師と児童との対話であり，他の児童への指導でもある。

準備物

・本教材に関連して児童に紹介し，薦める本
（教科書 P126 に紹介されているものや，他に動物園や水族館などを支える仕事のことを書いた本を図書室などで借りておく）

---

3 対話する／振り返る　読むときに大切なことを話し合い確かめ合おう。

「この学習で，できるようになったことや大切なことは何だったのか，振り返りましょう。教科書 125 ページの『ふりかえろう』を見てみましょう。」

1つ目は『時間の順序』を表す言葉です。どんな言葉を見つけたのか，初めから見直して線を引いて，発表しましょう。

初めは，『朝』でした。朝の見回りでした。

『見回りが終わるころ』は，いのししで，『お昼前』は，にほんざる，でした。

『お昼過ぎ』『夕方』も，ありました。

「時間を表す言葉があると，『いつ』『何を』したのかがよく分かりますね。みなさんも作文や日記を書くとき，こんな言葉を使ってみましょう。」

　『時間の順に』は，作文の1つの原則でもある。

　『ふりかえろう』の2つ目，『自分の経験や知識とも比べて読む』についても話し合う。

---

4 聞く／振り返る　『たいせつ』を読み，本の紹介を聞こう。

『ふりかえろう』の3つ目，友だちの文章を読んで（聞いて）思ったことは，何かありましたか。

吉田さんも，にほんざるに薬を飲ませたところを書いていました。『薬を飲ませるだけも，獣医さんはたいへんだ』と，書いていて，ぼくと同じように思っていました。

「126 ページの『たいせつ』も見ておきましょう。この2つは，読んで考えるときに大切なことです。」

「動物園などで働く人や仕事のことを書いた本が，他にもあります。借りて読んでみましょう。」
・ぼくも，獣医さんになれるかなあ。
・水族館の本もおもしろそう。

　教科書 P126 の本を見せながら紹介する。一部分でも，読み聞かせをするのもよい。

ことばあそびをしよう

◉ 指導目標 ◉

・長く親しまれている言葉遊びを通して，言葉の豊かさに気づくことができる。
・進んで言葉の豊かさに気づき，学習の見通しをもって言葉遊びを楽しもうとすることができる。

◉ 指導にあたって ◉

① 教材について

　ここでは，折り句と谷川俊太郎氏の「ことばあそびうた」を取り上げ，言葉自体が持つ面白さや読む楽しさに気づかせます。折り句とは，各句のはじめに物の名など1字ずつよみ入れた文で，有名なものに「かきつばた」をよみ入れた「から衣 きつつなれにし・・・」という和歌があります。ここではもっと簡単に「あいうえお」などをあてはめた文を読み，自分でも作ってみたいと思わせます。「数えうた」や「ことばあそびうた」も実にうまくできているうたです。書くことや解釈することをねらいとはせず，何度も声に出して読んでいると言葉のリズムや音の響きを感じ取ることができます。

　言葉を使って遊ぶ，楽しむというのは日本語に関わる1つの文化です。「あいうえお」をどうよみこむかなど，そこには考える楽しさも含まれています。折り句を考えるには語彙の豊かさや言葉，文字，音に対する感覚も必要です。言葉遊びを楽しみながらそのような言語感覚も磨かれます。また，「いろはうた」や「ちいきのかるた」とも合わせて，昔から伝えられてきた言葉の文化の一端に触れることができるでしょう。

② 主体的・対話的で深い学びのために

　「ことばあそび」は，日本語のもつ豊かさの一面です。ですから，この学習を通して児童が「日本語って面白いなあ」と，感じ取れれば成功です。この時期，平仮名や片仮名はもう読み書きができます。素地はできているので，折り句作りにも挑戦できます。ただ，「あいうえお」をあてはめた文を作ることは，最初はなかなか難しいことでしょう。グループで，または，みんなで，そのクラスらしい言葉を使った楽しい文を考えるという活動とします。この創作活動で使用する言葉は，明るく，楽しい言葉，などに限定して出し合わせることも大切です。「数えことば・数えうた」「ことばあそびうた」では，声に出すことを通して，言葉の響きのおもしろさに触れながら，友達とともに区切りを考えたり，掛け合いを楽しませたりします。

◉ 評価規準 ◉

知識 及び 技能	長く親しまれている言葉遊びを通して，言葉の豊かさに気づいている。
主体的に学習に取り組む態度	進んで言葉の豊かさに気づき，学習の見通しをもって言葉遊びを楽しもうとしている。

◉ 学習指導計画　　全2時間 ◉

次	時	学習活動	指導上の留意点
1	1	・教科書P127の，「あいうえお」や「あかさたな」を行の上に読みこんだ文を読む。 ・教科書と同じような文を，好きな言葉で作ってみる。 ・作った文を発表し，感想を交流する。	・ゲームを通して，指定された文字からはじまる言葉探しをする。 ・折り句に見られる機知の面白さに気づかせ，作る試みを通して言葉遊びの楽しさを感じ取らせる。
	2	・教科書P128の「数えことば・数えうた」を音読する。 ・教科書P128の「ことこ」を，言葉の切れ目を考えて音読する。 ・教科書P129「いろはうた」を音読する。 ・感想を交流する。	・「ことこ」の，言葉の切れ目がどこになるか，グループで考えさせる。切れ目が分かると読める面白さや言葉のリズムを，音読や暗唱を通してとらえさせる。

DVD 収録（資料）

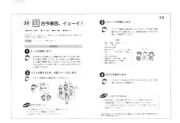

ことばあそびを しよう
第 ① 時 （1/2）

本時の目標

折り句を読み，文字の並びや言葉の面白さに気づくことができる。

授業のポイント

折り句を個人で考えるのは難しい。グループで教科書の折り句の例を参考に最初の文字から文を考えて作ることにする。

本時の評価

折り句を作る試みを通して，言葉遊びの楽しさを感じ取っている。

〈言葉遊び〉導入部分だけでなく，学習して語彙を増やしてから再度取り組むのもよいでしょう。

板書例

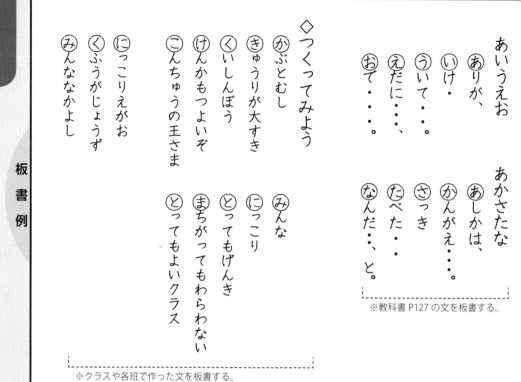

みんななかよし
く　ふうがじょうず
にっこりえがお
こんちゅうの王さま
けんかもつよいぞ
く　いしんぼう
きゅうりが大すき
か　ぶとむし
◇つくってみよう

とってもよいクラス
まちがってもわらわない
とってもげんき
にっこり
みんな

あいうえお
あ　りが，
い　け・
う　いて・・・。
え　だに・・・、
お　で・・・。

あかさたな
あ　しかは，
か　んがえ・・・。
さ　っき
た　べた・・・
な　んだ・・・、と。

※教科書 P127 の文を板書する。

※クラスや各班で作った文を板書する。

---

1 交流する 出し合う 　楽しいゲームを通して，思いつく言葉を考えてみよう。

「今日は，言葉遊びをします。まずは，『古今東西イエーイゲーム』をしましょう。グループになりましょう。」

・お題の言葉を考えて言っていくゲームだね。

・間違っても楽しいよね。

　　グループで古今東西ゲームを行う。お題は「あ」など，ひらがな1文字から始まる言葉にする。

　　このゲームのポイントは，失敗しても相手を責めるのではなく，「イエーイ」と言ってハイタッチして励まし合うことである。そうすれば，失敗を恥ずかしがらずに，思いついた言葉をどんどん発表し合える活動となる。

2 めあて つかむ 　教科書の折り句を読み，どのような言葉遊びをするのか確かめよう。

「教科書 127 ページを開きましょう。まずは先生が読みます。その後に続けて声に出して読みましょう。」

　　「あいうえお」の折り句を音読する。

文章のしかけの面白さに気づかせる。

「『あかさたな』を音読しましょう。（音読）こちらの文はどうなっていますか。」

・あかさたなを使って，ちゃんとお話になっています。

「面白いね。昔の人もこんな文を作って楽しんでいたのです。」

　　ひとまとまりの内容になっていることに気づかせる。

ことばあそびをしよう

め すきなことばが上にくる
　　かんたんな文をつくろう

〈古今東西イエーイゲーム〉

① グループになる
② おだいのことばを、とけいまわりに言う
　（手びょうしパンパン）→ 言う →（パンパン）→ 言う
③ まちがったら「イエーイ!」→ ハイタッチ
④ また、そこからつづける
（おだい）…「あ」からはじまることば

主体的・対話的で深い学び

・教科書の「あいうえお」「あかさたな」のように，決まった文字を上にした短い文を作ることはなかなか難しいものである。だからこそ，グループでアイデアを出し合い，試行錯誤しながら作る意義があり，作り上げたときの達成感は大きいものとなる。積極的に話し合いをさせ，必要な場合には援助をしていくようにする。

準備物

・五十音表（折り句を作る時の参考にさせる）
・資料「古今東西，イエーイ」 **DVD** 収録【2_24_01】
　（『1分・3分・5分でできる　学級あそび102』（喜楽研刊）より抜粋）

3 対話する つくる　好きな言葉が上にくる短い文を作ってみよう。

「『かきくけこ』の文を，みんなで考えてみましょう。」

「はじめの文字は，『か』です。何かよい言葉はないかな。」
　・かたつむり。　　・カレーライス。　　・かぶとむし。
「かぶとむし，だったら…。」
　・次は「き」だから，「きゅうり大すき」でどうかな。
　・「く」は「くいしんぼう」がいいな。

では，グループで好きな言葉を考えて，その言葉の文字が上にくる短い文を作ってみましょう。

上の言葉は，「にくみだよ」にしようか。

いいね。「に」は「にっこりえがお」で，どうかな。

じゃあ，「く」は「くふうが上手」でどう？

「み」は「みんななかよし」!!

　はじめに来る文字は，五十音の他に，「いちくみ」や担任の名前，生活科で育てている「みにとまと」でもよい。
　考える言葉は，リズムよく作ることを意識させて3字〜8字ぐらいに時数制限してもよい。

4 交流する 対話する　つくった文を発表し，感想を交流しよう。

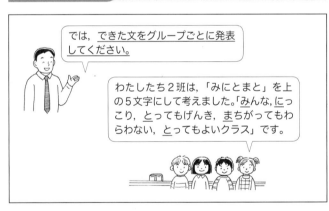

では，できた文をグループごとに発表してください。

わたしたち2班は，「みにとまと」を上の5文字にして考えました。「みんな，にっこり，とってもげんき，まちがってもわらわない，とってもよいクラス」です。

「すごい！よくできましたね。みんな大きな拍手をしましょう。」

　もし，選んだ言葉で最後まで文を作れなかったグループがいても，できているところまで発表させ，頑張ったことをほめるようにする。

「言葉遊びの文を作ってみてどうでしたか。感想を言いましょう。」
　・最初は難しいかなと思ったけれど，班のみんなと考えたら最後までできました。面白かったです。
　・みんなでアイデアを出し合ったのがよかったです。

本時の目標

「ことばあそびうた」などを読み，文字の並びや言葉のリズムの面白さに気づくことができる。

授業のポイント

言葉の響きやリズムを楽しみながら区切りを考えさせ，音読させることで言葉の面白さに気づかせる。

本時の評価

言葉遊びを楽しむことを通して，言葉の豊かさに気づいている。

〈数える〉数えることは生活の中でたくさんあります。この時間だけでなく，数える際に数え言葉

板書例

※教科書 P128 の詩を板書するか，拡大コピーを貼る。

※教科書 P129「いろはうた」の拡大コピーを貼る。

---

1 めあて 読む 学習課題を知ろう。「数えことば」の意味を知り，読んで楽しもう。

「今日も，言葉遊びをします。前の時間は，『あいうえお』や『あかさたな』の文のような，みじかい文をつくりました。今日は，声に出して楽しむ言葉遊びです。」

・どんな遊びをするのか楽しみだなあ。

「まずは先生が読みます。その後に続けて声に出して読みましょう。」

　　教科書 P128 上「数えことば・数えうた」を音読する。

・こんな数え方があるんだね。

・昔の人の数え方なんだね。

2 知る 読む 「数えうた」の言葉遊びを知り，読んで楽しもう。

「数えうた」を音読する。分からない言葉があれば説明し，「すべて食べ物の名前」であることを知らせる。

文のしかけの面白さに気づかせる。

児童が気づかない場合は，板書した「数えうた」の「いち，に，さん，…」のところに線を引くなどして気づかせるとよい。

「『かぞえことば，かぞえうた』をもう一度音読しましょう。」

リズムよく音読させる。

や数え歌を使って，楽しく数えましょう。

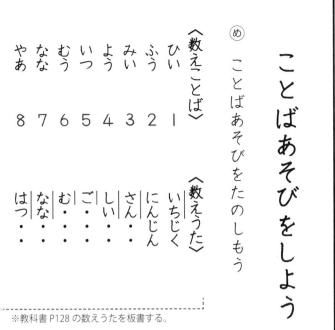

ことばあそびをしよう

め ことばあそびをたのしもう

〈数えことば〉
ひい ふう みい よつ いつ むう なな やあ
8 7 6 5 4 3 2 1

〈数えうた〉
いちじく
にんじん
さん・・・
しい・・・
ご・・・
むう・・・
なな・・・
はつ・・・

※教科書 P128 の数えうたを板書する。

🔍 主体的・対話的で深い学び

・「ことばあそびうた」の詩をどこで区切るか，なかなか難しい。言葉を説明した上で，挿絵をヒントにグループで考えさせる。「いろはうた」についても，時間があればグループで考えさせる。

準備物

・『ことばあそびうた』（谷川俊太郎，福音館書店）の絵本
（時間に応じて紹介する）

---

3 対話する／読む 「ことこ」の詩のどこで区切れるか話し合い，読んで楽しもう。

「『ことこ』という詩を見ましょう。<u>どこで区切ればよいか，どのように読んだらよいかを考えてみましょう。</u>」
・この詩は「こ」と「の」がいっぱいあるなあ。

まず，各自で考えさせる。第１連３行目の「のこ」はのこぎりだと，挿絵を示して説明をしておくとよい。

では，グループで話し合って，教科書に切れ目の印を入れてみましょう。

最初の「このこ」は「この子ども」って意味だよ。

じゃあ，「このこ」の後に切れ目を入れよう。

次の行は？

「どこのこ，このこ」だよ！

グループを指名して読ませてみる。
「では，先生が読んでみましょう。」（意味も簡単に説明）
「みんなで読みましょう。」

<u>「の」や「そ」「こ」の音が続く面白さや言葉のリズムを，音読を通して感じ取らせる。</u>

---

4 読む／振り返る いろはうたを知り，音読しよう。学習を振り返ろう。

教科書を閉じさせ，「いろはうた」を掲示する。

「『いろはにほへと』って聞いたことありますか。この中の文字で何か気づくことはありませんか。」
・どこかで聞いたことがあります。何だったかな…。
・「あいうえお」のひらがな全部が入っているんだよね。
児童から答えが出なければ教師から紹介すればよい。

では，本当にそうなのか「あ」から順に探して○で囲んでいきましょう。昔の字もありますよ。

「あ」は，一番上にあるよ。

「い」は簡単！最初の字だから。

五十音順に確かめた後，<u>リズムよく声に出して読む。</u>
時間があれば地域のかるたなどを紹介する。

「今日の『言葉遊び』はどうでしたか。「面白いなあ」と思ったところはありましたか。」（感想を交流）

なかまのことばとかん字

◉ 指導目標 ◉

・身近なことを表す語句の量を増やして，話や文章の中で使うとともに，言葉には意味による語句のまとまりがあることに気づき，語彙を豊かにすることができる。

・進んで言葉には意味によるまとまりがあることに気づき，学習課題に沿って言葉を集め，仲間分けをしようとすることができる。

◉ 指導にあたって ◉

① 教材について

言葉は，その意味によって仲間分けすることができます。「父」や「母」「兄」などは「家族」を表す言葉としてまとめられます。また，「算数」や「国語」などは，「教科」という言葉でくくれるでしょう。一方，この時期の2年生は，いろいろな言葉を知り使っていくことに興味や意欲を持っていますが，個々の言葉を「なかま」としてではなく，ばらばらにとらえている段階の児童も多くいます。そこで，児童にもなじみのある言葉をとりあげて，言葉には「なかま（グループ）」として見られるものがあること，また，そのような見方ができることに気づかせます。

このように，言葉を「なかま」の目で見直すことは，語彙を深くとらえることにつながります。また，「晴れ」と「雨」のように，漢字にも「なかま」あるいは「対 (つい)」として見られるものがあることに気づかせ，言語感覚を培います。

なお，「りんご」や「みかん」といった個々の言葉は，「果物」という上位概念を表す言葉でまとめられます。しかし，この関係をとらえるのは2年生には案外まだ難しく，混同もします。そのことに留意して進めることが必要です。

② 主体的・対話的で深い学びのために

児童に主体的に考えさせる場面は2つになります。1つは，いくつかの言葉に共通する観点を考えて，言葉をなかま分けするところです。2つ目は，分けた「なかま（グループ）」を表す名前，観点を考えるところです。ここで大切なことは，いきなり，ペアやグループでの話し合い（対話）に入るのではなく，まずは一人ひとりの児童に十分考えさせるようにすることです。一人ひとりの思考を通さないと，深い学びにならないからです。

また，教科書には「色」や「天気」など，なかまで見るときの観点がいくつか示されています。これらも手がかりにして，「文具」や「虫」などに入るなかまの言葉を見つけ合うなど，くらしとも関わらせた多様な言語活動を行い広げます。

◎ 評価規準 ◎

知識 及び 技能	身近なことを表す語句の量を増やして，話や文章の中で使うとともに，言葉には意味による語句のまとまりがあることに気づき，語彙を豊かにしている。
主体的に学習に取り組む態度	進んで言葉には意味によるまとまりがあることに気づき，学習課題に沿って言葉を集め，仲間分けをしようとしている。

◎ 学習指導計画　全2時間 ◎

次	時	学習活動	指導上の留意点
1	1	・カードに書いた教科書の言葉を，仲間に分けてみる。 ・なかまに分けた理由を話し合い，分けた際の観点を整理する。また，なかまの言葉を包括する上位概念の名前を考える。	・はじめは教科書を見ないようにさせる。カードやワークシートを使って，ゲーム感覚でとり組ませる。
	2	・くらしの中から，個々に，またグループでなかまにできるの言葉を集め，全体で発表，交流する。	・漢字で書ける言葉も集めさせ，漢字を意識させる。

※新出漢字は，別の時間をとり，前もって指導しておくのがよいでしょう。

DVD 収録（言葉カード，児童用ワークシート見本）

本時の目標

言葉をなかま分けする際の観点に気づき，その観点のもとに，言葉をなかま分けすることができる。

授業のポイント

はじめは教科書を使わずに，カード等をなかま分けする。なかまになった言葉の「グループ名＝上位概念」をしっかり考えさせることが言語　力になる。

本時の評価

言葉をなかま分けするときの観点に気づき，言葉を仲間分けすることができている。

板書例

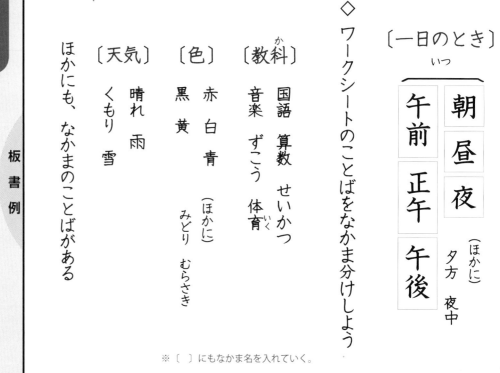

〈なかまを示す言葉〉この単元の学習はとても大切で，国語科だけに留まらず，算数・理科・社会と他

◇ワークシートのことばをなかま分けしよう

〔一日のとき〕

朝昼夜　（ほかに）夕方　夜中

午前　正午　午後

〔教科〕国語　算数　せいかつ　音楽　ずこう　体育　（ほかに）

〔色〕赤白青　黒黄　（ほかに）みどり　むらさき

〔天気〕晴れ雨　くもり　雪

ほかにも、なかまのことばがある

※〔　〕にもなかま名を入れていく。

---

1 話し合う つかむ

「言葉カード」を，なかま分けしてみよう。

教科書を開けさせないで，まずカードを1枚ずつ黒板に貼り，読ませる。

「このカードの言葉が読めますか。順に読んでみましょう。
・「はは(母)」、「ひゃくえん(百円)」「ごぜん(午前)」…。分かり易い「教科」「色」「天気」で導入してもよい。

では、いろんな言葉を書いたこれらのカードを、なかま分けしてみましょう。3つのなかまに分けられないでしょうか。

| 母 | 百円 |
| 午前 | 兄 |

「母」「兄」「姉」…は、1つのなかまの言葉だと思います。

※指名して，黒板上で分けさせてもよい。

「母や兄などの言葉を，1つのなかまにしたわけは何ですか。どんなところが同じなのですか。」
・「母」など，どれもお家の人（家族）を表す言葉です。

「この言葉のグループに名前をつけるとしたら？」
・『お家の人（グループ）』か，『家族（組）』かな。

2 考える 書く

なかま分けした言葉のグループに名前（上位概念）をつけよう。

「言葉をなかま分けすると，「お家の人」など，そのなかまを表す名前（観点・上位概念）がつきますね。」

「百円」や「千円」の言葉のなかにも名前をつけるとしたら、どんな名前がいいでしょう？隣どうし（またはグループで）相談しましょう。

「百円」「千円」「一円」…は、どれも、玉かお札で『お金』だね。

『お金の種類』という名前かなあ。

「では，『午前』『昼』『朝』…などは，どんななかま名（グループ名）がいいでしょうか。」（隣と相談）
・「午前」「昼」「夜」…とかは，一日のうちのいつごろかを言うときに使うから『一日の時(とき)』かな？

「これで3つのなかまに，名前もつけられました。」

グループ分けした言葉を，ワークシートにていねいに書かせる。グループを表す言葉も書かせる。

の教科の学習にも広がります。

なかまのことばとかん字

め ことばをなかまに分けてみよう

なかまの名前

〔家の人〕

父	兄
母	弟
わたし	
姉	妹

〔お金〕

おさつ，玉

十円	一万円
一円	千円
	百円

（ほかに）

五円　五十円

※カードを分類して貼っていく。

主体的・対話的で深い学び

・「この言葉は，○○のなかまの言葉だ」などと，言葉をなかまの目で見直すことが，言葉に対する深い学びになる。そして，いくつかの言葉からどの言葉をひとくくりにして『なかま』として見るのかを，1人ひとりに主体的に考えさせる。そのためには，それらの言葉をくくる『上位概念』を主体的に考えることが必要で，それを，『なかま名』『グループ名』として表現させる。

・言葉をなかま分けしたり，なかま名を考えたりした後，隣どうしやグループで相談（対話）する時間をとるのもよい。

準備物

・言葉カード（黒板掲示用）DVD 収録【2_25_01】

・ワークシート DVD 収録【2_25_02】

---

3 練習問題 話し合う
ワークシートの言葉を，なかま分けしてみよう。

　教科書をもとに作成した，『ワークシート』（付録 DVD より印刷）を全員に配る。

　今度は，このワークシートの言葉をなかま分けしてみましょう。なかま（グループ）の名前も考えてつけてみましょう。

　『赤』『体育』『国語』『雨』『白』…いろんな言葉があるなあ…。

　『雨』や『くもり』は天気グループかな？

　クラスに応じて，グループや2人組での相談タイムを取り入れてもよいが，まずは個人で取り組ませる。

「なかまの名前と，まとめた言葉を発表しましょう。」
　・『赤』『白』『青』『黒』『黄』はなかまです。なかま名は『色』です。全部『色』の名前だから。
　・『算数』『体育』『音楽』『図工』『生活』もなかま。グループ名は『教科』です。『勉強』でもいいかな？

　『天気』についても話し合い，教科書で確かめ合う。

---

4 振り返る 広げる
なかまになる言葉を他にも見つけよう。

「今日は，いろんな言葉を6つのグループに分けました。言葉をなかま分けすると，そのなかまにも名前（グループ名）をつけることができましたね。」

　黒板上で，『お家の人』『お金』『一日のとき』『教科』『色』『天気』のグループ名を読んで，振り返る。

「『色』グループに入る言葉は，他にもありますか。」
　・『緑』とか『紫』も入ると思う…色の名前だから。

　他にも，こんな言葉のなかまが作れないでしょうか。例えば，『野菜』というなかまなら，どんな言葉が入るでしょうか。

　うーん，キュウリやナスは野菜のなかまです。

　白菜とかダイコンも入るね。

「言葉には，いろんななかまがあるのですね。」
　・言葉のなかまにも名前がつくのがおもしろかった。

　最後に，言葉のなかま分けをした感想を交流する。

なかまのことばと かん字
第 2 時 （2/2）

本時の目標
ある観点を決めて，そこに入る言葉を集めたり，なかま分けをしたりすることができる。

授業のポイント
なかま名と，そこに入る言葉にはレベルの違いがある。そのことを，「入れ物」と「入るもの」の例えでとらえさせる。

本時の評価
ある観点の下に，言葉を集めたり，なかま分けをしたりすることができている。

板書例

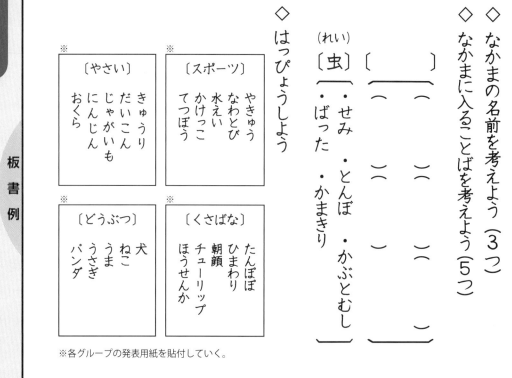

◇ なかまの名前を考えよう（3つ）

◇ なかまに入ることばを考えよう（5つ）

◇ はっぴょうしよう

（れい）
〔虫〕 〔　〕
（・せみ　（　）（　）
・とんぼ
・かぶとむし
・ばった
・かまきり）

〔やさい〕
きゅうり
だいこん
じゃがいも
にんじん
おくら

〔スポーツ〕
やきゅう
なわとび
水えい
かけっこ
てつぼう

〔どうぶつ〕
犬
ねこ
うま
うさぎ
パンダ

〔くさばな〕
たんぽぽ
ひまわり
朝顔
チューリップ
ほうせんか

※各グループの発表用紙を貼付していく。

1 めあて つかむ　なかまになる言葉を集めよう。

「言葉は，なかま分けをすることができました。また，そのなかまに名前をつけることもできました。」
　・『家の人』とか『天気』などの言葉がありました。

今日は，このようななかまの言葉を見つけて，集めてみましょう。例えば，『文房具（文具）』というなかまに入る言葉には，どんな言葉があるでしょうか。

『鉛筆』です。鉛筆は文房具です。

『下じき』も，そうかな。

「『文房具』という言葉のなかまは，たくさん見つかりそうです。『文房具』という言葉の入れ物に，『鉛筆』や『消しゴム』『ノート』などの言葉が入るのです。」

「『魚』という言葉のなかまも考えられそうですね。」
　・ふなとか，金魚，まぐろが入ります。

2 考える 話し合う　なかまの名前と，なかまになる言葉を考えて書こう。

「このような，『文房具』『魚』など，なかま（グループ）の名前を考え，そこに入る言葉を考えます。」
「まず，どんななかまの名前が考えられますか。1つ考えてみましょう。その後，グループで話し合って3つ選びましょう。」（グループで相談させ助言）

ぼくは『虫』がいい。セミとかトンボが入る。

『動物』も，集められそう…ウマとか。

生活科で『草花』も教えてもらった。

『スポーツ』もたくさんありそう…。

「なかまの名前が決まったら，そこに入る言葉も5つを目あてに書きましょう。」（3つ以上でもよい）
　・『スポーツ』なら『水泳』とか『野球』があるね。

　　高度だが『うれしい』『かなしい』など，『気もち』を表すような言葉集めがあってもよい。

だもの」「のりもの」などに学びを広げましょう。

〔魚〕 ・コイ ・フナ ・アユ

〔文ぼうぐ〕 ・えんぴつ ・下じき ・けしごむ ・ノート

〔なかまの名前〕 なかまになることば

㊞ なかまになることばをあつめよう

なかまのことばとかん字

（れい）

主体的・対話的で深い学び

・言葉のなかま名と，そこに入る言葉の両方を考えさせるところが，主体的な活動をうながす場面になる。「やさい」「くだもの」「のりもの」「本」「のみもの」「書くもの」など，児童の生活の中から学びを広げたい。

・グループ内での相談と，全体での発表，交流を通して，言葉のなかまはいろいろあり，またできることに気づくだろう。そして，言葉をまとまりとして見直すことが深い学びとなる。

準備物

・発表用の画用紙（なかまの名前と，入る言葉を書く）※板書参照
　各グループ3枚ずつ

・（画用紙に書く）フェルトペンなど

---

3 発表する・交流する
集めたなかまになる言葉を発表し，聞き合おう。

「グループ内で読んで，確かめ合いましょう。」
「では，画用紙に，集めた言葉となかまの名前を大きく書いていきましょう。漢字で書けるものは，漢字で書きましょう。」（巻末の漢字ページも参考に）

「グループごとに，発表しましょう。」

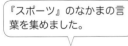

『スポーツ』のなかまの言葉を集めました。

入るなかまの言葉は，『野球』『水泳』『なわとび』『てつぼう』『かけっこ』です。

『野球』『水泳』…と発表し「なかまの名前は何でしょう」と，なかま名を当てるクイズにしてもよい。

「質問や，他に入る言葉はありませんか。」
・ほかに『サッカー』とか『リレー』も入ります。
・スポーツの言葉はいっぱいあることが分かった。
　感想も交流する。発表用紙は掲示板に貼付する。

別の展開案
クイズカードを作って，クイズとして出し合う。

　グループで考えた，なかまになる言葉集めと，なかまの名前はクイズの形にして出し合うこともできる。

　準備にも時間がかかるので，時間やクラスの実情に応じて行う。やり方はこの他にも多様に考えられる。

　（やり方の一例）※グループは3〜4人ぐらい

(1) 「サッカー」「水泳」などの言葉は，1枚ずつのカードに書かせる。5言葉×3仲間で15枚になる。
　なかまの名前を書いた大き目の画用紙も用意する。

(2) 2グループ対抗で行う。相手の出した15枚のカードを，3つのなかまに分ける。分け終えた時間を計る。次に交代して同じように時間を計る。

(3) 正解を確かめる。どちらも正解なら短い時間で3つになかま分けできたグループの勝ちとする。

(4) 終われば，相手グループを変えて，同じようになかま分けクイズを出し合う。勝ち数の多いグループが勝ち。

かん字の　ひろば　3

全授業時間 2 時間

◎ 指導目標 ◎

・第1学年に配当されている漢字を書き，文や文章の中で使うことができる。

・語と語との続き方に注意することができる。

・今までの学習をいかして，進んで第1学年に配当されている漢字を使って文を書こうとすることができる。

◎ 指導にあたって ◎

① 教材について

　「かん字のひろば」は，2年生ではこれで3回目となります。基本的な進め方は前回と同様にすれば，児童も見通しをもって取り組めるでしょう。

　「かん字のひろば」のねらいの中心は，前学年の既習漢字の定着です。ただ，それが単調な漢字練習にならないような工夫も必要です。「ひろば」の場面に応じて想像を広げ，話し合う活動をとり入れているのもその工夫の1つです。「かん字のひろば3」では，「学校のようす」を題材としています。まず，絵の中の「先生」や「花」などの「学校のようす」に関わる漢字の読み書きを確かなものにします。次に，それらの漢字を使った文作りを通して，文の中で漢字を使いこなす学習活動に広げます。

　また，今回は「〜は」や「〜を」などの助詞を正しく使って文を作ります。児童の文章表記上の誤りで多いものとして助詞の使い方があります。ここでは，文作りの中で改めてそのことを指導し，定着を図ります。

② 主体的・対話的で深い学びのために

　「学校でのようす」は，学校の場所や地域，規模などさまざまです。児童によっては習い事や塾などさまざまな活動をしています。漢字の復習だけでなく，教科書にとらわれず，学校のようすをお互いに伝え合う，という意識を持たせるとより意欲的に学習することができるでしょう。

　また，助詞「は」「を」については，「分かっていても書き間違う」という児童がいます。今回も取り立て指導をしますが，平素から降りに触れて「くっつきの『は』はどうかな？」などと助詞を意識させ，自分の書いた文章をできるだけ主体的に見直す習慣をつけていくことが大切です。

知識 及び 技能	第1学年に配当されている漢字を書き，文や文章の中で使っている。
思考力，判断力，表現力等	「書くこと」において，語と語との続き方に注意している。
主体的に学習に取り組む態度	今までの学習をいかして，進んで第1学年に配当されている漢字を使って文を書こうとしている。

● 学習指導計画　全2時間 ●

次	時	学習活動	指導上の留意点
1	1	・ゲームをすることで絵の中にある漢字の読みを確かめる。 ・「学校のようす」の絵を見て，それぞれ の人物が何をしているか，出来事を話し合う。	・最後に書く時間を十分取り，漢字が正しく書けているかどうかを見て回る。 ・絵から想像したことも話し合わせ，次時の文作りの素地とする。
	2	・絵の中の言葉を組み合わせて，学校のようすを1つの絵につき1文で書く。 ・書いた文章を友達と読み合う。	・早くできた児童には発表させて文例とするなど，文作りの要領がどの児童にも理解できるよう配慮する。 ・助詞「は」「を」を見直しさせる。 ・同じ漢字を使っていても，異なる文ができることに気づかせる。

📀 収録（漢字カード，イラスト）

本時の目標

絵にかかれた学校のようすについて話し合い、1年生で習った漢字を正しく読み書きすることができる。

授業のポイント

復習のための取り組みである。ゲーム形式を取り入れながらしっかりと読み書きをさせたい。

本時の評価

教科書に出てくる漢字を正しく読み、書いている。

板書例

〈漢字カードの使い方〉まず、イラストの上に漢字カードを貼り、読み方を確かめます。次に、カード

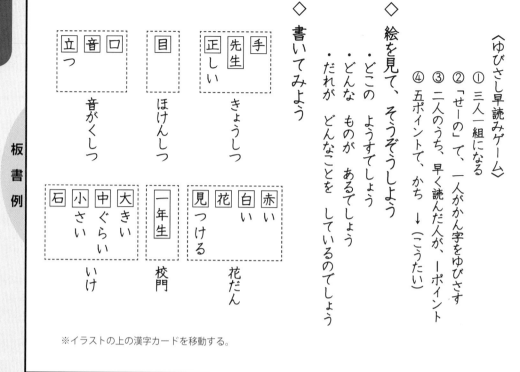

〈ゆびさし早読みゲーム〉
① 三人一組になる
② 「せーの」て、一人がかん字をゆびさす
③ 二人のうち、早く読んだ人が、一ポイント
④ 五ポイントで、かち → （こうたい）

◇ 絵を見て、そうぞうしよう
・だれが どんなことを しているのでしょう
・どんな ものが あるでしょう
・どこの ようすでしょう

◇ 書いてみよう

手
先生
正しい
きょうしつ

目
ほけんしつ

口
音
立つ
音がくしつ

見つける
花
白い
赤い
花だん

一年生
校門

石
小さい
中ぐらい
大きい
いけ

※イラストの上の漢字カードを移動する。

---

1 読む 確かめる
指さし早読みゲームで、漢字の読みの習熟を楽しく確かめよう。

「教科書 132 ページを見ましょう。『漢字の広場』の 3 回目です。まずは読み方を覚えているか確かめましょう。」

> 今度は 3 人組になって、「指さし、早読みゲーム 3」をします。指さした漢字を早く読めた人にポイントが入ります。

> 「一年生」！簡単だね。

> せーの！

まず、ゲームで楽しく読み合い、読み方を確かめる。
① 3 人 1 組になる。
② 1 人が「せーの」で、教科書の漢字を指さす。
③ 残り 2 人のうち早く読めた方が 1 ポイント獲得。
④ 5 ポイント先取で勝ち。（出題者の交代）

クラスの実態によっては、教科書の漢字を「月曜日」から順に指で押さえさせながら声に出して読み上げ、クラス全体で丁寧に進めるのもよい。

2 見る 出し合う
教科書の絵を見て、気がついたことを話し合おう。

> いちばん上の絵をよく見ましょう。どこの、どんな様子ですか。

> 黒板に引き算の問題が書いてあるから、算数の授業中です。

> 学校の教室です。

絵を見て気づいたことを発表させる。
「他の絵はどうですか。」
・視力検査だ。保健室の先生が検査している。
・その隣のピアノのある絵は、音楽の授業かな。歌をみんなで歌っています。
・次は、学校の池かな。でもこんな大きな魚いるかな。
・学校の校門であいさつしているよ。

「絵や漢字を見ると、様子がよく分かりますね。」
　想像しやすいように、細かい点までおさえておく。

を黒板の左に移し，板書として使います。

○○小学校

め

一年生のかん字を ふくしゅうしよう

かん字の ひろば 3

先生
正しい
手
音
口
目
立つ
中ぐらい
大きい
小さい
見つける
赤い
石
花
一年生
白い
小学校

※イラストの上に漢字カードを貼る。

主体的・対話的で 深い学び

・展開1では，ゲーム活動を通して読みの確認をする場合は，5ポイント先取などで出題者を交代させて取り組ませる。全員が読みをしっかり確認する。

・絵を見て想像したことを出し合うと，対話が活発になり盛り上がる。また，友達の話を聞き合うことで，言葉の使い方や言い方などの表現に広がりが出てくるようなることを期待したい。

準備物

・漢字カード DVD 収録【2_26_01】

・教科書P132の挿絵の拡大コピー
（黒板掲示用イラスト DVD 収録【2_26_02】）

---

3 対話する 交流する　学校の様々な場所の様子から想像したことを話し合い，全体で交流しよう。

「絵を見ながら，想像したことを話し合いましょう。思いついたことは何でもいいですよ。」

池の絵は，魚にえさをあげているのかな。

魚の大きさを観察しているのかもね。

女の子が「おいでおいで」って呼んでいると思う。

大きい魚が子どもにいちばん近寄っているよ。

「どの絵を見て，どんなことが想像できましたか。」

・教室の絵で，手を挙げている子がすごく嬉しそうなので，1人だけ答えが分かったんだと思った。

・口が開いているから「はい」って言ってるかも。

・先生も笑顔だね。

　その他の場面も，話し合って想像したことを発表し合い，互いに拍手で認め合う。

「みんなで想像したことを，たくさん発表できましたね。」

---

4 書く　教科書の漢字をノートに書こう。

次の時間に，この漢字を使って，文を書いてもらいます。漢字も正しく書けるように練習しておきましょう。

間違えないように書けるかな。

文も考えておこうかな。

　「かん字のひろば」は2年生では5回出てくる。基本的な進め方を同じにすることで児童に見通しがつき，自主的な取り組みにつながる。今回は既に3回目なので，すでに文を作っている児童もいるかもしれない。大いに認めて，他の児童にも広げていくようにしたい。

　机間巡視などで，漢字を正しく書いているか必ずチェックする。漢字が苦手な児童は，教科書を見ても自分では間違いが分からない場合もある。必要であれば個別指導をする。

本時の目標

学校の場面イラストから想像し，提示された漢字を使って文を作ることができる。

授業のポイント

文章を作るのが難しい児童でも，グループで活動させることによって文の作り方や表現の仕方を見つけ合わせるようにする。

本時の評価

黒板に提示された漢字をできるだけたくさん使って文を書いている。

板書例

〈漢字カードの使い方〉まず，イラストの上に漢字カードを貼っておきます。児童が使用したカード

《ゆびさし かんたん文づくりゲーム》
① 四人グループ
② 一人が どれか一つの絵を ゆびさす
③ その絵を見て，一つのかん字をつかって
　かんたんな文が 早く作れた人に →ポイント
④ いちばんポイントが多い人が かち

◇ 絵を見て，文をつくろう
☆「は」「を」を正しくつかう

（れい）
・こうもんの近くで，一年生が
　友だち を まっています。
　　　　　×お

・きょうしつで，先生のしつもんに
　手 を あげています。

・きょうはしりょくけんさで，目 を
　かたほうかくして，けんさしました。

・音楽のじかん，音 にあわせて
　口 を 大 きくあけて うたっています。

※児童が作った文を板書する。
※児童が使用した漢字のカードを移動する。

---

1 読む 練習する　絵の中の漢字を使って，簡単な言葉を作るゲームをしよう。

「教科書の漢字は，もう読めますか。みんなで確認しましょう。」

　　順に全員で読む，列指名で読ませる，などいろいろ変化をつけて，何度か読ませる。

絵に書かれている漢字を使って簡単な文を作りましょう。例えば，授業の絵を指さしたとき，「先生がもんだいを出しました。」

男の子が手をあげました。

正しいこたえが言えました。

　　時間内で教科書にある言葉１つを使って簡単な文章を作るゲームをする。

　　ここでは教師がまず例を挙げて，どのような言葉を考えればよいのか簡単に見本を示す。前時に絵から想像したことを思い出して考えさせる。

2 めあてつかむ　「れい」の文を読んで，文の作り方を確かめよう。

「『れい』の最初の一文を読みましょう。」

　・こうもんの近くで，一年生が友だちをまっています。

「この文には，『一年生』という言葉が使われています。このように教科書の言葉を入れて文を作るのでしたね。」

「今回は，『は』と『を』も正しく使うように書いてあります。『れい』の文にはどちらが使われていますか。見つけたら，○で囲みましょう。」

　・『友だちを』の『を』です。

「では，文を考えられた人，言ってみてください。」

きょうはしりょくけんさで，目をかたほうかくしてけんさしました。

よくできました。ちゃんと「目」という漢字を使って文が作れました。「は」も「を」も使っていましたね。「は」「を」の書き方に気をつけましょう。

わざと「わ」や「お」と板書し，間違いに気づかせる。

を移動させると，使用していない残りの漢字がすぐに分かります。

め

かん字の ひろば 3

絵の中の ことばをつかって、文をつくろう
「は」や「を」を 正しくつかおう

○○小学校

（イラスト内の漢字ラベル）
先生　判　正しい　音　口　目　立つ　中ぐらい　大きい　見つける　赤い　小さい　石　花　白い　一年生　小学校

※イラストの上に漢字カードを貼る。

🔍 主体的・対話的で深い学び

・場面を繋げてどんどん漢字を使って文作りをしようとする児童がいたら，それも取り上げて認め，やる気の芽を伸ばしてあげたい。

・想像したことを書いて互いに読み合うときに，ノートを見せ合うことで，漢字の書き間違い等に気づくことができる。教師から教えられるだけでなく，同じ仲間からの指摘，学び合いは漢字習得への意欲となる。また，クラス全体の漢字習熟率のアップに繋がることが期待できる。

準備物

・漢字カード（第1時使用のもの）

・黒板掲示用イラスト（第1時使用のもの）

---

3 作文書く　絵の中の漢字を使って，文を作ろう。

では，文を考えてノートに書いてみましょう。「は」「を」は正しく使いましょう。

きょうしつで先生のしつもんに手をあげています。2つの言葉が使えた！

音楽の時間の絵で考えよう。

「使った漢字は，○の赤線で囲んでおきましょう。教科書の場面の漢字が全部使えて文が書けたらすごいです。」

文の始まりは中点（・）で書き始めさせ，箇条書きにさせる。

ここがメインの活動となる。遅い児童もいるので15分は時間を取りたい。早い児童には2回目を考えさせたり，黒板に書かせたりして時間調整をする。

「書けた人は，『は』『を』が『わ』『お』になっていないか見返しましょう。」

4 対話して広げる　書いた文を発表したり，読み合ったりして，自分の文と比べよう。

「できた文を読み合いましょう。聞いた人は拍手を忘れないようにしましょう。」

言います。「音楽のじかん，音にあわせて口を大きくあけてうたっています。」

「立ってうたっています。」にしたら，「立つ」の字も入れられるよ。

「音」と「口」のほかに2年で習った漢字も使っているね。

すごい！

グループで発表し合った後、ノートを回したり，黒板を全面使って班から1人ずつ前に出て書かせたり，と様々な方法で発表させる。同じ漢字や場面の絵でも，人によって違う文を作っていることに気づかせたい。
班で「よかったな」「面白いな」という文を全体で発表させてもよい。

「『は』『を』を○で囲みましょう。正しく書けましたか。」

DVD 映像

【出典】

『手袋を買いに』新美南吉（青空文庫）

2年（下）　目次

著者紹介（敬称略）

【著者】

中村 幸成 　元奈良教育大学附属小学校主幹教諭
田中 稔也 　神戸市立小寺小学校教諭
＊所属は 2020 年 3 月現在

【原稿執筆協力者】

南山 拓也 　西宮市立南甲子園小学校教諭
＊所属は 2020 年 3 月現在

【特別映像 寄稿】

菊池 省三 　教育実践研究家
岡 篤 　神戸市立ありの台小学校教諭
＊所属は 2020 年 3 月現在

【初版 著者】（五十音順）

岡 篤
中村 幸成
原田 善造

（喜楽研の DVD つき授業シリーズ）

新版
全授業の板書例と展開がわかる　DVD からすぐ使える
〜菊池 省三・岡 篤の授業実践の特別映像つき〜

まるごと授業　国語　2年（上）

2015 年 4 月 2 日　　初版　第 1 刷発行

2020 年 4 月 10 日　　新版　第 1 刷発行
2020 年 7 月 10 日　　　　　第 2 刷発行

著　　　者：中村 幸成　岡 篤　菊池 省三　田中 稔也
イ ラ ス ト：山口 亜耶
撮 影 協 力：（菊池 省三 特別映像）有限会社オフィスハル
　　　　　　（岡 篤 特別映像）井本 彰
　　　　　　河野 修三
企 画・編 集：原田 善造（他 8 名）
編　　　集：わかる喜び学ぶ楽しさを創造する教育研究所　編集部

発 行 者：岸本 なおこ
発 行 所：喜楽研（わかる喜び学ぶ楽しさを創造する教育研究所）
　　　　　〒 604-0827 京都府京都市中京区高倉通二条下ル瓦町 543-1
　　　　　TEL　075-213-7701　FAX　075-213-7706
　　　　　HP　http://www.kirakuken.jp/
印　　　刷：創栄図書印刷株式会社

ISBN：978-4-86277-282-4

Printed in Japan